변절 빌런의 암호화폐 경제학

진짜 고수들이 이야기하는 암호화폐

변절 빌런의 암호화폐 경제학

—

2022년 6월 2일 1판 1쇄 인쇄
2022년 6월 10일 1판 1쇄 발행

—

지은이 정재웅
펴낸이 이상훈
펴낸곳 책밥
주소 03986 서울시 마포구 동교로23길 116 3층
전화 번호 02-582-6707
팩스 번호 02-335-6702
홈페이지 www.bookisbab.co.kr
등록 2007.1.31. 제313-2007-126호

—

기획 권경자
디자인 디자인허브

—

ISBN 979-11-90641-75-3 (03320)
정가 18,500원

ⓒ 정재웅, 2022

책밥은 (주)오렌지페이퍼의 출판 브랜드입니다.

진짜 고수들이
이야기하는
암호화폐

변절 빌런의

암호화폐
경제학

정재웅 지음

책밥

변절 빌런이 암호화폐시장에
발을 들여놓기까지

코로나19 팬데믹은 우리의 일상을 여러 측면에서 바꿔놓았습니다. 재택근무와 비대면이 일상화되었고, 오프라인에서 주로 이루어지던 경제활동이 상당수 온라인으로 전환되었습니다. 이외에도 많은 변화가 있는데, 그중 가장 인상적인 변화는 '투자의 대중화'가 이루어졌다는 점입니다. 코로나19 팬데믹 이전만 해도 주식시장은 일부만이 투자하는 시장이었지만, '동학개미', '서학개미'라는 말에서도 알 수 있듯이 과거보다 훨씬 많은 사람이 주식시장에 투자하고 있는 상황입니다. 가상자산시장 역시 마찬가지입니다. 2018년 가격 하락 이후 오랫동안 침체기에 있던 가상자산시장은 코로나19 팬데믹으로 인해 주식시장이 폭락하고 금리가 인하되는 상황에서 비트코인이 금을 대체하는 안전자산의 하나로 주목받으면서 투자가 활발해지는 등 변화를 보이고 있습니다.

투자를 위해서는 정보를 수집하고 수집한 정보를 분석하고 적용하는 능력이 필요합니다. 주식시장을 비롯한 금융시장에서 자산의 가격은 정보에 의해 결정되기 때문입니다. 하지만 대부분의 투자자들은 정보를 수집하고 분석하고 적용하기보다 단편적인 뉴스나 소문에 의해 금융자산의 매수와 매도를 결정하곤 합니다. 범람하는 정보 속에서 어떤 것이 소음이고 어떤 것이 제대로 된 정보인지 구별하는 일은 난망하기만 합니다. 그렇기에 투자를 잘하기 위해서는 먼저 금융시장에 대한 공부가 필요합니다. 투자 잘하는 법이나 앞으로 어떤 주식 혹은 가상자산이 유망한지에 대한 공부가 아니라, 주식시장이나 가상자산시장이 어떠한 메커니즘으로 움직이고 어떻게 가격이 결정되는지를 안다면 잘못된 의사결정의 가능성을 줄일 수 있기 때문입니다.

다행히 주식시장에 대해서는 산업이나 기업에 대해 분석하는 증권회사의 애널리스트 보고서도 인터넷에서 얼마든지 찾아볼 수 있고, 재무제표나 감사 보고서도 금융감독원 전자공시 사이트에서 찾아볼 수 있습니다. 참고할 만한 좋은 책도 이미 많이 출간되어 있어 조금만 노력하면 투자자가 시장을 이해하고 정보를 수집·분석하는 능력을 키울 수 있습니다.

하지만 가상자산시장은 아직 많이 열악합니다. 가상자산에 대한 금융실명제가 2018년 적용되기 시작했고, 가상자산시장 규제에 관한 특정 금융거래정보의 보고 및 이용에 관한 법률(이하 특금법)이 2021년 5월 시행되었죠. 게다가 상당히 오랜 기간 가상자산은 합법과 불법의 경계에 있었기에 이 시장에 대한 분석도 미비한 상황입니다. 더불어 가상자산에 대해 설명하고 있는 책은 기술적 측면을 지나치게 어렵게 설명하고 있을 뿐만 아니라, 미래를 낙관적으로 전망하거나 투자 가이드 측면에 치우친 경향이 많은 상황입니다.

저는 금융경제학 전공으로 박사학위를 받고 가상자산 관련 스타트업에서 토큰 이코노미스트로 일한 경험이 있습니다. 이를 바탕으로 경제 뉴스레터 〈어피티(Uppity)〉에 '돌고돌아 블록체인'이라는 제목의 시리즈를 연재하면서 좀 더 긴 호흡으로 더 많은 이야기를 할 수 있는 방법이 없을까 고민하다가 부족하나마 가상자산에 대한 이해를 돕기 위해 이렇게 책을 쓰게 되었습니다.

이 책은 가상자산에 대한 구체적인 투자방법이 아니라 좀 더 장기적이고 경제학적 관점에서 가상자산의 등장과 가상자산을 움직이게 하는 기술(시스템), 가상자산시장에서 작동하는 금융경제학의 원리, 그리고 가상자산시장 자체에 대해 설명함으로써 독자들이 가상자산과 그 시장을 이해하고 더 나은 의사결정을 할 수 있도록 안내하고 있습니다.

저는 SNS를 통해 비트코인을 비롯한 가상자산을 격렬하게 비판하다 한때 그렇게 비판하던 업계에서 일했습니다. 이러한 저에게 지인들이 붙여준 별명이 바로 '변절 빌런'입니다. 부족하나마 이 책이 가상자산과 그 시장, 그리고 이와 연관된 경제학의 원리에 대한 독자의 이해에 좋은 길잡이가 된다면 더할 나위 없는 보람을 느낄 듯합니다.

이 책을 쓸 수 있었던 계기는 MZ 세대를 위한 경제 뉴스레터 〈어피티〉에 블록체인과 가상자산에 대한 경험과 지식을 연재한 데서 비롯되었습니다. 〈어피티〉에 연재 기회를 주신 박진영 대표님과 김정인 이사님께 감사드립니다. 더불어 금융경제학 관점에서 가상자산에 대해 공부할 수 있었던 이유는 박사과정 지도교수인 구형건 선생님과의 토론과 세미나 덕분입니다. 선생님의 가르침에 머리 숙여 감사드리며 저에게 함께 일할 기회를 준 블록체인 프로젝트의 동료에게도 깊은 감사를 드립니다. 또한 이 책의 제목을 정하는 데 있어 큰 도움을 준 박수정 님께도 이 자리를 빌어 감사의 인사를 드립니다. 부모님과 동생, 장인어른과 장모님, 두 분 이모님의 응원은 원고를 쓸 때 항상 큰 힘이 되었습니다. 마지막으로 이 책을 쓰는 동안 항상 좋은 배우자이자 후원자인 동시에 첫 번째 독자가 되어준 사랑하는 아내 박나연에게도 마음 깊이 감사의 인사를 드리며 이 책을 바칩니다.

2022년 어느 봄날
정재웅 씀

| 프롤로그 | 변절 빌런이 암호화폐시장에 발을 들여놓기까지 | 4

| 서장 | 암호화폐와 뜻밖의 여정 | 12

제1부
화폐의 과거와 현재

그 의미와 역할이 다양해진 화폐의 역사 | 27

화폐의 등장과 발전: 금에서 금 태환 정지 선언까지 | 34

화폐의 전환: 브레튼우즈체제의 성립과 달러의 부상 | 43

브레튼우즈체제의 종말과 진정한 달러의 시대 | 50

제2부
암호화폐의 등장

2008년 글로벌 금융위기와 그 불만   59

비트코인의 등장과 그 핵심인 블록체인 기술의 발전   69

가상자산의 짧은 역사, 그리고 비트코인의 등장   69

비트코인 피자데이   73

가상자산이 처한 어려움: 이중지불 문제   77

블록체인: 이중지불 문제의 해결   80

비잔틴 장군 문제   83

작업증명: 비트코인의 핵심   87

작업증명에서 다시 비트코인으로   90

권위 있는 기관이 없는 상황에서의 의견충돌 해소 방법   93

암호화폐의 또 다른 버전 이더리움의 등장과 발전   96

무서운 20대의 등장   96

스마트 계약과 역선택 문제   99

도덕적 해이의 올바른 사용   102

게임이론, 그리고 다시 스마트 계약으로   105

이더리움의 핵심, 스마트 계약   109

스마트 계약의 기술적 측면   112

튜링 완전   114

솔리디티와 다른 언어의 차이   117

가상자산시장의 대안으로 등장한 알트코인과 그 변화   120

비트코인, 이더리움 그리고 알트코인   120

이오스: 이더리움의 대항마   127

리플: 자유로운 해외송금을 위한 도전   135

테더: 안정된 가치의 추구   140

메이커다오: 가상자산과 파생금융상품의 결합   144

테라와 루나: 시장을 간과한 알고리즘의 끝   148

De-Fi와 NFT의 등장, 그리고 사람을 위한 기술　　155

가상자산의 위기: 다오 해킹 사건　　155
문제는 결국 다시 사람으로　　159
사람을 위한 블록체인 기술　　162
메이커다오와 가상자산담보대출　　167
대체 불가 토큰　　169

다시 2018년 가상자산 버블: 가상자산은 화폐가 될 수 있을까　　173

제3부
가상자산 혹은 암호화폐,
블록체인 기술,
그리고 경제학

화폐경제학: 우리 일상을 움직이는 힘　　181

제도경제학 관점에서 본 암호화폐　　193

금융경제학 관점에서 본 암호화폐　　205

암호화폐와 블록체인의 장점　　215

스마트 계약: 거래비용의 절감　　216
탈중앙화 금융: 필요한 것을 필요한 사람에게　　221

가상자산과 블록체인의 한계: 시장의 문제　　229

제4부
화폐의 미래,
가상자산의 미래

다시 2008년 글로벌 금융위기로, 달러의 시대는 끝났는가   241

금융의 시대: 실물과 금융   246

암호화폐, 가상자산, 그리고 CBDC   251

| 에필로그 | 가상자산시장, 현재의 불확실성과
　　　　　미래에 대한 기대 사이에서   256

| 부록 | 가상자산 투자 Q&A   260

| 추천사 |

암호화폐와
뜻밖의 여정

글을 쓸 때면 항상 어디에서부터 시작해야 하나 고민하게 됩니다. 그래서 모든 작가들이 첫 문장 쓰기를 가장 어렵게 여기는 듯합니다. 아무래도 암호화폐와 경제학 이야기인 만큼 제가 대학원에서 금융경제학을 공부한 이야기부터 시작하는 것이 좋을 것 같습니다. 그래야 제가 왜 암호화폐에 관심을 갖게 되었는지 설명이 될 테니까요.

저는 경제학, 그중에서도 금융공학을 공부했습니다. 금융공학이라고 하면 아마 많은 독자들이 2008년 글로벌 금융위기를 배경으로 한 영화 〈빅쇼트〉 혹은 〈인사이드잡〉에 나오는, 멋진 정장을 입고 수억 달러에 달하는 돈을 움직이는 월스트리트의 투자은행가나 월스트리

'세계에서 가장 부유한 수학자'로 알려진 제임스 사이먼스(James Simons). 그는 UC 버클리 수학과 교수로 재직하면서 미분기하학에서 중요한 업적을 남겼습니다. 이후 르네상스 테크놀로지를 창업해 알고리즘 트레이딩을 통해 235억 달러(한화 약 29조 9천억 원)의 자산가가 되었습니다.

트 최고의 헤지펀드 중 하나를 연상하겠지만 이는 금융공학의 극히 일부에 불과합니다. 국제금융공학자협회의 정의에 따르면 금융공학은 '금융시장에서 발생하는 여러 문제에 대한 수학적, 공학적 해결 방법을 연구하는 학문'입니다. 다시 말해 금융시장에서 발생하는 주식 거래부터 정부의 규제에 이르기까지 모든 일에 수학적, 공학적 해결 방법을 적용하면 모두 금융공학이라고 할 수 있습니다.

그런데 '갑자기 웬 금융공학?'이라고 생각할 텐데요. 지금부터 금융공학이 어떻게 암호화폐와 연결되는지 풀어보겠습니다. 금융시장이라고 하면 많은 사람이 주식시장을 생각하는데, 사실 주식시장은 금융시장의 한 부분이며 실제로는 투자자가 어떤 자산의 미래 가격에 대해 전망이나 예측을 하고 특정 자산에 투자해 거래하는 시장을 모두 금융시장이라고 할 수 있습니다. 다시 말해 주식이나 채권뿐만 아니라 원유, 오렌지, 가축, 귀금속, 곡물 등을 거래하는 시장도 모두 금융시장에 속합니다.

그러면 이러한 금융시장에서 '화폐'는 어떤 역할을 할까요? 우리가 일상생활에서 어떤 물건이나 서비스를 이용할 때 일반적으로 가치를 평가하는 수단이 가격입니다. 예를 들어 이른바 명품이라 불리는 샤넬의 클래식 백이나 디올의 레이디 디올 백의 가격이 비싼 이유는 사람들이 그 돈을 지불하고서라도 구입할 가치가 있다고 생각하기 때문입니다. 미슐랭 스타 레스토랑의 음식값이 비싼 것도 같은 이유라고 할 수 있죠. 다시 말해 가격은 단순히 어떤 물건이나 서비스를 구매하는 데 있어 지불해야 하는 돈을 의미할 뿐 아니라 공급자와 수요자가 서로 신호를 주고받는 수단이기도 합니다. 공급자는 시장에서 자신의 상품에 책정된 가격을 보고 공급량을 조절하고, 수요자 역시 시장에서 상품에 책정된 가격을 보고 수요량을 조절하기 때문이죠. 이런 의미에서 본다면 화폐, 즉 돈은 단순히 물건이나 서비스를 사고파는데 사용하는 수단을 넘어 한 경제체제 내에서 수요와 공급이 조화되도록 조정하는 역할을 수행합니다.

여기에서 우리는 금융경제학 관점에서 금융과 화폐에 대해 짐작할 수 있습니다. 바로 한 사회 내에서 한정된 자원인 자본을 필요한 곳에 적절하게 분배하는 역할입니다. 우리나라의 경우 경제 성장기에 국내 저축액이 부족해 산업에 투자할 자본 또한 부족했습니다. 기업 역시 외국에서 자본을 조달할 수 있을 정도로 높은 신용을 갖고 있지 못했습니다. 이런 상황에서 정부는 국가의 신용을 바탕으로 외국에서 돈을 빌려와 자본이 필요하다고 판단되는 부문에 지원했습니다. 다시 말해 정부가 금융시장의 역할을 수행한 것입니다.

하지만 1997년 외환위기를 거치며 금융시장에서 정부의 역할은 축소되었고, 기업은 자신의 신용을 바탕으로 은행에서 직접 돈을 빌리거나 채권을 발행하거나 아니면 주식시장에서 주식을 발행해 자금을 조달하게 되었습니다. 즉 자본을 적절하게 분배하는 기능이 정부에서 금융시장으로 넘어온 것입니다. 이러한 대표적인 예가 2021년부터 최근까지 신문 경제면에 지속적으로 언급되는 IPO(Initial Public Offering, 최초 주식 공개 혹은 기업공개)입니다. 우리가 아는 것처럼 IPO는 기업이 주식시장에 신규로 상장하면서 일반 투자자를 대상으로 자금을 모집하고, 그 돈으로 기업을 성장시키는 역할을 합니다. 투자자가 보기에 어떤 기업이 성장 가능성이 높고 매력적이라면 그 기업의 IPO에 많은 사람이 투자할 것이고 상장 이후에도 주식의 가격이 상승할 가능성이 높습니다. 이자율 역시 마찬가지 역할을 수행합니다. 은행에서 주택담보대출에 높은 이자율을 적용한다면 그 이자 비용을 감당할 수 있는 사람만 대출을 받고 그렇지 않은 사람은 대출을 받지 못하는 결과가 나타나겠죠. 이처럼 금융시장은 가격이나 이자

2022년 상반기 국내 주식시장의 가장 큰 이슈였던 ㈜LG에너지솔루션의 상장일 모습입니다(출처: 시사인).

율 등을 통해 자본을 필요로 하는 곳에 적절하게 분배하는 역할을 수행합니다.

그렇다면 화폐는 무엇일까요. 화폐가 곧 자본입니다. 우리는 돈을 통해 원하는 물건이나 서비스를 구입해 사용할 수 있죠. 기업도 마찬가지입니다. 돈이 있어야 필요한 인력을 고용하고 적절한 투자를 할 수 있습니다. 즉 화폐는 자본인 동시에 한 경제체제 내에서 물건이나 서비스로 교환할 수 있는 가치를 지닌 거래의 매개체입니다. 일반적으로는 정부와 중앙은행이 발행하는 주화나 지폐가 화폐 역할을 수행하는데, 이는 정부와 중앙은행이 안정된 가치를 보증하기 때문입니다. 이 부분에 대해서는 뒤에서 자세히 살펴보도록 하겠습니다.

이처럼 한 경제체제와 금융 시스템에서 중요한 역할을 수행하는 존재가 화폐이기에 원활한 경제활동과 금융시장의 활동을 위해서는 화폐가치의 안정이 무엇보다 중요합니다. 우리는 지난 5월 한국은행 금융통화위원회가 기준금리를 1.75%로 인상했다는 뉴스를 접했습니다. 한국은행 금융통화위원회가 이렇게 금리를 올리고 내리는 이유도 화폐가치를 안정적으로 유지하기 위함입니다. 여기에 더해 화폐가 수행하는 일의 중요성으로 인해 화폐를 발행하고 관리하는 권한은 정부와 중앙은행이 독점적으로 보유하고 있습니다.

하지만 2017년 하반기 달러를 대체해 미래의 화폐가 될 것이라 주장

한국은행 금융통화위원회 회의 모습. 통화정책의 독립성을 위해 금융통화위원회는 한국은행 총재를 의장으로 하는 총 7명의 위원으로 구성되며, 정기적으로 통화정책결정회의를 열고 기준금리를 결정합니다(출처: https://www.hankyung.com/economy/article/2021071486916).

하는 비트코인을 비롯한 암호화폐 가격이 가파르게 상승하기 시작했죠. 당시만 해도 비트코인을 비롯한 암호화폐가 당장이라도 법정화폐(한국은행 같은 각 나라의 중앙은행에서 발행하는, 즉 정부가 그 가치를 보증하는 화폐)를 대체할 수 있을 듯한 전망이 쏟아졌는데, 화폐 발행과 그 가치 유지를 책임지고 화폐 유통량을 통해 경제를 조절하는 정부와 중앙은행에 있어서는 받아들일 수 없는 일이었어요. 정부와 중앙은행이 자유로운 화폐의 발행과 화폐를 이용한 통화정책을 포기하는 건 그 나라의 경제주권 자체를 포기하는 일이기 때문이죠. 게다가 금융위기가 발생하는 메커니즘 및 정부 정책과 제도가 금융시장과 금융위기에 끼치는 영향을 연구하는 저로서도 암호화폐의 급격한 가격 상승에 부정적일 수밖에 없었습니다. 거의 모든 금융위기는 특정 자산의 급격한 가격 상승 이후에 일어났거든요. 또한 금융위기가 발생할 경우 언제나 가장 큰 손해를 보는 건 개인 투자자이기 때문이기도 했고요. 그러한 까닭에 많은 사람이 암호화폐 투자를 외칠 때 저는 반대로 SNS에 부정적인 전망을 그대로 쏟아내기도 했습니다.

심지어 2017년 말에는 앞으로 6개월 안에 비트코인 가격이 폭락한다는 데 제 손목을 걸겠다는 극단적인 글을 올리기도 했습니다. 확실하지 않은 일에 손목을 걸었음에도 불구하고 제 예측은 맞아떨어졌습니다. 하지만 지금 생각해보면 제 예측은 결과적으로 틀렸다고도 할 수 있습니다. 비트코인 가격이 당시보다 훨씬 상승했을 뿐만 아니라 암호화폐가 더 이상 법정화폐 대체를 목표로 하고 있지 않기 때문입

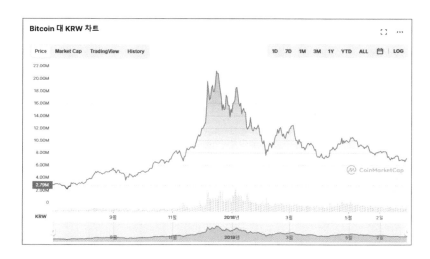

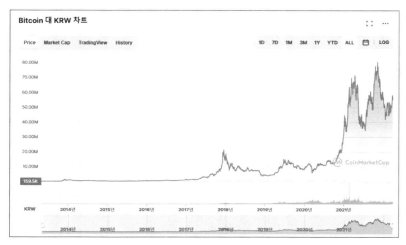

2017년 7월부터 2018년 6월까지 비트코인의 시세 그래프(위). 비트코인의 장기시세 그래프(아래).
2017년부터 2018년의 버블이 장기적으로 보면 버블이 아님을 알 수 있습니다(출처: 코인마켓캡).

홍콩 크리스티 경매에서 한화 약 51억 원에 판매된 NFT 크립토펑크 9997. NFT의 높은 가격이 거품인지는 논란의 여지가 있지만 하나의 새로운 조류임은 부인할 수 없습니다(출처: 매일경제 21년 9월 29일자).

니다. 현재 암호화폐를 가상자산이라 부르는 것이 이러한 변화를 단적으로 보여주는 현상인데, 그 좋은 예가 NFT(Non-Fungible Token)입니다. NFT를 우리말로 하면 '대체 불가 토큰'으로, 이렇게 불리는 이유는 하나의 NFT와 다른 NFT가 대등한 가치로 교환되지 않기 때문입니다. 반대로 비트코인은 모든 비트코인이 대등한 가치를 갖기 때문에 대체가 가능하죠. 이렇게 대등한 가치로 교환되지 않는 이유는 NFT가 그림, 사진, 영상 등의 디지털화된 파일에 블록체인 기술로 복제나 해킹이 불가능한 일종의 꼬리표를 부가하여 디지털 자산의 원본성 및 소유권을 증명하는 용도로 사용되기 때문입니다. 이처럼 원본성과 소유권을 증명하는 용도로 사용되는 토큰이 발행되어 사용되고 거래되는 현상이 암호화폐에서 가상자산으로의 변화를 보여주는 단적인 예라고 할 수 있습니다.

화폐에 대한 경제학 이론에 있어서는 미니애폴리스 연방준비은행 총재를 지낸 경제학의 거장 나라야나 코철라코타(Narayana Kocherlakota)가 1998년 발표한 〈돈은 기억이다(Money is Memory)〉라는 논문을 통해서도 살펴볼 수 있습니다. 코철라코타는 이 논문에서 만약 한 경제체제 내의 모든 경제활동이 하나의 단일한 원장에 기록될 수 있다면 이 기록의 상계처리를 통해 모든 거래가 이루어질 수 있기 때문에 화폐가 필요하지 않지만, 현실에서는 이러한 원장이 존재하지 않기에 경제체제 내에서 각 개인의 경제활동을 기록하는 하나의 '기억(Memory)'으로 화폐가 사용되며, 이러한 의미에서 '돈은 기억이다'라고 논증하고 있습니다.

예를 들어 우리나라에서 이루어지는 모든 경제활동이 하나의 원장에 기록된다면, 이는 제가 회사에서 일하는 것이나 출근길 지하철역 앞에 있는 김밥집 사장님이 장을 보고 김밥을 만드는 것 등 모든 화폐적 경제활동이 기록된다는 것을 의미합니다. 그렇기에 제 시급이 2만 원이고 김밥집에서 참치김밥 한 줄과 떡라면 한 그릇이 7,000원이라고 한다면, 저는 시급에서 21분에 해당하는 분량을 차감하고 이를 사 먹을 수 있겠죠. 하지만 현실적으로 이런 원장은 존재하지 않습니다. 모든 사람의 경제활동에 대한 기여를 화폐 단위로 측정하고 기록하기가 불가능하기 때문이죠. 이런 의미에서 보면 우리가 사용하는 돈은 결국 우리가 경제활동을 했다는 '기억'의 보조적 수단이라고 생각하는 것이 가능하며, 결국 '돈은 기억'이 될 수 있는 것입니다.

돈이 기억이라면, 블록체인을 이용한 암호화폐 역시 그 기억을 보조하는 하나의 수단이 될 수 있다는 생각에 저는 암호화폐 비판자에서 암호화폐 업계에서 일하는 사람으로 일종의 변절을 했고, 지금은 다시 전통적인 금융시장에서 일하고 있습니다. 금융경제학을 공부하고 암호화폐 업계에서 일하다가 다시 전통적인 금융시장에서 일하는, 약간은 특이한 제 경험을 바탕으로 지금부터 암호화폐의 경제학, 즉 암호화폐와 경제학에 대해 다른 사람들이 하지 않는 이야기를 해보려 합니다.

본격적으로 이야기를 시작하기에 앞서, 이 책에서 자주 접하게 될 용어를 잠깐 정리해보도록 하겠습니다. 블록체인에 기반한 가상화폐 시스템을 지칭하는 용어로는 두 가지가 있습니다. 암호화폐와 가상자산이 그 주인공인데요. 전자는 블록체인 분산원장에 기반하여 지급결제 기능을 수행할 수 있는 화폐 혹은 그에 상응하는 대응물로 블록체인 가상화폐 시스템을 의미하고, 후자는 지급결제 기능보다는 주식, 채권, 부동산 등 실체가 있는 기존 투자자산과 함께 투자자의 포트폴리오를 구성하는 자산으로서 기능하는 블록체인 가상화폐 시스템을 의미합니다.

이 책에서는 법정화폐를 대체하는 하나의 화폐 시스템으로서 블록체인 암호화폐 시스템이 투자자에게 받아들여질 때는 암호화폐라는 용어를 사용해 설명하고 있으며, 포트폴리오를 구성하는 여러 자산 중 하나로 받아들여질 때는 가상자산이라는 용어를 활용했습니다. 용어를 통일하지 않고 이렇게 문맥에 따라 혼용한 이유는 이 둘 모두가 블록체인 기반 가상화폐 시스템이 등장하여 현재까지 투자되면서 일반적으로 받아들여진 정체성 혹은 개념이기 때문입니다.

그럼 이제부터 본격적으로 이야기를 시작해보겠습니다.

- 그 의미와 역할이 다양해진 화폐의 역사

- 화폐의 등장과 발전: 금에서 금 태환 정지 선언까지

- 화폐의 전환: 브레튼우즈체제의 성립과 달러의 부상

- 브레튼우즈체제의 종말과 진정한 달러의 시대

제1부
화폐의 과거와 현재

가상자산과 경제학에 대한 이야기를 본격적으로 시작하기에 앞서 화폐가 무엇인지, 그리고 우리가 아는 화폐는 어떻게 출현하게 되었는지를 간단하게 살펴볼 필요가 있습니다. 비록 지금은 가상자산이라는 이름으로 불리고 있지만, 비트코인을 비롯한 대부분의 가상자산은 화폐를 대체할 목적으로 출현했고, 한때는 암호화폐라 불렸기 때문입니다. 그렇다면 도대체 화폐란 무엇이기에 비트코인을 비롯한 가상자산이 이를 대체하려 한 것인지 과거와 현재를 살펴보는 일은 우리가 가상자산을 이해하는 데 도움을 줄 수 있으리라 생각합니다.

그 의미와 역할이
다양해진
화폐의 역사

      화폐는 일종의 규범(Norms)입니다. 여기서 말하는 규범은 우리가 사회에서 지켜야 하는 법의 일부분이 아니라, 한 사회를 움직이는 법과 제도를 포함하는 광범위한 형태의 사회적 합의를 말합니다. 화폐의 역사는 인류의 역사와 그 궤도를 같이하지만, 화폐의 형태는 국가와 지역에 따라 서로 다른 모습을 보이고 있죠. 가깝게는 우리나라의 원화, 일본의 엔화, 미국의 달러화가 모두 다르고, 멀게는 금이나 은 등의 귀금속처럼 대부분 지역에서 화폐로 통용되곤 했던 것들이 있는가 하면, 조개껍데기나 가공한 돌처럼 한 지역에서는 화폐로 통용되는 것이 다른 지역에서는 통용되기 어려운 것들도 있습니다. 정해진 형태나 단위가 존재하지 않고 국가나 사회마다 다른 형태의 화폐가 존재하죠. 이런 이유에서 화폐는 한 사회의 구성원 간 계약이며, 이 계약은 사회 전체에서 새로운 약속을 하기 전까지는 널리 통용되기 때문에 규범이라고 할 수 있습니다.

반면 경제학에서의 화폐는 앞에서 설명한 '규범으로서의 화폐'와는 다른 의미를 지닙니다. 화폐금융론 교재로 많이 사용되는 프레더릭 미슈킨(Frederic Mishkin)의 《화폐와 금융》에 의하면 '통화 공급이라고도 부르는 화폐(Money, 통화 또는 돈이라고도 함)는 재화와 서비스에 대한 지불이나 채무의 상환에 일반적으로 받아들여지는 것으로 정의된다'고 되어 있습니다. 다시 말해 화폐는 한 경제체제가 원활하게 작동하도록 하는 윤활유 역할을 한다고 볼 수 있습니다. 이처럼 경제가 운용되는데 윤활유(일종의 중개기능) 역할을 수행하는 화폐는 그 중요성 때문에 중앙은행이 발행하고 정부가 그 가치를 보증합니다. 그래서 우리가 믿고 화폐를 사용할 수 있는 것이고 정부에서 위조지폐를 단속하는 것이죠.

관습으로서의 화폐와 경제학적 의미의 화폐는 각각 화폐의 특수성과 보편성을 의미한다고 해석할 수도 있습니다. 국가마다, 지역마다, 시대마다 서로 다른 화폐의 형태가 나타나는 이유는 화폐가 한 사회 안에서 구성원들 간의 계약이라고 볼 수 있기 때문입니다. 따라서 그 계약에 따라 화폐는 특수한 형태를 갖게 되는 것이죠. 반대로 화폐의 서로 다른 형태에도 불구하고 경제운용에 있어서의 중개역할은 모든 화폐가 공통적으로 수행하기 때문에 보편적이라고 볼 수 있습니다.

다른 한편으로 화폐에 대한 인식은 동북아시아와 유럽 문화권에서 극단적으로 다른 모습을 보여줍니다. 유럽 문화권에서의 화폐는 '그 자체로 가치를 갖는 하나의 교환수단 또는 부의 저장수단'인 반면 동북아시아 문화권에서의 화폐는 '최고 통치자의 통치수단'으로 인식되었습니다. 화폐에 대한 동북아시아와 유럽의 상이한 인식은 경제 시스템의 작동에 있어서 서로 다른 화폐의 형태와 함께 화폐 운용에 있어서의 차이로 나타났습니다. 중국의 경우 송과 원 시기에 역사상 최초로 지폐를 사용해 현대와 유사한 제도를 운용했지만, 서양의 경우 18세기까지도 금화나 은화 등을 사용하는 화폐 시스템을 운용했습니다. 우리나라의 경우 조선 중기까지는 쌀이나 베를 거래 중간자로 사용하는 일종의 물물교환 경제였지만, 정부에서는 일찍부터 화폐의 사용을 시도한 바 있습니다. 이 역시 화폐를 '최고 통치자의 통치수단'으로 인식했기 때문에 가능한 일이었습니다.

그렇다면 이러한 화폐에 대한 인식과 정의를 우리가 다룰 가상자산과 연관지어 생각해보도록 하겠습니다. 화폐가 사회적 약속이라면 당연히 가상자산 역시 화폐가 될 수 있습니다. 한 사회체제 내에서 경제활동을 하는 참여자가 모두 가상자산을 이용해 가치를 측정하고 저장하며, 교환을 중간에서 매개하도록 합의하면 그것이 바로 화폐가 됩니다. 화폐의 사용에 있어서 중요한 건 사회적 합의이지 정부의 역할이 아니기 때문입니다. 그런데 화폐 사용에 있어 정부의 역할보다 사회적 합의가 중요하다면, 우리는 왜 정부와 중앙은행이 발행하는 화폐를 사용하며, 정부와 중앙은행은 왜 가상자산을 화폐로 인정하지 않으려 할까요?

그 이유는 간단합니다. 한 국가체제 내에서 사용되는 화폐는 단순히 사회적 합의만으로 성립되는 존재가 아니기 때문입니다. 국가를 운영하는 데는 돈이 듭니다. 공무원에게는 월급을 주고, 도로나 철도를 만들어 운영하면서 유지보수도 해야 하고, 국방을 위해 군대를 유지해야 하며, 사회취약계층을 위해 각종 복지정책도 펼쳐야 합니다. 이처럼 국가를 운영하는데 정부가 쓰는 돈을 예산이라고 합니다. 정부

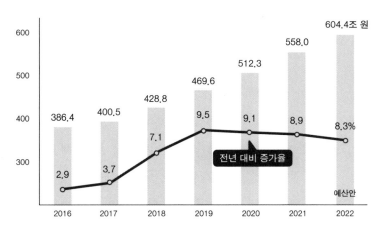

국가 예산 추이(본예산 기준)

최근 7년 동안 국가 예산 추이를 나타낸 그래프. 정부 예산은 보건·복지, 국방, 일반 행정 등 나라 살림에 다양하게 사용되는데, 수입과 지출 모두 중앙은행에서 발행하는 화폐를 통해 이루어집니다. 바로 여기에 화폐의 중요성이 있습니다(출처: 연합뉴스 2021년 8월 31일자).

는 국가를 운영하기 위한 예산을 수립하고, 이 예산을 국회에서 승인받아 집행합니다. 그리고 이 예산은 납세자가 내는 세금이나 국유재산의 수입 등으로 구성됩니다. 다시 말해 예산은 정부가 1년 동안 사용할 돈입니다. 즉 한 국가에서 사용되는 화폐는 그 체제 내에서 경제활동을 하는 모든 시장 참여자가 지급결제에 사용하는 돈이며, 그와 동시에 정부가 걷고 사용하는 세금과 예산에 해당하는 돈입니다. 그렇기 때문에 한 국가 내에서 통용되는 화폐는 단순히 사회적 합의에만 맡길 수 없는 것입니다.

예를 들어 화폐를 각 지방자치단체에서 자체적으로 발행한 지역화폐로 사용하는 상황을 가정해보겠습니다. 이 경우 서울에서 사용하는 화폐와 경기도에서 사용하는 화폐는 서로 다른 화폐가 됩니다. 화폐를 발행하는 자치단체가 다르기 때문이죠. 그렇다면 서울과 경기도를 오가는 사람은 서울 지역화폐와 경기도 지역화폐를 상황에 맞게 사용하거나 서로 다른 카드를 사용해야 합니다. 심지어 극단적인 경우에는 서울 지역화폐를 경기도 지역화폐로, 혹은 그 반대로 환전해야 하는 상황이 발생할 수도 있습니다. 지나치게 극단적인 상황을 가정했지만 정부가 화폐의 발행과 유통을 책임지고 통제하지 않는다면 이러한 일이 생길 가능성은 높습니다.

현대에는 이에 더해 더 중요한 문제가 있습니다. 환율과 국가신용등급 문제입니다. 정부와 중앙은행이 화폐를 안정적으로 통제하지 못

부산 지역화폐 동백전이 운영사 교체과정에서 오류가 발생해 거래가 중단되기도 했습니다. 정부와 중앙은행이 발행하는 화폐와 달리 지역화폐는 이러한 운영상의 문제가 발생할 가능성이 매우 높습니다(출처: https://busandong100.kr/userGuide/cardreqinfo).

하는 상황이 발생하면 이는 그 나라의 환율이 상승하고(화폐가치가 하락하고), 국가신용등급이 하락하여 경제적 어려움에 부딪히게 됩니다. 화폐가치의 안정적 유지는 곧 그 나라의 경제활동이 얼마나 원활하게 돌아가는지를 보여주는 척도이기 때문입니다. 이런 이유에서 정부와 중앙은행은 화폐의 발행을 독점하고 그 가치를 안정적으로 유지하기 위해 외환시장에 개입하거나 채권을 발행하는 등의 정책을 펼칩니다.

지금까지의 설명을 종합하면 화폐는 우리 일상의 경제생활을 가능하게 하는 교환의 매개체로서 가치의 척도, 즉 가치 저장 역할을 수행합니다. 또한 국가 지불수단으로 사용되어 정부의 경제활동 역시 가능하게 해주는 지급결제수단으로 경제체제에서 중요한 역할을 수행하게 되는 것이죠. 이러한 이유에서 정부와 중앙은행은 안정적인 거시경제의 운용을 위해 화폐의 발행과 유통을 독점하고, 그 가치를 안정적으로 유지하기 위해 기준금리를 결정하거나 시장에서 공개적으로 채권을 매매하는 등의 활동을 합니다.

그렇다면 이처럼 경제에서 중요한 역할을 하는 화폐는 어떻게 등장하고 발전하게 되었을까요?

화폐의 등장과 발전: 금에서 금 태환 정지 선언까지

화폐가 언제부터 사용되었는지 그 뚜렷한 기원을 알기는 쉽지 않습니다. 대략 인류가 물물교환을 시작하면서 상업활동이 시작되었고, 이러한 상업활동의 편의를 위해 화폐를 사용하기 시작했을 것이라 추측하고 있습니다. 이러한 화폐는 크게 상품화폐, 명목화폐, 그리고 법정화폐로 구분할 수 있습니다.

상품화폐는 인류 역사상 가장 오래 사용된 화폐의 형태이자 화폐의 초기 형태입니다. 상품화폐가 화폐로서 기능할 수 있는 이유는 일반적으로 가치가 있다고 인정되는 상품을 화폐로 사용하기 때문입니다. 다시 말해 특정한 상품, 예를 들어 금이나 은 혹은 비단 등이 한 경제체제 내에서 널리 통용되는 가치를 지니고 있기 때문에 그 상품을 화폐로 사용하는 제도가 상품화폐입니다. 유럽의 경우를 살펴보면 화폐를 의미하는 라틴어는 Pecunia인데, 이는 가축을 의미하는 Pecus에서 유래한 것으로, 고대 로마 초기에 부의 척도가 가축이었던 데서 유래했습니다. 마찬가지로 화폐를 뜻하는 중국어는 Bi(폐, 幣)인데, 이는 비단을 의미합니다.

이처럼 지역과 국가에 상관없이 화폐의 초기 형태는 상품화폐라고 추측됩니다. 한 경제체제 내에서 물물교환을 통해 초기 단계의 상업활동을 시작하면서 일반적으로 '가치가 있다'고 생각하는 상품을 가치의 척도, 교환의 매개, 가치의 저장수단으로 사용한 데서 화폐가 기원했기 때문입니다. 초기에는 아마도 어원에서 살펴본 것처럼 가축이나 비단 등의 상품을 화폐로 사용했을 가능성이 높습니다. 특별한 노력 없이도 화폐로 사용할 수 있고 모두에게 가치가 있기 때문입니다. 이 상태에서 점차 상업과 경제가 발달함에 따라 운반과 보관이 편리한 수단이 필요하게 되었는데, 이 단계에서 금속화폐가 출현했습니다. 서양의 경우 초기 금속화폐는 금괴나 은괴의 형태로 교환을 매개하는 화폐의 기능보다는 부를 저장하는 수단으로 사용되었습니다. 고대 이집트나 메소포타미아에서 발견되는, 소유자의 도장이 찍힌 금괴나 은괴가 대표적인 예입니다. 금과 은이 가치의 저장수단으로 사용된 이유는 비단이나 가축 등 다른 수단들에 비해 보관과 운반이 편리했기 때문입니다.

리디아의 주화. 앞면에 그려진 사자는 왕의 상징으로 현재 우리가 사용하는 지폐의 앞면에 위인의 초상화가 들어간 것과 비슷한 의미를 갖습니다. 뒷면에는 사각형을 찍어 화폐의 가치를 표시했는데, 가장 작은 단위가 사각형 한 개, 가장 큰 단위는 사각형 네 개입니다.

금이나 은이 본격적으로 우리가 아는 주화의 형태로 나타난 것은 아나톨리아(현재의 터키 동부 지방)에 위치한 리디아에서 금과 은의 천연합금인 일렉트럼으로 만든 주화를 기원전 660년경에 사용한 것이 최초입니다.

금이나 은 등 귀금속을 이용해 만들어진 상품화폐의 가치는 그 화폐가 함유한 귀금속의 함량과 가치에 따라 결정되었습니다. 이로 인해 통치자에게 화폐의 가치와 귀금속의 가치를 비슷한 수준으로 일치시키는 일은 중요한 문제가 되었습니다. 만약 통치자가 함유된 귀금속의 가치보다 화폐의 가치를 낮게 측정하면 사람들은 화폐를 녹여 금괴나 은괴의 형태로 만들어 더 높은 가치를 받을 수 있는 곳에 판매할 유인이 생기게 됩니다. 반대로 화폐의 가치를 함유된 귀금속의 가치보다 높게 측정하면 상대적으로 높은 구매력에서 이익을 노리는 위조화폐가 출현하게 됩니다. 즉 경제학적 관점으로 보면 화폐의 가치와 함유된 귀금속의 가치가 일치하지 않을 경우, 이러한 가치의 차이에서 발생하는 차익거래 기회(Arbitrage Opportunity)를 통해 일부 시장 참여자가 이익을 얻게 되고, 이는 시장의 붕괴를 가져오게 됩니다. 그래서 금속화폐의 가치는 그에 함유된 귀금속의 가치와 일치해야 합니다. 하지만 이러한 가치의 일관된 유지는 통치자에게 굉장히 어렵고 복합적인 문제였습니다. 국가 재정이 건전하게 운영되는 시기에는 문제가 없었지만, 국가 재정이 어려운 시기에는 귀금속의 함량을

낮추면서 가치를 유지하여 화폐를 남발하고자 하는 유혹이 있기 때문입니다. 역사에서도 로마제국의 경우 재정이 건전하게 운영되던 시기에는 문제가 없었지만, 게르만족의 침입이 있던 시기에는 국방비가 증가하고 세금 수입이 감소하면서 금화의 금 함량을 줄이게 되었고, 이는 곧 심각한 인플레이션으로 나타났습니다.

미적분과 물리학의 기본 원리를 발견한 아이작 뉴턴(Isaac Newton)은 과학자인 동시에 금화를 위조하거나 금화를 녹여 금괴를 만드는 범죄자를 엄격하게 처벌한 영국왕립조폐국의 국장이기도 했습니다. 천재인 아이작 뉴턴도 화폐의 실질가치와 명목가치 사이의 괴리를 해결하지는 못했습니다.

로마제국의 붕괴 이후 화폐경제 시스템은 일시적인 혼란을 겪었으나

이탈리아의 도시국가 중 상업과 은행업에 기반한 강력한 경제력을 지닌 세 도시(베네치아, 제노바, 피렌체)가 등장하고, 이들은 상업과 무역에서의 편의를 위해 순도 높은 금화를 자체적으로 발행했습니다.

근대 국민 국가의 시초를 연 프랑스는 나폴레옹이 창설한 프랑스 은행이 1803년 은행권 발행의 특권을 인정받았을 때부터 본격적으로 프랑화를 발행하기 시작했지만, 법정화폐의 지위를 얻은 것은 1848년 2월 혁명 이후였습니다. 하지만 역사적으로 프랑스 프랑의 효시는 1360년에 도입된 리브르 투르누아(Livre Tournois)로 1641년까지 통용되었습니다. 영국의 경우 노르만 정복 이후 현재 통용되는 화폐의 단위를 사용했고, 파운드 스털링(Pound Sterling)이라는 현재 화폐 명칭이 정해진 것은 엘리자베스 1세 통치 시기부터입니다. 독일은 다양한 영방국가(영주가 다스리는 소규모 자치국가)의 난립으로 인해 확실한 기원을 추적하기는 어렵지만 기본적으로 신성로마제국 시기부터 탈러라 불리는 은화를 사용했으며, 19세기 프로이센이 강국으로 떠오르면서 마르크화를 사용하기 시작했습니다.

대항해시대 및 그로 인한 상업혁명과 산업혁명이 시작된 유럽에서 비교적 늦은 19세기까지 금화나 은화가 사용되었다는 사실은 유럽에서 화폐를 국가 통치수단 중 하나가 아니라 교환의 매개체이자 가치의 저장수단으로 인식했기 때문이라 추측합니다.

일찍부터 화폐가 발행되어 사용된 유럽과 달리 동아시아는 국가와 지역에 따라 서로 다른 모습의 화폐를 보여줍니다. 춘추전국시대 이래로 당나라 시대까지 오랫동안 중국의 기본 화폐는 동전이었고, 그 발행은 국가에 의해 독점되었습니다.

중국에 있어 송과 원 시기에는 화폐제도의 혁신이 일어납니다. 우선 송에서는 이중 통화 제도를 도입합니다. 송은 중국을 통일했지만 완전한 통일은 아니었습니다. 동쪽 해안지역을 제외한 나머지 지역에 강력한 이민족 국가와 국경을 맞댄 송은 경제력의 유출을 우려해 국경지대에는 가치가 동전의 십분의 일에 불과한 철전을 유통시켰지만, 내부에서는 기존처럼 동전을 사용했습니다. 이러한 이중 통화 제도의 사용으로 경제력의 유출은 막을 수 있었지만, 동전보다 가치는 낮은데 비해 무게가 훨씬 더 무거운 철전의 사용으로 인해 상업을 통한 물자의 이동이나 화폐의 유통에 어려움이 있었습니다. 이를 해결하기 위해 상인 집단은 자체적인 은행을 만들고 이 은행에 돈을 예치한 후 예금증서를 돈 대신 사용했는데, 이것이 우리가 현재 사용하는 지폐의 시초입니다. 송 이후 원 역시 중통보초와 지원보초라는 지폐를 사용했습니다. 송과 원에서 사용한 이러한 지폐는 우리가 이어서 살펴볼 법정화폐의 시초라고 할 수 있습니다. 아쉽게도 이러한 지폐 시스템은 원이 멸망하고 명이 세워지면서 사라지게 됩니다. 명과 그 이후 들어선 청은 은을 화폐로 사용하는 은본위제도를 수립해 사용했기 때문입니다.

우리나라의 경우에는 고려 숙종 때 대각국사 의천의 건의로 화폐를 주조해 사용했지만 정착되지 못했고, 조선 태종 때 저화라 불리는 지폐의 유통을 시도했으나 실패했습니다. 세종대왕이 다스리던 시기에도 동전을 발행해 유통하려는 시도는 있었지만 역시 실패했습니다. 조선에서 동전이 발행 및 유통되어 일상생활과 상업활동에서 활발하게 사용된 것은 17세기 말 이후였습니다.

로마제국 멸망 이후의 유럽과 대비되는 동북아시아, 특히 중국과 우리나라 화폐제도의 특징은 중앙정부가 화폐를 발행하고 통제했으며, 금으로 대표되는 귀금속이 아니라 비교적 흔한 동으로 주화를 만들거나 지폐를 만들었다는 사실입니다. 이를 통해 이 지역에서는 화폐를 구성하는 귀금속의 가치가 곧 화폐의 가치가 되는 상품화폐가 아니라 다른 형태의 화폐제도가 작동했음을 알 수 있습니다.

송, 원, 그리고 조선의 화폐제도처럼 화폐를 구성하는 상품의 가치와 상관없이 화폐가 명목상의 액면가치로 유통되고 사용될 수 있는 화폐를 명목화폐라고 합니다. 귀금속과 상관없이 화폐를 발행하는 정부의 권위와 정부가 화폐가치를 안정적으로 유지할 것이라는 믿음에 기초하고 있기 때문에 정부의 행정력과 이익이 일정 수준 이상 되어야 명목화폐는 유지가 가능합니다. 그렇지 못하면 인플레이션이나 디플레이션 등 화폐가치와 관련되는 문제가 발생하기 때문입니다.

명목화폐와 비슷한 맥락에서 사용되는 화폐가 법정화폐입니다. 법정화폐는 화폐에 함유된 귀금속의 함량이나 상품의 가치와는 아무런 상관이 없습니다. 또한 법정화폐는 화폐의 형태와도 상관이 없습니다. 즉 지폐일 수도 있고 동전일 수도 있으며, 심지어 가상자산처럼 인터넷에 저장된 데이터의 형태가 될 수도 있습니다. 법정화폐는 화폐의 형태나 화폐를 만드는 원재료와는 상관 없이 화폐를 발행하는 정부와 중앙은행이 정하는 액면가격에 해당하는 가치를 갖는 화폐입니다. 즉 우리가 한국은행이 발행하는 1만 원권 지폐나 5만 원권 지폐를 아무런 거부감 없이 그 액면가격에 해당하는 가치가 있는 재화나 서비스로 교환할 수 있다고 생각하는 이유는 정부가 그 가치를 보증하고 유지하기 위한 노력을 수행하기 때문입니다. 따라서 법정화폐는 화폐가치를 안정적으로 유지할 수 있는 정부와 중앙은행의 능력에 대한 시장 참여자의 신뢰에 의해 유지되며, 이러한 맥락에서 법정화폐를 신탁화폐(Fiduciary Currency, 신뢰에 의해 가치가 유지되는 화폐)라고도 합니다. 현재 언론을 통해 종종 이야기되는 중앙은행 발행 디지털 화폐(CBDC, Central Bank Digital Currency) 역시 법정화폐입니다. 화폐의 형태와 상관없이 중앙은행이 발행하고 그 가치를 중앙은행이 보증하기 때문입니다.

현재 우리가 사용하고 있는 모든 화폐, 즉 한국의 원화, 일본의 엔화, 유럽의 유로화, 그리고 미국 달러화 등은 모두 법정화폐입니다. 이는 1971년 8월, 미국 리처드 닉슨 대통령의 '달러화 금 태환 정지 선언'

이후 현재까지 미국은 물론 우리나라를 포함한 전 세계 거의 모든 나라의 화폐가 정금(正金) 또는 정화(正貨, 명목가치와 소재가치가 일치하는 본위화폐. 달러화 금 태환 정지 선언 이전의 달러가 대표적인 예)에 의한 가치 보증 없이, 순수하게 정부의 권위와 그 권위에 대한 사람들의 믿음에 의해 가치가 유지되기 때문입니다.

그렇다면 닉슨의 달러화 금 태환 정지 선언은 무엇이고, 이 선언은 세계 경제와 금융에 어떠한 영향을 미쳤을까요?

화폐의 전환: 브레튼우즈체제의 성립과 달러의 부상

제2차 세계대전의 종전을 앞둔 1944년 7월 1일, 미국을 비롯한 44개 연합국과 이 연합국의 식민지에서 모인 대표 730명이 미국 뉴햄프셔주의 브레튼우즈(Bretton Woods)에 모입니다. 이 회의를 주도한 사람은 미국의 해리 덱스터 화이트(Harry Dexter White)와 영국의 존 메이너드 케인스(John Maynard Keynes)입니다. 화이트와 케인스가 이 회의를 준비한 이유는 단 하나로, 전쟁이 끝난 후 세계의 금융질서를 세우기 위함이었습니다.

제2차 세계대전 이전, 세계는 오랫동안 금본위제를 따랐습니다. 금본위제는 각국의 화폐가치를 금에 기초하여 결정하는 제도입니다. 즉 화폐의 발행은 중앙은행이 책임지지만, 그 화폐의 발행량과 가치는

브레튼우즈체제를 만든 두 주역인 미국의 해리 덱스터 화이트(왼쪽)와 영국의 존 메이너드 케인스(오른쪽). 브레튼우즈체제는 붕괴했지만, 그럼에도 불구하고 세계는 이들이 깔아놓은 궤도 위를 달리고 있습니다(출처: https://www.nationalww2museum.org/war/articles/1944-bretton-woods-conference).

중앙은행이 보유한 금의 양에 의해 결정되는 제도가 금본위제입니다. 금본위제도하에서 각국은 자신이 보유한 금의 양만큼 화폐를 발행하고, 각 국가 간 화폐의 교환가치인 환율 역시 금과의 교환비율을 기준으로 정해집니다. 또한 각국은 자신이 보유한 금의 총량을 초과해 화폐를 발행할 수 없었는데, 그 이유는 일정 금액의 화폐를 금으로 교환할 수 있었기 때문입니다. 따라서 영국 중앙은행인 영란은행에서 1백만 트로이온스의 금을 보관하고 있다면, 영란은행이 발행할 수 있는 화폐의 총량은 1백만 트로이온스로 교환할 수 있는 만큼의 파운드가 되는 것입니다.

이러한 금본위제는 사실 우리가 앞에서 살펴본 귀금속 기반 화폐의 관점에서 보면 당연한 귀결입니다. 현대적인 중앙은행 제도의 기원은 17세기 네덜란드 암스테르담에 설립된 암스테르담 은행입니다. 대항해시대 이후 무역의 중심은 지중해에서 대서양으로 이동했고, 이 대서양 무역의 중심지가 네덜란드 암스테르담이었습니다. 암스테르담에는 세계 각국의 상인이 모여 거래를 했고, 자연스럽게 여러 나라의 화폐가 유통되면서 화폐제도에 혼란이 일었습니다. 이 혼란을 가라앉히고 안정적이고 신뢰할 수 있는 상인 간 지급결제 시스템을 만들기 위해 암스테르담시 정부와 의회는 1609년 암스테르담 은행을 설립했습니다. 암스테르담 은행은 상인으로부터 각국의 화폐를 모두 위탁받고, 이 화폐의 가치를 계산해 '길더'라는 화폐단위로 표시된 예치증서를 발행했는데, 이 길더가 현대적인 중앙은행 지폐의 시초입니다. 암스테르담 은행은 또한 상인의 계좌 간 계좌이체를 통해 현대적인 결제 시스템도 확립했습니다.

암스테르담 은행이 발행한 최초의 은행권인 길더는 귀금속으로 만들어진 각국의 주화를 상인으로부터 예치 받아 발행하는 화폐였기 때문에 암스테르담 은행은 예치 받은 주화의 총량을 초과해 길더를 발행할 수 없었고, 상인이 예치한 주화의 상환을 요구할 경우 이에 응해야 했습니다. 이러한 암스테르담 은행 제도에서 주화를 금으로 바꾸면 금본위제하에서 각국 중앙은행이 화폐를 발행하는 시스템이 됩니다. 결과적으로 금본위제는 귀금속으로 만든 주화를 이용한 거래를 조금 더 편하게 할 수 있도록 만들어진 제도라고 생각할 수 있습니다.

최초로 은행권을 발행한 암스테르담 은행을 그린 그림. 이 건물은 암스테르담시 청사로 사용되다가 현재는 왕궁 겸 박물관으로 사용되고 있습니다. 암스테르담 중심주인 담광장에 가면 이 건물을 볼 수 있습니다(출처: https://www.beursgeschie denis.nl/en/moment/the-bank-of-amsterdam/).

금본위제는 통화 공급이 금과 연동해 이루어지기 때문에 화폐가치가 안정적입니다. 국가 간 환율 역시 안정적이어서 환율 변동에서 오는 위험인 환리스크 역시 안정적인 수준에서 관리가 가능했습니다. 결과적으로 자유무역체제에서 금본위제는 무역수지와 재정수지의 균형을 유지할 수 있습니다.

하지만 금본위제에는 여러 장점을 상쇄하고도 남을 단점이 있었습니다. 가장 큰 단점은 금의 채굴량이 제한되어 있다는 사실입니다. 기술이 발전하고 경제 규모가 성장하면 그에 비례해 화폐 발행량도 증가해야 합니다. 그래야 성장한 경제 규모를 감당할 수 있기 때문입니다. 그런데 금본위제는 금의 채굴량이 제한되어 있고, 채굴 속도를 향상시키는 것도 제한적입니다. 이처럼 제한된 금 채굴량과 채굴 속도는 결국 경제 규모의 성장에 따른 중앙은행의 자율적인 통화량 조절 정책을 불가능하게 만듭니다. 중앙은행이 자율적으로 통화량을 조절하지 못하면 경기 변동에 대응하는 일이 불가능해지고, 결국 경제는 외부 충격에 극히 취약해지는 것이죠. 코로나19 팬데믹 상황에서 미국 연방준비제도나 한국은행이 기준금리를 0% 가깝게 인하하여 시장에 유동성을 공급함으로써 경기 침체를 막았는데, 금본위제하에서는 이런 정책이 불가능하게 되는 것입니다.

1944년 7월 브레튼우즈에서 열린 회의에서는 이러한 금본위제의 문제를 해결하고, 제2차 세계대전 종전 이후 세계 금융질서를 다시 정립하기 위한 논의가 이루어졌습니다. 이 회의에서 영국의 케인스는 미국 달러나 영국 파운드가 아닌 제3의 국제 결제 통화인 방코르(Bancor)의 도입을 제안한 반면, 미국의 화이트는 제2차 세계대전을 통해 패권국으로 부상한 미국의 달러를 기축통화로 사용하는 방법을 제안했습니다. 격렬한 논의 끝에 화이트의 제안이 받아들여지면서 미국 달러화를 기축통화로 하는 국제 금융체제가 수립되었는데, 이를 브레튼우즈체제(Bretton Woods System)라고 합니다.

브레튼우즈체제와 고전적 금본위제의 결정적 차이는 고전적 금본위제의 경우 각국의 중앙은행이 금 태환을 독자적으로 수행했지만, 브레튼우즈체제에서는 미국 연방준비제도만이 독점적으로 금 태환을 실시할 수 있다는 것입니다. 미국 연방준비제도의 금 태환 독점을 통해 세계 각국의 통화는 모두 미국 달러와의 환율을 통해 간접적으로 금과 연결됩니다. 다시 말해 세계 각국의 화폐가 경제력과 물가, 이자율을 반영해 주기적으로 변경되는 고정환율로 달러와 고정되고, 달러는 35달러당 금 1트로이온스와 동일한 가치를 갖도록 고정되었습니다. 미국 대표 화이트와 영국 대표 케인스의 의견 충돌에도 불구하고 화이트의 안이 채택되어 이 제도가 시행된 이유는 제2차 세계대전에 참전한 주요 열강 중 미국만이 경제력 손실 없이 경제 및 금융제도가 유지되는 유일한 나라였기 때문입니다.

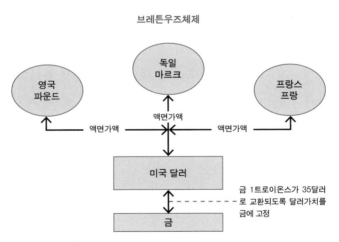

브레튼우즈체제를 설명하는 그림. 액면가액은 시장에서 결정되는 국가 간 환율을 말합니다. 세계 각국은 시장 환율로 미국 달러와 교환하고, 미국 달러는 35달러당 금 1트로이온스와 동일한 가치를 갖도록 고정합니다(출처: melanatedmedia.com/bretton-woods- agreement-what-is-it/).

브레튼우즈 회의에서는 달러의 기축통화 결정에 더해 화이트와 케인스의 안을 검토해 각 국가별로 안정적으로 관리되는 환율을 지원하는 국제기구인 국제통화기금(IMF)과 저개발 국가의 개발과 경제발전을 지원하는 국제부흥개발은행(IBRD), 그리고 자유무역을 지원하고 유지하는 세계무역기구(WTO)를 설립하기로 결정했습니다. 비록 국가 간 이해관계의 대립으로 세계무역기구는 여러 차례의 다자간 회의를 거쳐 1995년 출범하게 되지만, 나머지 두 기구는 1944년에 바로 결성됩니다.

브레튼우즈체제를 통해 미국은 세계 경제를 책임지는 기축통화국이 되었고, 달러는 국제 지급결제에 사용되는 기축통화가 되었습니다. 제2차 세계대전이 끝난 1945년부터 1971년까지 브레튼우즈체제는 정상적으로 작동되었습니다. 미국은 세계에서 가장 큰 시장이자 세계에서 가장 큰 수출국으로 전후 세계를 지탱하였고, 전쟁으로 초토화된 유럽과 아시아 국가들은 미국과의 무역을 통해 경제를 성장시킬 수 있었습니다. 그런데 바로 이 지점에서 문제가 발생합니다.

브레튼우즈체제의 종말과 진정한 달러의 시대

1944년 결정되어 1945년 제2차 세계대전의 종전과 함께 시작된 브레튼우즈체제는 20여 년 동안 순조롭게 작동되었습니다. 이 체제하에서 유럽과 아시아의 여러 나라는 전쟁으로 인한 손실을 복구하고 다시 경제성장을 이룰 수 있었습니다. 하지만 이러한 순조로운 작동의 이면에는 브레튼우즈체제가 지속될 수 없는 문제가 자라고 있었습니다.

전쟁으로 국가 경제가 피폐해진 상황에서 유럽 각국의 최우선 목표는 전후 재건 사업이었습니다. 미국은 유럽에 마셜플랜을 통해 막대한 자금을 지원함으로써 이러한 재건과 경제성장을 도왔습니다. 이 기간에는 전후 재건이 우선이었기에 유럽 각국의 통화정책과 재정정책은 국가에 상관없이 어느 정도 일관성이 있었습니다. 하지만 전후 복구가 마무리되고 경제성장이 궤도에 올라서면서 유럽 각국 정부는 독자적인 통화정책과 재정정책을 펼치기 시작했습니다. 경제 규모와 국가별 상황에 따라 기준금리가 상이해졌고, 재정정책 역시 정부의 목적에 따라 결정되었습니다. 이러한 국가별 독립된 정책의 운용은 브레튼우즈체제에서 정한 환율의 안정적 변동폭인 1%를 초과하게 되고 각국 환율이 변동하는 결과를 초래했습니다.

브레튼우즈체제의 핵심은 미국 달러의 가치를 금 1트로이온스당 35달러로 고정한 상태에서 다른 국가의 통화는 달러에 대해 기준 환율의 1% 안팎의 변화만을 허용함으로써 안정을 추구하는 것이었습니다. 이 정책적 기조가 급속한 전후 재건 기간에 유지될 수 있었던 이유는 각국 중앙은행의 정책이 거시경제 안정화 정책이 아니라 경제성장의 지원이었기 때문입니다. 유럽은 특히 각국이 지리적으로 인접해 있고 산업적 기반이 비슷한 까닭에 경제성장 과정 역시 비슷했습니다. 따라서 급속한 전후 재건 동안 유럽 각국은 인플레이션율과 이자율에 있어서 큰 차이가 없었습니다.

전후 재건이 어느 정도 마무리되고 경제가 안정적인 성장 궤도에 진입하자 유럽 각국은 거시경제 안정화 정책을 본격적으로 펼치게 되었습니다. 이에 일관성 있게 유지되던 환율이 어긋나기 시작합니다. 국가별로 다른 통화가치의 변화는 달러가치를 금 1트로이온스에 고정시키고 다른 나라의 화폐를 달러에 안정적인 환율로 고정하도록 하는 브레튼우즈체제를 취약하게 만드는 원인이 되었습니다.

여기에 더해 기축통화로서 달러 자체의 문제도 있었습니다. 국제경제학에는 트리핀 딜레마(Triffin's Dilemma)라는 용어가 있습니다. 미국 예일대학교 경제학과 로버트 트리핀(Robert Triffin) 교수가 발견한 개념으로 국제경제에서 기축통화국과 기축통화가 처한 모순적인 상황을 일컫는 말입니다. 미국 정부와 중앙은행이 세계에 달러를 충분히 공급하기 위해 달러를 많이 발행하면 달러의 가치가 하락해 기축통화로서의 역할을 제대로 수행할 수 없고, 반대로 달러가치를 유지하기 위해 달러를 적게 발행하면 국제 결제에서 달러가 부족하게 되어 역시 기축통화로서의 역할을 수행할 수 없게 되는 문제가 발생하는데, 이것이 바로 트리핀 딜레마입니다.

이러한 트리핀 딜레마와 함께 기축통화국으로서 미국의 또 다른 문제는 경상수지 적자입니다. 미국은 1940년대까지는 무역수지 흑자국이었으나, 1950년대 이후 유럽과 일본이 전후 복구를 마치고 본격적으로 경제성장을 하면서 미국에 대한 수출이 증가해 미국의 무역수지는 적자로 전환되었습니다. 이로 인해 외국의 달러 보유량은 증가했지만, 미국이 보유한 금은 지속적으로 유출되어 달러의 가치 또한 하락하게 된 것이죠. 여기에 더해 1960년대 이후 존슨 행정부의 '위대한 사회 계획'이라는 대규모 복지 프로그램과 베트남 전쟁 전비로 정부 지출이 폭증했고 이는 경상수지 적자를 심화시켰습니다. 사실 이러한 무역수지와 경상수지 적자는 기축통화국에 있어 필수적일 수밖에 없습니다. 기축통화국이 무역수지 적자를 기록하지 않을 경우 기축통화의 조건인 일반적 통용성을 충족시킬 수 없습니다. 기축통화국은 무역수지 적자로 자국 화폐가 외국에 유출된 상황에서 국채를 발행해 자본수지를 흑자로 유지함으로써, 즉 미국이 발행한 국채를 무역수지 흑자를 통해 달러를 축적한 다른 나라가 구입해 다시 달러를 미국으로 유입시킴으로써 국제수지의 밸런스를 유지할 수 있습니다. 문제는 무역수지 적자가 지속되어 미국 달러가 지속적으로 다른 나라로 유입되면, 트리핀 딜레마처럼 금의 보유량이 제한된 상황에서 미국의 달러가치가 하락해 기축통화로서 그 역할을 수행하기가 어렵다는 사실입니다.

브레튼우즈체제는 미국의 35달러를 금 1트로이온스에 고정하고 다른 여러 나라의 화폐를 달러에 연동시킴으로써 형성된 환율 제도입니다. 이를 통해 제2차 세계대전의 폐허에서 유럽은 회복할 수 있었습니다. 그 다음 단계로 필요한 것은 세계 경제가 원활하게 작동하고 성장하기 위해 미국 달러가 지속적으로 공급되는 일이었습니다. 세계 경제 규모가 성장할수록 국가 간 무역도 증가하고, 그에 따라 기축통화인 달러의 수요 역시 지속적으로 증가하기 때문입니다. 그런데 문제는 미국이 달러 발행량을 증가시킬수록 1달러의 상대적인 가치는 하락할 수밖에 없다는 사실입니다. 달러의 실질적인 상대가치는 하락하는데 반해 명목상으로 달러는 여전히 35달러당 금 1트로이온스의 가치로 보증됩니다. 따라서 미국이 보유한 금보다 달러를 많이 발행하면 다른 나라에서는 자신이 보유한 달러를 모두 미국 연방준비제도에 주고 그에 해당하는 금을 수령하면 차익을 올릴 수 있게 되는 것이죠.

앞에서 우리는 금본위제의 문제 중 하나로 금의 채굴량과 채굴 속도가 제한되어 있다는 사실을 살펴본 바 있습니다. 금의 보유량이 크게 변동하지 않는 상황에서 그에 고정된 화폐 발행량과 화폐가치는 반비례합니다. 하지만 브레튼우즈체제는 이 사실을 망각하고 안정된 가치와 지속적으로 증가하는 통화량을 모두 잡으려 했고, 이러한 모순된 행위에서 비롯된 문제가 트리핀 딜레마입니다. 이 문제를 해결하지 못한 미국은 결국 1971년 닉슨 대통령의 달러화 금 태환 정지 선언을 통해 더 이상 '35달러 = 금 1트로이온스'의 교환비율을 유지하지 않고, 달러를 가져와도 금으로 교환해주지 않을 것이라 밝힙니다.

닉슨의 달러화 금 태환 정지 선언은 브레튼우즈체제의 종말을 가져왔지만 역설적으로 진정한 달러의 시대를 가져오게 됩니다. 즉 달러화 금 태환 정지 선언이 달러의 가치와 금의 가치가 연결되어 있다는 믿음을 붕괴시켰지만, 세계에서 가장 큰 시장인 동시에 세계에서 가장 큰 경제 규모에 세계 금융의 중심 역할을 하는 국가인 미국을 대체할 수 있는 나라는 존재하지 않았던 것이죠. 결국 달러는 금과 상관없이 그 가치를 유지하게 되었고, 이제 미국을 제외한 세계 각국은 금과 그 가치가 연동되었기 때문이 아니라 달러의 가치를 유지하고 세계 경제를 지탱하려는 미국 정부와 연방준비제도의 정책에 대한 신뢰에 기초하여 달러를 기축통화로 사용하게 되었습니다. 닉슨의 달러화 금 태환 정지 선언을 통해 미국 달러는 진정한 신탁화폐가 된 것입니다. 이러한 미국 달러를 책임지는 연방준비제도는 세계 경제에 있어 막강한 힘을 갖게 되었고, 이러한 연방준비제도의 정책 방향을 결정하는 연방준비위원회의 힘은 지난 2008년 글로벌 금융위기를 수습하는 과정에서 그 존재가 확실하게 드러났습니다.

1971년 닉슨의 달러화 금 태환 정지 선언으로 미국 달러는 진정한 기축통화가 되었고 세계는 달러의 시대가 되었지만, 2008년 글로벌 금융위기를 수습하는 과정에서 이러한 시스템에 대한 불만이 터져 나왔습니다. 다시 한 번 달러의 위기가 찾아온 것입니다.

- 2008년 글로벌 금융위기와 그 불만

- 비트코인의 등장과 그 핵심인 블록체인 기술의 발전

- 암호화폐의 또 다른 버전 이더리움의 등장과 발전

- 가상자산시장의 대안으로 등장한 알트코인과 그 변화

- De-Fi와 NFT의 등장, 그리고 사람을 위한 기술

- 다시 2018년 가상자산 버블: 가상자산은 화폐가 될 수 있을까

제2부
암호화폐의 등장

2008년 글로벌 금융위기의 발생과 극복 과정에서 드러난 여러 문제에 대한 불만으로 비트코인은 출현하게 되었습니다. 정부와 중앙은행이 개입하지 않는 개인과 개인 간 자유로운 금융거래를 목표로 한 비트코인은 이후 이더리움을 비롯한 다양한 알트코인이 등장할 수 있는 기반이 되었습니다. 이러한 가상자산의 등장이 실제로 세상을 바꿨는지, 아니면 앞으로 세상을 바꿀 가능성이 있는지 지금부터 살펴보겠습니다.

2008년
글로벌 금융위기와
그 불만

암호화폐가 등장한 이유에 대해서는 이견이 많습니다. 어떤 사람은 정부의 규제나 간섭으로부터 해방되고자 하는 해커 정신 때문이라 하고, 다른 어떤 사람은 미국 달러가 기축통화로서의 역할을 제대로 하지 못한 데 대한 반발의 결과라고 이야기합니다. 과연 그런 이유 때문일까요?

우리가 흔히 어떤 현상의 원인이라고 생각하는 추상적인 이유는 사실 실제 이유가 아닐 가능성이 큽니다. 인간은 우리가 생각하는 것보다 훨씬 더 실질적인 이유에 의해서 움직이거든요. 경제적 이유 혹은 경제적 인센티브가 바로 그것이죠. 그렇다면 과연 암호화폐의 등장에는 어떤 경제적 이유가 있을까요?

개인적으로 암호화폐의 기원은 2008년 글로벌 금융위기라고 생각합니다. 우리가 서브프라임 모기지(Sub-Prime Mortgage, 비우량주택담보대출)°에서 시작된 금융위기와 암호화폐의 등장에 대해 이해하려면 먼저 글로벌 금융위기의 전개 과정부터 살펴볼 필요가 있습니다.

글로벌 금융위기는 2008년 9월 투자은행 리먼 브라더스가 파산하면서 시작되었습니다. 리먼 브라더스의 파산은 비우량주택담보대출 부실로 인한 주택담보대출의 채무불이행에서 비롯되었고, 이 비우량주택담보대출의 부실은 2000년대 초반부터 이어온 저금리를 2007년 9월부터 인상한 데서 비롯되었다고 볼 수 있습니다.

2008년 글로벌 금융위기를 대표하듯 파산으로 간판을 내리는 리먼 브라더스.

● 서브프라임 모기지는 비우량주택담보대출로, 저신용자를 대상으로 한 이 주택담보대출의 부실에서 글로벌 금융위기가 시작되었습니다.

그렇다면 왜 미국 연방준비제도가 저금리 기조를 장기간 유지해왔을까요? 시카고대학교 경제학과 라구람 라잔(Raghuram Rajan) 교수는 자신의 책《폴트라인(Fault Lines)》에서 그 이유를 설명하고 있습니다. 미국 연방정부와 연방준비제도가 2000년대 초반 닷컴 버블의 붕괴 이후 경기를 부양하기 위해 인위적으로 저금리 정책을 펼쳤고, 이 인위적 저금리 정책의 연장선상에서 이전까지는 주택담보대출을 받을 수 없었던 저신용자 계층을 대상으로 한 비우량주택담보대출이 활성화되었다고 밝힙니다.

정부와 연방준비제도의 인위적 저금리 정책으로 인해 비우량주택담보대출은 대부분 변동금리로 계약되었습니다. 우리가 모두 아는 것처럼 변동금리는 기준금리에 대출금리가 연동되어 기준금리가 하락하면 대출금리도 낮아지지만, 반대로 기준금리가 상승하면 대출금리도 따라서 상승하는 특징이 있습니다. 그렇기 때문에 연방준비제도가 금리를 인상하자 비우량주택담보대출을 실행한 은행들 역시 대출금리를 인상하게 되었고, 갚아야 할 이자가 증가하자 소득이 제한된 저신용자는 대출을 갚을 수 없게 되어 결국 채무불이행으로 이어진 것입니다.

그렇다면 연방준비제도의 금리 인상이 왜, 그리고 어떻게 문제를 야기했을까요. 경제학자 아티프 미안(Atif Mian)과 아미르 수피(Amir Sufi)가 지은《빚으로 지은 집(House of Debt)》에 의하면 '미국인들에게

홈 에쿼티(home equity, 소유하고 있는 주택가격에서 부채를 뺀 금액)는 유일한 재산인 경우가 많다*고 그 이유를 설명하고 있습니다. 그렇기 때문에 주택가격이 하락하면 이는 곧 상당수 미국인에게 그들이 보유한 유일한 자산가격이 하락함을 의미하며, 자산가격 하락은 주택 구입 시 은행으로부터 많은 대출을 받은 저신용계층이나 저소득계층일수록 더 심각한 타격을 줍니다. 즉 주택가격이 급격하게 하락하는 상황에서 주택담보대출은 가난한 채무자에게 모든 위험을 전가하는 것이며, 금융기관 혹은 여기에 자금을 공급한 예금자는 거의 위험을 부담하지 않음을 의미합니다.

하지만 문제는 여기에서 끝이 아닙니다. 주택가격의 하락은 단순히 자산가격의 하락으로만 끝나지 않고 저소득층이 직장을 잃고 소비를 줄이는 또 다른 재앙으로 이어집니다. 그렇다면 위기의 상황에서 저소득, 저신용계층의 상황을 더욱 악화시키는 부채가 확산된 이유는 무엇일까요.

1990년대 말에서 2000년 초반까지의 닷컴 버블이 꺼진 직후인 2001년 미국 연방준비제도이사회 의장 앨런 그린스펀(Alan Greenspan)은 향후 연방준비제도의 금리 기조에 대해 다음과 같은 발언을 합니

● Mian, Atif. and Amir Sufi, House of Debt, The University of Chicago Press, 2014, pp. 34(《빚으로 지은 집》, 박기영 옮김, 열린책들, 2014).

1987년부터 2006년까지 미국 연방준비제도이사회 제13대 의장을 지낸 앨런 그린스펀. 20년 가까운 기간 동안 연방준비제도 의장을 지내며 미국의 통화정책을 결정한 그의 별명은 '세계의 경제 대통령'이었습니다. 저금리 정책으로 닷컴 버블 붕괴를 수습한 공은 있지만, 이러한 저금리 정책은 다시 2008년 글로벌 금융위기의 원인이 되기도 했습니다.

다. "연방공개시장위원회는 만족스러운 경제적 성과를 촉진하기 위해 필요한 기간 동안 매우 수용적인 정책 기조를 유지할 준비가 되어 있다." 앨런 그린스펀의 이 발언은 연방준비제도가 경제활동을 촉진하기 위해 저금리 기조를 상당 기간 유지할 것임을 시사한 것이며, 이에 금융시장은 합당하게 반응했어요. 바로 미국 국채를 대신할 수 있는 다른 투자자산을 찾기 시작한 것이죠.

금융시장이 발견한 새로운 투자자산 중 하나는 부채담보부증권(CDO, Collateralized Debt Obligation)입니다. 주택담보대출은 집을 구입하고자 하는 사람에게 비교적 낮은 금리로 10년 이상 장기에 걸쳐 대출을 제공하는 상품인데, 이자율이 낮고 상환기간이 길기 때문에 채무자

입장에서는 안정적으로 이자와 원금을 상환할 수 있고, 채권자 입장에서도 채무불이행 사태가 발생할 경우 주택을 차압해 다시 경매로 팔 수 있어서 손실을 최소화할 수 있는 금융상품입니다. 하지만 이러한 장점에도 불구하고 채권자인 은행에게는 대출과 상환 간 불균형 문제가 발생합니다.

대출을 실행하는 은행 입장에서는 큰 금액을 단기간에 빌려주고 적은 금액을 장기간에 걸쳐 돌려받기 때문에 앞에서 말한 대출과 상환 간 불균형이 발생하는 것입니다. 이러한 비대칭 문제를 해결하기 위해 은행은 자산유동화증권(ABS, Asset Backed Security, 자산을 담보로 발행하는 증권)의 한 종류인 주택담보대출저당증권(MBS, Mortgage Backed Security, 은행에서 실행한 주택담보대출 금액을 담보로 발행하는 채무증권)을 발행하게 되었습니다. 이 증권을 발행함으로써 은행은 증권 금액을 받고 거래에서 완전히 빠질 수 있게 되며, 채무자가 지급하는 원금과 이자는 주택담보대출저당증권을 구입한 또 다른 금융회사에 지급되는 것이죠.

그런데 마찬가지로 이러한 주택담보대출저당증권을 구입한 금융회사 역시 투자금과 상환금의 불일치 문제를 해결하기 위해 다시 이를 기초자산으로 한 증권을 발행하는데, 이것이 앞에서 설명한 부채담보부증권입니다. 이러한 파생금융상품은 주택담보대출이 신용도 높은 프라임 등급 대출자에게 한정되어 이루어졌을 때까지만 해도 높은 수익률을 보장하는 안정적인 금융상품이었습니다.

문제는 저신용자를 대상으로 한 비우량주택담보대출이 이루어지면서 시작되었습니다. 비우량주택담보대출이 활성화되기 이전에는 주택담보대출을 받기 위해 소득 증명과 자산 증명이 필요했어요. 빌린 돈을 갚을 능력이 있다는 것을 증명해야 했던 것이죠. 그런데 비우량주택담보대출이 활성화되자 은행은 이를 소득 선언과 자산 증명으로 완화했다가, 나중에는 소득 선언과 자산 선언으로 더 완화했어요. 즉 저신용자는 자신의 수입과 자산을 증명할 필요 없이 자신이 대출을 상환할 수 있는 충분한 수입과 자산이 있다고 서류에 명시하는 것만으로 주택담보대출을 받을 수 있게 되었고, 나중에는 NINA(No Income, No Asset, 무소득 무자산) 대출까지 등장하게 되었습니다.

이러한 허술한 주택담보대출 시스템에서 발생한 문제를 더 심화시키는 일이 주택담보대출을 기반으로 한 파생금융상품 설계에 적용되었습니다. 주택담보대출저당증권도 금융상품이니만큼 신용평가를 받고, 투자등급부터 투기등급까지 다양하게 평가를 받습니다. 투자등급의 주택담보대출저당증권은 투자자에게 판매하기 쉽지만, 이와 반대로 투기등급은 손실확률이 높기 때문에 투자자에게 판매하기가 어렵습니다. 이에 투자자에게 판매하기 어려운 투기등급 상품 여럿을 묶고 다시 나누는 단순한 과정을 거쳐 투자등급 상품으로 바꾼 것입니다. 게다가 이론적으로는 이 과정을 반복하면 부도 위험이 낮은 안전한 파생금융상품을 지속적으로 만들 수 있습니다.

문제는 앞에서 살펴본 투기등급 채권 각각의 부도 확률이 완전히 상호 독립적이지도 않고, 외부 요인의 변화에 극히 취약하다는 데 있습니다. 우리가 지금까지 살펴본 비우량주택담보대출의 경우 가장 강력한 외부 요인은 미국 연방준비제도의 갑작스러운 금리 인상이었습니다. 금리 인상은 모든 채권에 공통적으로 영향을 미치기 때문이죠. 이 외부 요인의 변화에서 비롯된 충격이 가해지자 우리가 아는 2008년 금융위기가 발생하게 되었습니다.

2007년 9월 금리 인상으로 인해 비우량주택담보대출의 부도가 증가했는데, 이러한 비우량주택담보대출을 기초자산으로 한 파생상품에 가장 많은 투자를 한 금융회사가 리먼 브라더스였습니다. 파생상품 투자에서 야기된 부실로 인해 리먼 브라더스는 2008년 9월 14일 파산했습니다. 하지만 이게 끝이 아니었으니 리먼 브라더스에서 발행한 신용부도스와프(Credit Default Swap)*를 가장 많이 인수한 회사가 미국

● 신용부도스와프는 부도가 발생해 채권이나 대출 원금을 회수하지 못할 경우에 대비해 부도 위험 자체를 거래하는 파생금융상품으로 일종의 보험이라고 볼 수 있습니다. 신용부도스와프를 발행하는 회사는 일정한 수수료를 주고 상대 회사에 자신이 보유한 채권이나 대출의 부도 위험을 넘길 수 있습니다. 대신 신용부도스와프를 구입한 회사는 일정한 수수료를 받는 대신 채권이나 대출의 부도가 발생할 경우 신용부도스와프를 발행한 회사에 원금 상환 의무를 갖게 됩니다. 얼핏 보면 불공정 계약처럼 보이지만 실제로 주택담보대출에 대한 신용부도스와프는 2008년 글로벌 금융위기 이전까지만 해도 위험이 낮은 안정적인 파생금융상품이었습니다.

굴지의 보험사 AIG이기 때문입니다. 결국 미국 연방준비제도와 재무부는 더 큰 금융위기를 막기 위해 의회의 반대에도 불구하고 AIG에 대한 구제금융을 결정하게 됩니다. AIG의 파산 보호 신청 소식에 주식시장은 패닉에 빠졌고, 여파는 포드, 크라이슬러, GM 등 대기업에까지 전파되었습니다.

금융시장에서 시작된 패닉이 실물시장에까지 파급되자 미국 연방준비제도는 채권시장에서 미국 재무부 채권을 직접 매입해 시장에 유동성을 공급하는 양적완화를 세 차례에 걸쳐 실시하게 됩니다. 이러한 구제금융과 양적완화를 통해 미국 연방준비제도와 재무부는 금융위기를 수습하고 경제를 다시 활성화시킬 수 있었지만, 일각에서는 중앙은행과 정부가 주도하는 통화정책이 화폐가치의 불안정을 가져온다는 불만이 제기되기 시작했습니다. 특히 납세자의 세금으로 1,800억 달러에 달하는 구제금융을 받은 AIG를 비롯한 금융회사가 최고경영자, 최고재무책임자, 그리고 일부 직원에게 적게는 수백만 달러에서 많게는 수억 달러에 달하는 인센티브를 지급하면서 사람들은 월가의 대형 금융회사에 대해 '금융위기를 초래한 주범인 주제에 납세자의 세금으로 인센티브 잔치를 벌인다'며 더 큰 불만을 갖게 되었습니다.

이러한 불만은 한편으로는 '월가를 점령하라(Occupy Wall Street)' 시위로 나타났고, 다른 한편으로는 달러화를 대체할 수 있는 새로운 화폐

'월가를 점령하라' 시위 장면. 리먼 브라더스의 파산으로 시작된 글로벌 금융위기는 이 시위처럼 월스트리트 금융회사 및 정부와 중앙은행 메커니즘에 대한 일반 시민의 불만을 야기했습니다. 그리고 이 시위와 동일한 불만에서 비트코인을 비롯한 암호화폐가 등장하게 되었습니다(출처: 천주교 대전교구 정의평화위원회 홈페이지(https://www.djpeace.or.kr/9)).

를 찾으려는 시도로 나타났습니다. 어느 쪽이 되었든 전통적인 금융 시장으로서 월가와 전통적인 화폐로서의 달러는 불신과 도전에 직면하게 된 것입니다. 이러한 상황에서 등장하게 된 것이 암호화폐입니다. 결과적으로 암호화폐가 등장한 이유는 간단합니다. 정부나 중앙은행의 정책적 고려에 의해 그 가치가 변화하지 않는 고정적이고 안정적인 가치를 갖는 화폐로 기능할 수 있을 것이라는 기대 때문이었습니다.

비트코인의 등장과
그 핵심인
블록체인 기술의 발전

가상자산의 짧은 역사, 그리고 비트코인의 등장

미국 연방준비제도의 갑작스러운 금리 인상은 변동금리로 비우량주택담보대출을 받은 저소득, 저신용계층의 채무불이행을 초래했습니다. 이러한 채무불이행에서 시작된 금융위기는 곧 실물시장으로 확산되었고, 주택담보대출을 기초자산으로 한 파생금융상품은 금융회사만이 아니라 일반 기업에까지 영향을 미쳤습니다. AIG 같은 보험회사나 은행은 기업과 그 기업에서 일하는 노동자도 가입 고객이기 때문입니다.

금융위기와 금융위기에서 비롯된 경기침체를 극복하기 위해 미국 연방정부와 연방준비제도는 물론 각국 정부와 중앙은행은 부실 금융기관에 대한 구제금융뿐만 아니라 확장적 재정정책과 기준금리 인하, 미국의 경우에는 양적완화(Quantitative Easing)* 정책까지 펼쳤습니다. 각국 정부의 이러한 대응은 미국발 금융위기가 더 큰 경기침체로 이어지는 사태를 예방하는 데 분명 큰 역할을 했습니다. 하지만 그와 반대로 일반 납세자 중 상당수는 자신이 낸 세금이 금융위기를 초래한 금융회사나 대기업을 구제하는 데 사용되거나 혹은 양적완화를 통한 인위적인 경기부양에 사용되는데 불만을 품게 되었습니다. 금융위기 발생과 극복 과정에서 정부가 사용한 정책 도구에 대한 이러한 불만은 다시 중앙은행이 화폐를 발행하고 통제하는 현행 법정화폐 시스템과 미국 달러화가 기축통화로 기능하는 국제 금융 시스템에 대한 회의로 이어졌습니다. 많은 사람은 '굳이 달러화가 아니더라도 다른 지급결제 도구가 있다면 그걸 사용하는 편이 낫지 않겠어?'라고 생각하게 된 것이죠. 정부와 중앙은행이 개입하지 않고 가치가 변하지 않는 안정적인 화폐 시스템을 원하는 사람이 많아졌고, 이들의 요구를 충족하는 도구가 등장했습니다. 바로 비트코인(Bitcoin)입니다.

하지만 이러한 시도에 있어 비트코인이 처음은 아닙니다. 비트코인

● 중앙은행은 경기가 불황일 때 투자와 소비를 촉진하기 위해 기준금리를 낮추는 정책을 씁니다. 금리가 낮으면 더 낮은 이자율로 가계와 기업이 자금을 조달하여 투자나 소비활동에 사용할 수 있기 때문입니다. 하지만 경기가 불황임에도 불구하고 금리가 낮으면 이러한 기준금리 인하정책을 사용할 수 없습니다. 이런 상황에서 중앙은행이 유동성, 즉 돈을 공급하는 방법이 시장에서 채권을 직접 사들이는 양적완화 정책입니다.

암호화폐의 아버지 데이비드 차움. 그는 현재도 활발하게 활동하고 있습니다(출처: https://blog.naver.com/sshim56/221807498095).

이전에도 이와 비슷한 시도가 많았기 때문입니다. 비트코인과 가상 자산의 등장 이후, '암호화폐의 아버지'로 알려진 데이비드 차움(David Chaum)은 1980년대에 이미 거래 당사자 간 신원을 모르는 상태에서도 거래가 가능한 익명 거래 시스템을 개발해 제안했습니다. 데이비드 차움은 자신의 아이디어를 바탕으로 디지캐시(DigiCash)라는 회사를 설립하지만 기술적 한계와 사회적 여건의 미비로 악전고투하다 결국 파산하고 말았습니다. 비록 파산하긴 했지만 데이비드 차움의 시도는 헛되지 않았습니다. 그의 익명 거래 시도가 비트코인의 익명성으로 계승되었기 때문입니다.

한편 1993년 미국의 수학자 에릭 휴즈(Eric Hughes)는 티모시 메이

(Timothy May), 존 길모어(John Gilmore)와 함께 사이퍼펑크(Cypher punk)* 선언을 발표하고 국가와 대기업으로부터 프라이버시를 보호할 수 있는 암호화된 거래 시스템을 제안했습니다. 이들이 이 시스템을 제안한 이유는 신용카드나 계좌이체 등을 이용해 거래하게 되면 그 기록이 남게 되고, 이 기록은 결국 국가나 대기업이 개인의 사적 거래를 감시하는 수단이 될 수 있다고 생각해서입니다. 이 지점에서 암호화폐의 딜레마 중 하나가 발생합니다. 암호화폐가 법정화폐를 대신해 모든 공적, 사적 거래에 사용되기 위해서는 국가의 인정이 필요합니다.

앞에서 우리는 중앙은행과 법정화폐의 등장을 간단하게 살펴보면서 법정화폐의 가치가 정부의 보증으로 유지된다고 설명한 바 있습니다. 그렇다면 과연 정부는 법정화폐의 가치를 어떻게 보증할까요? 가장 간결하고 명확한 방법은 법정화폐를 정부 지불수단, 즉 세금 납부의 수단으로 사용하는 것입니다. 정부 수입의 원천인 세금을 법정화폐로 납부받음으로써 정부는 법정화폐의 가치를 보증할 수 있게 됩니다. 그렇지 않다면 당장 정부의 예산 집행부터 문제가 발생할 테니까요. 하지만 암호화폐는 정부의 화폐 발행 및 유통의 독점권과 가치유지권을 부정한 것에서 출발합니다. 따라서 정부는 암호화폐를 인

● 사이퍼펑크는 중앙화된 국가나 권력구조에 저항하는 사회운동으로 암호화 기술에 근간을 두고 있습니다. 사이퍼펑크는 암호를 뜻하는 단어인 cipher를 cypher로 바꾸고, 그 뒤에 권력에 대한 저항을 의미하는 punk를 붙여 만든 단어이며, 이 사이퍼펑크 운동의 기본 강령인 사이퍼펑크 선언은 프라이버시를 위한 암호기술의 활용과 개발을 주로 언급하고 있습니다.

정할 수 없게 되고, 결국 암호화폐는 법정화폐를 대신할 수 없게 됩니다. 법정화폐를 소유한 사람도, 그것으로 거래를 하는 사람도 모두 국가에 대한 공적 지불, 즉 납세를 위해서는 법정화폐를 보유해야 하고, 이는 결국 법정화폐가 우리 일상생활의 모든 경제활동에 있어서 암호화폐보다 더 우월하고 필요한 존재임을 증명합니다.

이러한 현실적인 문제에도 불구하고 사이퍼펑크 사상에 기반하여 1997년 아담 백(Adam Back)이 해시캐시(Hashcah)라는 가상화폐를 만들었고, 1998년에는 웨이 다이(Wei Dai)가 비-머니(B-Money)라는 가상화폐를, 닉 재보(Nick Szabo)는 비트골드(Bit Gold)라는 가상화폐를 제안했으나 모두 기술적 한계로 인해 무산되었습니다.

하지만 이러한 실패가 헛된 일은 아니었습니다. 앞선 시도의 실패를 거울삼아 2008년 10월 31일 사토시 나카모토(Satoshi Nakamoto)라는 가명을 사용하는 사람이 인터넷에 비트코인 백서 〈비트코인: 개인과 개인 간 전자화폐 시스템(Bitcoin: A Peer-to-Peer Electronic Cash System)〉을 공개합니다. 드디어 비트코인이라는 존재가 세상에 모습을 드러낸 것입니다.

비트코인 피자데이

2008년 10월 31일, 사토시 나카모토가 쓴 비트코인

Abstract. A purely peer-to-peer version of electronic cash would allow online payments to be sent directly from one party to another without going through a financial institution. Digital signatures provide part of the solution, but the main benefits are lost if a trusted third party is still required to prevent double-spending. We propose a solution to the double-spending problem using a peer-to-peer network. The network timestamps transactions by hashing them into an ongoing chain of hash-based proof-of-work, forming a record that cannot be changed without redoing the proof-of-work. The longest chain not only serves as proof of the sequence of events witnessed, but proof that it came from the largest pool of CPU power. As long as a majority of CPU power is controlled by nodes that are not cooperating to attack the network, they'll generate the longest chain and outpace attackers. The network itself requires minimal structure. Messages are broadcast on a best effort basis, and nodes can leave and rejoin the network at will, accepting the longest proof-of-work chain as proof of what happened while they were gone.

1. Introduction

Commerce on the Internet has come to rely almost exclusively on financial institutions serving as trusted third parties to process electronic payments. While the system works well enough for most transactions, it still suffers from the inherent weaknesses of the trust based model. Completely non-reversible transactions are not really possible, since financial institutions cannot avoid mediating disputes. The cost of mediation increases transaction costs, limiting the minimum practical transaction size and cutting off the possibility for small casual transactions, and there is a broader cost in the loss of ability to make non-reversible payments for non-reversible services. With the possibility of reversal, the need for trust spreads. Merchants must be wary of their customers, hassling them for more information than they would otherwise need. A certain percentage of fraud is accepted as unavoidable. These costs and payment uncertainties can be avoided in person by using physical currency, but no mechanism exists to make payments over a communications channel without a trusted party.

What is needed is an electronic payment system based on cryptographic proof instead of trust, allowing any two willing parties to transact directly with each other without the need for a trusted third party. Transactions that are computationally impractical to reverse would protect sellers from fraud, and routine escrow mechanisms could easily be implemented to protect buyers. In this paper, we propose a solution to the double-spending problem using a peer-to-peer distributed timestamp server to generate computational proof of the chronological order of transactions. The system is secure as long as honest nodes collectively control more CPU power than any cooperating group of attacker nodes.

사토시 나카모토가 인터넷에 공개한 비트코인 백서. 비트코인의 기술적인 면을 서술하고 있습니다. 누구나 다운로드 받아 읽을 수 있으며 한국어 번역본도 존재 합니다(출처: bitcoin.org).

백서가 최초로 공개되었지만, 이러한 백서의 공개가 바로 비트코인의 등장으로 이어지지는 않았습니다. 실제 비트코인이 인터넷상에서 최초로 채굴된 날짜는 백서 발표 이후 2개월이 지난 2009년 1월 3일이었습니다.

2009년 1월 3일, 사토시 나카모토는 비트코인 최초의 블록인 제네시스 블록(Genesis Block)을 생성했습니다. 다음날인 1월 4일에는 C++로 만들어진 비트코인의 소스코드를 다수의 사람에게 이메일로 배포했습니다. 비트코인의 최초 50개 채굴자는 사토시 나카모토 본인이고, 그에 이어 채굴한 사람은 사토시 나카모토에게 10비트코인을 송금받은 할 피니(Hal Finney)라는 이름의 프로그래머입니다. 하지만 초기의 채굴과 거래는 이게 끝이었습니다. 최초의 채굴과 송금 그리고 두 번째 채굴이 이루어졌지만, 그 이후에도 꽤 오랫동안 비트코인은 지불수단 혹은 자산으로서의 역할을 수행하지 못했습니다. 그저 인터넷상에서 생성되고 저장되는 데이터에 불과한 존재였습니다. 그렇다면 비트코인은 어떻게 해서 많은 사람들이 투자하는 자산이 된 것일까요?

혹시 비트코인 피자데이(Bitcoin Pizza Day)라고 들어보셨나요? 얼핏 들으면 말도 안 되는 해프닝 같은 이 비트코인 피자데이 덕분에 비트코인이 가상자산으로서의 본격적인 삶을 시작하게 되었습니다.

비트코인 피자데이는 최초의 채굴이 이루어지고 약 1년 4개월이 지난 2010년 5월 22일입니다. 미국 플로리다에 거주하는 라스즐로 한예츠라는 프로그래머는 당시 가격으로 40달러에 해당하는 10,000비트코인으로 피자 두 판을 주문했습니다. 당시 40달러에 불과한 10,000비트코인을 현재 거래가격으로 환산하면 1비트코인을

```
00000000   01 00 00 00 00 00 00 00   00 00 00 00 00 00 00 00   ................
00000010   00 00 00 00 00 00 00 00   00 00 00 00 00 00 00 00   ................
00000020   00 00 00 00 3B A3 ED FD   7A 7B 12 B2 7A C7 2C 3E   ....;£íýz{.²zÇ,>
00000030   67 76 8F 61 7F C8 1B C3   88 8A 51 32 3A 9F B8 AA   gv.a.È.ÃˆŠQ2:Ÿ.º
00000040   4B 1E 5E 4A 29 AB 5F 49   FF FF 00 1D 1D AC 2B 7C   K.^J)«_Iÿÿ...¬+|
00000050   01 01 00 00 00 01 00 00   00 00 00 00 00 00 00 00   ................
00000060   00 00 00 00 00 00 00 00   00 00 00 00 00 00 00 00   ................
00000070   00 00 00 00 00 00 FF FF   FF FF 4D 04 FF FF 00 1D   ......ÿÿÿÿM.ÿÿ..
00000080   01 04 45 54 68 65 20 54   69 6D 65 73 20 30 33 2F   ..EThe Times 03/
00000090   4A 61 6E 2F 32 30 30 39   20 43 68 61 6E 63 65 6C   Jan/2009 Chancel
000000A0   6C 6F 72 20 6F 6E 20 62   72 69 6E 6B 20 6F 66 20   lor on brink of
000000B0   73 65 63 6F 6E 64 20 62   61 69 6C 6F 75 74 20 66   second bailout f
000000C0   6F 72 20 62 61 6E 6B 73   FF FF FF FF 01 00 F2 05   or banksÿÿÿÿ..ò.
000000D0   2A 01 00 00 00 43 41 04   67 8A FD B0 FE 55 48 27   *....CA.gŠý°þUH'
000000E0   19 67 F1 A6 71 30 B7 10   5C D6 A8 28 E0 39 09 A6   .gñ¦q0·.\Ö¨(à9.¦
000000F0   79 62 E0 EA 1F 61 DE B6   49 F6 BC 3F 4C EF 38 C4   ybàê.aÞ¶Iö¼?Lï8Ä
00000100   F3 55 04 E5 1E C1 12 DE   5C 38 4D F7 BA 0B 8D 57   óU.å.Á.Þ\8M÷º..W
00000110   8A 4C 70 2B 6B F1 1D 5F   AC 00 00 00 00 00         ŠLp+kñ._¬.....
```

비트코인 제네시스 블록에 기록된 내용으로 사토시 나카모토는 비트코인 제네시스 블록에 2009년 1월 3일자 〈더 타임즈(The Times)〉의 헤드라인 기사를 기록했습니다.

2009년 1월 3일 〈더 타임즈〉 헤드라인은 '영국 재무장관, 은행에 대한 두 번째 구제금융 결정 임박'입니다. 의미 깊은 제네시스 블록에 이 기사를 기록했다는 사실에서 사토시 나카모토가 비트코인을 만든 목적을 알 수 있습니다.

40,000달러라고 할 경우 4억 달러, 한화로 무려 4,800억 원이 넘는 어마어마한 돈입니다. 그만큼 당시에는 비트코인이 그 가치를 인정받지 못했다고 할 수 있습니다. 사실 비트코인은 그저 인터넷에서 생성되고 저장되는 데이터에 불과했기 때문입니다. 이 데이터를 이용해 음식을 주문해 먹거나 필요한 물건을 구입할 수 있을 것이라 생각한 사람은 아무도 없었기 때문에 비트코인의 가치도 낮을 수밖에 없었습니다. 누가 화폐가치도 없는 데이터 쪼가리를 돈을 주고 거래하겠어요? 그럼에도 불구하고 10,000비트코인을 이용해 40달러의 피자를 주문해 먹었으니, 당시에는 1비트코인이 0.004달러에 불과했다고 할 수 있습니다.

하지만 비트코인으로 피자를 주문한 것에 불과한, 정말 별거 아닌 이 사건으로 인해 사람들은 비트코인이 현실에서의 경제활동 및 지급결제에도 사용될 수 있다는 사실을 알게 되었습니다. 결국 그날을 기점으로 비트코인 가격은 급상승하기 시작했습니다. 그래서 가상자산시장 참여자는 매년 5월 22일을 비트코인 피자데이라 명명하고 기념하고 있습니다.

가상자산이 처한 어려움: 이중지불 문제

그렇다면 이 시점에서 우리에게는 두 가지 의문이 생깁니다. 하나는 '왜 앞서 나온 다른 가상화폐는 모두 사라졌는데, 비트코인만은 현재까지 살아남아 투자자가 열광하는 자산이 되었는가.' 다른 하나는 '이렇게 암호화폐를 세상에 출현시킨 비트코인의 기술은 과연 무엇인가'입니다. 이 두 가지 질문에 간단하게 답하기는 쉽지 않습니다. 전자와 후자 모두 경제학적이고 수학적인 내용이 연관되어 있기 때문입니다. 하지만 이 둘을 이해하지 못하면 결국 우리가 이렇게 공부하는 내용도 수박 겉핥기에 불과할 것입니다.

먼저 앞서 나온 다른 가상화폐는 모두 사라졌는데 비트코인만이 살아남은 이유는 무엇일까요. 어느 정도 연령대가 있다면 '회수권'이라는 단어를 들어봤을 겁니다. 회수권은 교통카드가 도입되기 전 저렴하게 버스를 탈 수 있도록 한 학생용 승차권입니다. 학교에서 교환권을 받아 구입했고, 10장이 한 묶음으로 되어 있어 구입자가 직접 잘라 사용해야 했죠. 이러한 회수권을 만든 사람은 사용자인 학생이 모두 정직할 것이라 생각했지만 실제로는 그렇지 않았습니다. 10장을 적당히 어긋나게 잘라서 12장 혹은 14장으로 만드는 사람이 있는가 하면, 손재주가 좋은 친구는 아예 종이에 똑같이 그려 그것을 회수권 대신 사용하곤 했으니까요. 학생들의 이러한 행동으로 인해 결국 발행자는 손해를 보고 사용자는 이득을 볼 수밖에 없었습니다. 이와 유사한 문제가 비트코인을 포함한 모든 종류의 가상자산에도 발생 가능한데, 소위 이중지불(Double Spending) 문제입니다.

가상자산은 인터넷, 즉 컴퓨터 네트워크 위에만 존재하는 데이터입니다. 컴퓨터와 인터넷에 존재하는 모든 데이터는 복제할 수 있습니다. 그렇다면 악의적인 사용자가 같은 데이터를 여러 번 복사해 지불한다면 우리는 이것을 어떻게 발견하고 규제할 수 있을까요? 컴퓨터와 인터넷에 존재하는 모든 파일은 복사하기-붙여넣기가 가능하고, 원본 파일과 복사 파일이 동일하기 때문에 이러한 행위를 원천적으로 막을 수는 없습니다. 물론 기업에서 문서보안에 사용되는 DRM(Digital Rights Management) 기술처럼 원본을 암호화하는 방법도 있지만, 이 경우에는 파일을 주고받는 사람 모두 암호 해제 프로그램을 가진 경우에만 사용할 수 있거나, 혹은 파일을 전송할 때마다 암호를 해제해야 하는 불편함이 있습니다. 여기에 더해 암호를 해제한 파일을 복제할 경우, 이 파일 역시 원본과 동일하기 때문에 무엇이 원본이고 무엇이 복사본인지 파악하기가 불가능하다는 문제가 있습니다.

결국 가상화폐의 사용에 있어서 이중지불을 막기 위해서는 신뢰할 수 있는 관리·감독기관 및 중개기관이 필요했죠. 현실에서는 정부, 중앙은행, 시중은행, 경찰 등이 위조지폐의 사용을 막고 화폐 거래를 중개하며 화폐의 가치를 일정하게 유지하고 있습니다. 하지만 가상화폐에서는 이러한 신뢰할 수 있는 관리·감독기관 및 중개기관을 지정하기가 어려웠습니다. 공공성을 보유한 정부기관이 아닌 이상 100% 완전히 신뢰할 수 있는 존재는 없기 때문입니다. 이처럼 불신이 만연한 상황에서는 우리가 앞에서 살펴본 것처럼 화폐가 제대로 작동할 수 없습니다.

블록체인: 이중지불 문제의 해결

이중지불 문제는 가상화폐에 있어서 치명적입니다. 이중지불 문제가 존재하는 이상 가상화폐가 정상적으로 신뢰를 얻고 작동하기 위해서는 기존 법정화폐 시스템과 마찬가지로 중앙화된 신뢰의 매개체가 필요했기 때문입니다. 하지만 전통적인 법정화폐 시스템과 금융시장에서 기능하는 중앙은행이나 시중은행, 증권회사처럼 오랜 시간을 거치며 시장에서 검증된 신뢰 매개체가 가상화폐 시장에는 존재하지 않았습니다. 현실에서 우리는 법정화폐를 사용하며 시중은행이나 중앙은행이 우리의 예금을 갖고 잠적하거나 돈이 하루 아침에 종이 쪼가리로 전락할까 봐 걱정하지는 않습니다. 시중은행은 오랜 기간 영업활동을 하며 금융 소비자에게 신뢰를 쌓아왔고 은행감독 당국의 규제와 감독을 받고 있으며, 중앙은행은 정부와 연결되어 있기 때문입니다. 물론 1997년 우리나라의 외환위기나 우리가 앞에서 살펴본 2008년 글로벌 금융위기 같은 사태가 발생하면 시중은행도 파산하고 정부와 중앙은행도 어려움에 부딪히지만, 이런 일은 그 발생 가능성도 낮을뿐더러 예금보험제도나 IMF 같은 국제기구의 구제금융 등을 통해 극복 가능합니다. 하지만 가상화폐 세계에는 이런 중앙화된 신뢰의 매개체가 존재하지 않고, 위기 발생 시 도움을 요청할 수 있는 국제기구나 협력할 수 있는 국가도 존재하지 않았습니다. 결국 비트코인이 등장하기 이전에 시도되었던 많은 가상화폐는 이 이중지불 문제를 해결하지 못해 모두 사라질 수밖에 없었죠.

그렇다면 앞서 나온 가상화폐와 달리 비트코인은 중앙화된 신뢰 매개체 없이 어떻게 이중지불 문제를 해결할 수 있었을까요? 그 해법은 바로 블록체인 기술에 있었습니다.

금융거래를 위해서는 입출금 내역을 모두 기록한 원장(Ledger)이란 것이 있어야 합니다. 이 원장 기록을 바탕으로 개인의 자산과 부채 규모, 수입 규모나 지출 금액 등을 알 수 있기 때문이죠. 우리가 일상생활을 영위하는 현실에서 보통 이러한 원장은 은행 같은 금융회사가 관리하고 은행감독 당국이 감독합니다. 우리는 은행에 맡긴 예금이나 은행으로부터 받은 주택담보대출을 일일이 따로 계산하면서 관리하지 않고 있죠. 그렇게 하지 않고 인터넷 뱅킹 계좌 혹은 스마트폰 앱에 등록된 금액으로 우리 자산과 부채 규모를 관리할 수 있는 이유는 이러한 중앙화된 원장의 존재와 이를 감독하는 당국에 대한 신뢰가 기저에 깔려있기 때문입니다. 그렇지 않다면 우리는 은행 예금 증서 혹은 대출 잔액 증서를 매번 출력해 날인하고 공증을 받아 보관하는 번거로운 절차를 걸쳐야 할 것입니다. 신용카드 역시 마찬가지입니다. 우리는 신용카드 회사가 우리가 사용하지도 않은 금액을 사용했다고 청구할까 봐 걱정하지 않습니다. 신용카드 역시 카드회사가 관리하는 원장의 존재와 이를 감독하는 당국에 대한 신뢰가 있어서 우리가 안심하고 사용할 수 있습니다. 그렇지 않다면 신용카드를 사용할 때마다 매번 내역을 기록하고 고지서와 비교하는 귀찮은 일을 해야 할 테니까요.

비트코인은 이러한 관리 및 감독기구가 필요한 금융거래의 중앙화된 원장 시스템에 일대 혁신을 일으켰습니다. 중앙화된 원장이 아닌 분산원장(Distributed Ledger) 방식을 도입한 겁니다. 분산원장은 말 그대로 거래내역을 은행이나 카드회사 같은 중앙화된 기관에서 관리하는 하나의 원장에 기록해 보관하는 것이 아니라, 거래내역을 기록한 원장을 다수의 사용자에게 분산시켜 저장 및 관리하는 기술입니다. 사토시 나카모토는 백서에서 '우리가 제안하는 해법은 타임 스탬프 서버로 시작한다. 타임 스탬프 서버는 타임 스탬프가 찍힌 항목 블록의 해시를 가져가 그 해시를 신문이나 유즈넷 게시물처럼 널리 배포하는 방식으로 작동한다. 이 타임 스탬프는 그 데이터가, 명백히, 해시(과정)에 들어가기 위해 해당 시각부터 존재했음을 증명한다. 각 타임 스탬프는 그 해시 안에 이전 타임 스탬프를 포함하고, 그에 앞선 것들을 하나씩 연장하는(reinforcing the ones) 타임 스탬프가 찍힌 사슬을 생성한다'●라고 정리하고 있습니다.

사토시 나카모토는 이중지불 문제를 해결하기 위해 중앙화된 신뢰의 매개체가 아니라 타임 스탬프(Time Stamp)를 언급합니다. 타임 스탬프는 말 그대로 어떠한 거래가 발생했을 때, 그 거래가 이루어진 시간을 도장 찍듯 기록하는 행위를 말합니다. 즉 타임 스탬프는 전자 기록

● 사토시 나카모토, 《비트코인: 개인과 개인 간 전자화폐 시스템》, 2008, 한국어 번역본, p.2.

물의 진실성과 유효성을 입증하기 위하여 해당 전자 기록물이 존재했을 때 혹은 변경되어 기록되었을 당시 시점의 정보를 기록물에 부가하는 일을 말합니다. 그리고 이 타임 스탬프는 위·변조를 막고 기록의 신뢰성을 향상시키기 위해 암호화된 값으로 저장됩니다. 예를 들어, A 거래와 B 거래가 존재하고 A 거래가 B 거래보다 앞서 일어났다고 가정해보겠습니다. 현실에서는 이 거래가 발생한 절대적인 시간의 기록을 놓고 선후관계를 판단하지만, 블록체인에서는 논리적인 선후관계에 따라 판단합니다. 즉 두 사건이 발생한 정확한 시간은 알 수 없지만 A 거래의 타임 스탬프에는 B 거래가 기록되지 않은 반면, B 거래의 타임 스탬프에 A 거래가 발생했다는 사실이 기록되어 있으면 이를 바탕으로 우리는 A 거래가 B 거래보다 선행해서 이루어졌다는 사실을 알 수 있습니다.

비잔틴 장군 문제

비트코인의 타임 스탬프 사용과 연결되는 또 다른 중요한 비잔틴 장군 문제(The Byzantine Generals Problem)에 대해서도 알아보도록 하겠습니다.

비잔틴 장군 문제는 1982년 컴퓨터 공학자 래슬리 램포트(Leslie Lamport), 로버트 쇼스탁(Robert Shostak), 그리고 마셜 피스(Marshall Pease)가 작성한 논문에서 제시되고 해법까지 도출한 문제입니다. 이

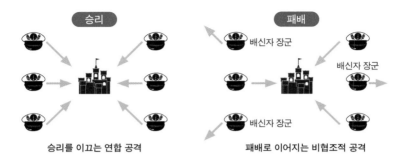

비잔틴 장군 문제

| 승리 | 패배 |

승리를 이끄는 연합 공격

패배로 이어지는 비협조적 공격

배신자 장군

비잔틴 장군 문제를 간단하게 보여주는 그림으로 배신자 장군은 성을 공격하지 않고 퇴각하거나 혹은 다른 장군을 공격할 수 있습니다. 공격에 성공하기 위해 충성스러운 장군이 전체 장군에서 얼마나 있어야 하는가를 해결하기 위한 문제가 비잔틴 장군 문제입니다(출처: mastercrypto.com).

논문은 내부의 배신자를 찾아내고 그로 인한 피해를 예방하는 내용입니다. 그러한 까닭에 램포트, 쇼스탁, 피스는 당시 가장 폐쇄적이고 잘 알려지지 않은 동구권 국가 알바니아의 이름을 따서 '알바니아 장군 문제'로 논문의 초고를 작성했습니다. 하지만 이후 논문을 읽은 동료가 "미국에 알바니아계 이민자가 얼마나 많은데!"라고 지적하자 아예 현재는 존재하지 않는 과거 역사 속 비잔틴 제국의 장군 문제로 논문 제목을 변경하게 되었습니다.

비잔틴 장군 문제는 적군이 점령한 성을 공격하려는 비잔틴 제국의 군대가 지리적인 이유로 인해 다수의 장군이 지휘하는 여러 부대로 나뉘어 행군하고 있습니다. 부대를 이끄는 여러 장군 사이에 이루어지는 연락은 성 밖으로 정찰 나온 적군에게 잡힐 수도 있는 전령에 의해서만 이루어집니다. 여러 장군 중 충성스러운 장군은 사전에 합의된 규칙(공격 일자, 공격 시간, 공격 방법 등)을 충실하게 따라 행동합니다. 하지만 배신자 장군은 규칙에 얽매이지 않고 자유롭게 행동할 수 있으며, 심지어 적과 내통할 수도 있습니다. 우리는 전체 장군 중에서 배신자가 존재한다는 사실은 알지만, 배신자 장군이 몇 명인지는 알지 못하는 상황입니다. 배신자 장군의 존재에도 불구하고 적군이 점령한 성에 대한 공격을 성공시키기 위해서는 충직한 장군이 전체 장군 중 얼마나 있어야 하는지를 밝히는 것이 중요합니다. 이것이 바로 비잔틴 장군 문제입니다.

이 문제에 대한 해법을 보통 '비잔틴 장애 허용(BFT, Byzantine Fault Tolerance)'이라고 하며, 가장 기본적인 해결 방법은 3분의 2 이상이 신뢰할 수 있는 장군을 확보하는 것입니다.

인터넷 네트워크상에서 비잔틴 장군 문제는 바이러스, 해킹, 악성코드 살포 등 네트워크를 무력화시키거나 네트워크를 통한 통신을 방해하려는 시도를 어떻게 막을 수 있는가로 연결되며, 비트코인을 비롯한 암호화폐 네트워크에서는 분산원장 시스템의 신뢰를 얻기 위해 믿을 수 있는 노드를 얼마나 확보해야 하는가, 즉 타임 스탬프의 신뢰성을 어떻게 담보할 수 있는가로 연결됩니다. 타임 스탬프를 통해 거래의 전후관계를 명확하게 논리적으로 규명하더라도 이러한 논리적 정합성이 해킹을 통해 위·변조될 수 있다면 비트코인의 신뢰성은 담보할 수 없게 됩니다. 따라서 타임 스탬프를 해킹할 수 없도록 만드는 작업이 필요하게 됩니다.

타임 스탬프의 신뢰성을 확보하고 비잔틴 장군 문제를 해결하기 위해 비트코인이 도입한 방법은, 흔히 비트코인의 합의 알고리즘으로 불리는 작업증명(PoW, Proof of Work)입니다.

합의 알고리즘은 다수의 참여자가 통일된 의사를 결정하기 위해 사용하는 의사결정 메커니즘입니다. 일반적인 금융 시스템에서는 중앙은행의 존재, 은행 간 송금 프로토콜 등이 합의 알고리즘이라고 할 수 있습니다. 이를 바탕으로 모든 은행이 통일된 의사결정을 내리고 신뢰할 수 있는 결과를 도출할 수 있기 때문입니다. 하지만 비트코인 네트워크에는 이러한 신뢰할 수 있고 권위 있는 기관이 존재하지 않습니다. 게다가 블록체인 시스템은 모두가 동일한 원장을 복사·저장해서 대조해야 하기 때문에 위·변조나 해킹을 통한 기록의 변경이 발생할 경우, 즉 비잔틴 장군 문제가 발생할 경우 이를 해결해줄 수 있는 권위 있는 기관이 없고, 자체적으로 합의를 이루기도 어렵습니다. 따라서 비트코인은 네트워크에 참여한 노드의 합의 알고리즘으로 작업증명을 도입해 타임 스탬프 기록의 신뢰성을 담보하고 비잔틴 장군 문제를 해결했습니다.

작업증명: 비트코인의 핵심

우리는 이제 비트코인의 핵심 개념 두 가지, 즉 타임 스탬프와 비잔틴 장군 문제를 이해했습니다. 지금부터는 타임 스탬프의 신뢰를 확보하고 비잔틴 장군 문제의 해결을 위한 방법이자 비트코인 채굴과 연결되는, 가장 중요한 개념인 작업증명에 대해 알아보겠습니다.

우리가 앞에서 살펴보았듯이 중앙은행 같은 신뢰할 수 있고 권위 있는 기관이 존재하지 않는 네트워크상에서 다수의 참여자가 통일된 의사결정을 하기 위해 사용하는 메커니즘이 합의 알고리즘인데, 이 합의 알고리즘에서 가장 대표적인 방식이 작업증명입니다. 그렇다면 작업증명을 통해 네트워크 참여자는 어떻게 일치된 의사결정을 할 수 있을까요?

작업증명을 확실하게 이해하기 위해서는 먼저 해시와 논스라는 개념을 알아야 합니다. 해시(Hash)는 쉽게 말해 일종의 함수값이고, 해시 함수는 임의의 길이의 데이터를 고정된 길이의 데이터로 변환하는 함수입니다. 우리가 중고등학생 때 배운 함수는 x값과 y값을 대응시키는 관계식이었죠. 해시 함수 역시 마찬가지입니다. 예를 들어 'A가 B에게 1,000원을 송금했다'는 임의의 길이의 문자열을 변환하여 '1c51df95c6ecb0ece8d7610583d07a74cc29acdd85021a2c97'이라는 문자열을 만들었다고 할 경우, 이 변환된 문자열이 해시값이고 원래 문자열과 해시값을 대응시키는 함수가 해시 함수가 되는 것입니다.

그렇다면 왜 이렇게 귀찮은 변환 과정을 거쳐야 할까요? 그 이유는 비잔틴 장군 문제와 이중지불 문제를 해결하기 위해서입니다. 사실 비트코인 네트워크상에서 비잔틴 장군 문제와 이중지불 문제는 동일하다고 봐도 무방한데, 그 이유는 비트코인 네트워크 참여자 중에서 배신자는 곧 이중지불을 하려는 참여자이기 때문입니다.

해시 함수를 사용해 임의의 길이의 데이터를 고정된 길이의 데이터로 변환할 경우, 원래 데이터의 의미가 무엇인지 알 수 없는 난해한 문자열만 남게 되죠. 이러한 변환은 네트워크상의 배신자가 목적 달성을 위해 문자열을 원래 데이터로 다시 복구해야 하는 귀찮은 상황을 만듭니다. 하지만 해시 함수의 특성은 임의의 길이의 데이터를 고정된 길이의 데이터로 변환할 경우, 그 결과물인 고정된 길이의 데이터인 해시값은 하나만 나오지만, 반대로 하나의 해시값으로 변환할 수 있는 원본 데이터의 조합은 무수히 많기 때문에 해시값만으로는 원래 문자열을 알아내는 일이 불가능합니다. 즉 우리는 해시를 통해 해킹이 불가능하도록 거래내역을 기록할 수 있게 됩니다.

블록체인은 하나의 블록에 다수의 거래내역을 기록하고, 이 블록을 대표하는 해시값을 만들어 다른 블록과 연결하게 됩니다. 이를 위해 거래내역이 많든 적든 상관없이 특정 시간마다 새로운 블록을 형성합니다. 비트코인의 경우에는 10분마다 하나씩 블록을 만들죠. 이렇게 새로운 블록을 생성할 때에는 해시로 기록된 모든 거래내역을 다시 해시 함수로 변환한 루트 해시(Root Hash)를 만들게 됩니다. 이러한 변환 과정을 거치기 때문에 거래내역 중 하나라도 위·변조가 이루어지게 되면 그 상위의 모든 해시값이 달라지는 것이죠. 때문에 우리는 블록에 기록된 해시값을 일일이 원본으로 변환할 필요 없이 루트 해시값만으로 그 블록에 기록된 거래가 참인지 거짓인지를 알 수 있습니다.

이렇게 새롭게 생성된 블록을 기존 블록체인에 연결하기 위해서는 해당 블록 고유의 해시값을 찾아야 합니다. 그래야 네트워크상의 노드가 해당 블록의 진위를 판별하고 기존 체인에 연결하게 되니까요. 이처럼 새롭게 생성된 블록 고유의 해시값을 찾기 위해 사용되는 임의의 숫자가 논스(Nonce)입니다. 이 논스를 바꿔가며 대입해 계산하다가 나온 해시값이 목표 해시값보다 작을 경우 새로운 블록이 생성되어 기존 체인에 연결되는 것이죠.

비트코인을 채굴하는 대표적 채굴 장비인 에이식(ASIC) 채굴기. 사토시 나카모토는 CPU를 이용한 채굴을 옹호하고 GPU를 이용한 채굴은 바람직하지 않다고 생각했지만, 비트코인을 채굴하고자 하는 사람은 그의 생각과 다른 방향으로 움직였습니다. ASIC 채굴기는 GPU보다 더 빠른 연산이 가능하도록 주문 제작된 반도체를 이용하는 채굴 장비입니다.

작업증명은 바로 이러한 논스를 계산해 새로운 블록의 해시값을 찾는 과정을 말합니다. 말 그대로 '작업'을 통해 '새로운 블록'을 '증명'하는 것이죠. 이러한 과정에서는 컴퓨터의 연산능력을 많이 필요로 하기에 우리가 미디어를 통해 본 것처럼 GPU를 이용하면서 막대한 전력을 소모하게 되는 것입니다.

작업증명에서 다시 비트코인으로

지금까지 비트코인으로 대표되는 블록체인 네트워크에서 타임 스탬프의 신뢰성을 확보하고, 비잔틴 장군 문제를 해결하는 방법으로 사용하는 작업증명에 대해 알아보았습니다. 작업증명을 수행하기 위해서는 논스값을 찾아야 하고 그 과정에서 컴퓨터의 연산능력을 활용하죠. 그렇다면 네트워크에 참여하는 사람(노드)은 왜 굳이 이렇게 힘들고 어려운 일을 해야 할까요?

거래의 진실성을 확보하기 위해 수행되는 작업증명은 네트워크의 작동에 있어 반드시 필요합니다. 하지만 노드가 작업증명을 수행하지 않으면 이는 무용지물이 되고 맙니다. 네트워크에 참여하는 노드가 컴퓨터의 연산능력을 막대하게 동원해야 하는 작업증명을 수행하도록 하기 위해서는 인센티브가 필요한데, 여기에서 드디어 비트코인이 등장합니다.

비트코인 네트워크에 참여하는 노드 중 작업증명을 통해 논스값을 찾아내 새로운 블록을 네트워크에 연결하는 사람은 그 보상으로 비트코인을 받게 됩니다. 쉽게 말해 일을 했으니 그에 해당하는 값을 받는 것이죠. 비트코인은 2040년 총 2,100만 비트코인으로 발행이 종료되고 4년마다 작업증명에 성공한 노드에게 지급하는 비트코인이 반으로 줄어드는 반감기를 실행하고 있습니다. 사토시 나카모토가 최초 채굴에 성공한 2009년에는 50비트코인이 작업증명 성공에 대한 보상으로 지급되었지만, 2013년에는 25개, 2017년에는 12.5개, 그리고 2021년에는 6.25개로 줄어들었습니다. 이렇게 총발행량이 제한된 까닭에 희소성이 점점 커지고, 그래서 비트코인 가격이 계속 상승할 것이라 예상하는 사람도 있습니다. 이 부분에 대해서는 뒤에서 다시 이야기해보도록 하겠습니다.

작업증명을 성공적으로 수행한 네트워크 참여자는 비트코인을 보상으로 받고, 거래내역이 기록된 비트코인은 이러한 작업증명을 통해 기존 비트코인 네트워크에 연결됩니다. 이렇게 작업증명을 통해 연결되기에 비트코인은 중앙은행 같은 신뢰할 수 있고 권위 있는 기관 없이도 화폐가치를 유지할 수 있게 되는 것입니다.

앞에서 거래내역은 해시값으로 기록되고, 비트코인에 기록된 거래내역의 해시값으로 다시 비트코인 자체를 대표하는 해시값을 만드는 과정을 살펴보았습니다. 만약 비트코인이 서로 연결되지 않고 하나씩 떨어져 존재한다면, 네트워크의 배신자는 해킹을 통해 비트코인에 기록된 거래를 위·변조해 조작할 수 있습니다. 비트코인 하나에 기록된 10개 내외의 거래내역만 조작하면 되고, 그 거래가 조작된 것인지 아닌지 대조하면 되기 때문입니다.

하지만 비트코인 네트워크는 '블록체인'이라는 말처럼 서로 연결되어 있습니다. 한 블록에 거래된 모든 거래내역을 대표하는 해시값을 루트 해시라고 합니다. 그리고 이 루트 해시는 다시 이 블록의 뒤에 연결되는 새로운 블록에 기록되죠. 즉 제네시스 블록부터 시작해서 모든 블록은 서로 연결되는 거래내역을 갖고 있습니다. 그래서 한 블록을 해킹해 거래내역을 조작하기 위해서는 그 블록의 뒤에 연결되어 있는 모든 블록을 다 해킹해야 하는 것이죠.

하지만 여기에는 두 가지 어려운 점이 있습니다. 첫째, 해킹을 위해서는 논스값을 계산해야 하고, 그 계산은 매우 복잡하다는 사실입니다. 둘째, 해킹하는 그 순간에도 10분마다 새로운 블록이 형성되어 연결됩니다. 즉 블록 하나를 해킹해 거래내역을 조작하려는 사람은 끊임없이 새로 생성되는 모든 블록에 기록되는 거래내역을 조작해야 합니다. 논스값 하나를 찾기 위해 소모되는 컴퓨터의 연산능력을 생각해보면 이는 슈퍼컴퓨터를 동원해도 쉽지 않은 것이죠.

블록이 서로 연결되며 뒤의 블록에 앞의 모든 거래내역이 기록되는 블록체인의 특성과 작업증명을 통해 비트코인은 비잔틴 장군 문제를 예방하고 신뢰성과 안정성을 담보할 수 있게 되었습니다. 그렇다고 모든 문제가 해결된 것은 아닙니다. 만약 네트워크 참여자 간에 의견충돌이 발생하면 어떻게 될까요?

권위 있는 기관이 없는 상황에서의 의견충돌 해소 방법

비트코인 네트워크에서는 논스값을 제일 먼저 찾는 노드가 새로운 블록을 기존 블록체인에 연결하고 그 보상으로 비트코인을 받게 되죠. 하지만 만약 2인 이상이 동시에 논스값을 찾아 기존 블록체인에 새로운 블록을 연결하면 어떻게 될까요? 이 경우에는 일단 두 블록을 모두 기존 블록에 연결합니다. 그리고 참여자는 한 시간 정도를 기다려요. 그러면 두 블록 중 어느 하나에 더 많은 블록이 연결되겠죠? 그럼 네트워크는 더 많은 블록이 연결되어 길이가 긴 블록체인을 승인하고 기존 네트워크에 추가합니다. 이런 방식으로 블록체인 네트워크는 중앙은행 같은 신뢰할 수 있고 권위 있는 기관 없이도 안정적으로 시스템을 운영할 수 있습니다.

하지만 네트워크 참여자 간에 의견충돌이 발생하면 어떻게 될까요? 의견충돌을 중재할 수 있는 신뢰할 수 있고 권위 있는 기관이 없기 때문에 이러한 경우에는 결국 네트워크에 참여하는 노드 간 합의에 따를 수밖에 없죠. 만약 노드 사이에도 의견 일치가 이루어지지 않을 경우 블록체인 네트워크는 분기를 선택하게 됩니다. 즉 일정 시점에 생성되는 블록을 기점으로 하여 2개의 독립된 블록체인으로 나뉘는 것이죠. 이렇게 나뉘는 것을 '포크(Fork)'라고 합니다.

이러한 포크는 크게 하드포크(Hard Fork)와 소프트포크(Soft Fork)로 나뉩니다. 소프트포크는 기존의 규칙에서 큰 틀은 바꾸지 않고 부분적인 업데이트만 이루어집니다. 그래서 포크가 이루어지기 전과 후의 블록에 호환이 가능하고, 이를 바탕으로 한 암호화폐도 동일합니다. 이러한 소프트포크의 대표적인 예로 비트코인의 세그윗(SegWit)을 들 수 있습니다. 세그윗은 Segregated Witness의 약자로, 비트코인의 블록에서 디지털 서명 부분만 분리해 블록의 용량을 증가시키는 업데이트 이름입니다. 비트코인의 블록 용량은 1MB에서 세그윗 이후 4MB로 증가하여 더 많은 거래를 하나의 블록에 기록할 수 있게 되었습니다. 세그윗 업그레이드는 서명 부분만 분리하여 기존 블록의 용량을 증가시키는 것이기에 기존의 비트코인 블록체인 네트워크와 세그윗 업그레이드 이후의 블록체인 네트워크는 동일한 체인으로 계속 연결됩니다. 따라서 이를 소프트포크라고 부르는 것이죠.

하지만 모든 네트워크 참여자가 이 업그레이드에 동의하는 건 아니었습니다. 세그윗 업그레이드를 하게 되면 중국의 대규모 비트코인 채굴업자가 사용하는 에이식(ASIC) 채굴 장비는 무용지물이 됩니다.

그렇게 되면 해당 채굴업자들이 막대한 돈을 들여 구축한 채굴 장비는 하루아침에 전기 잡아먹는 쓰레기가 되겠죠. 그래서 세그윗 업데이트 이후 이에 동의하지 않는 중국 채굴업자들이 기존 비트코인 네트워크에서 독립해 비트코인 캐시(BCH, Bitcoin Cash)를 만들었습니다. 이렇게 비트코인과 비트코인 캐시의 분리처럼 기존 네트워크의 의사결정 시스템에 반발하여 특정 블록 이후 아예 새로운 블록을 형성해서 나가는 것을 하드포크라고 합니다. 하드포크는 소프트포크와 달리 아예 2개의 새로운 블록체인으로 나뉘게 되어 기존 블록체인 네트워크와 호환되지 않을 뿐만 아니라, 포크 이후 생성되어 연결되는 네트워크 역시 기존 블록체인 네트워크와 완전히 독립된 별개의 네트워크라고 할 수 있습니다.

이런 포크는 신뢰할 수 있고 권위 있는 기관이 존재하지 않는 상황에서 기존 노드의 합의로 의사결정을 해야 하는 블록체인 네트워크에서는 불가피하게 일어나는 일이라고 할 수 있습니다. 사실 모든 노드가 만장일치를 해야 하는 것도 아니고, 51%만 지지하면 그 방향으로 의사결정이 이루어지기 때문에 거기에 반대하는 49%가 얼마든지 분리해 독립할 수 있습니다. 즉 블록체인 네트워크는 권위 있고 신뢰할 수 있는 중앙기관이 존재하지 않는 상황에서 네트워크의 신뢰를 형성하고 원활한 작동을 위해 합의 알고리즘을 만들었지만, 이 역시 완벽하지는 않아 포크라는 불안 요소를 안게 되었습니다.

암호화폐의
또 다른 버전
이더리움의 등장과 발전

무서운 20대의 등장

이더리움(Ethereum)은 2015년 7월, 당시 22세에 불과한 비탈릭 부테린(Vitalik Buterin)이 개발한 암호화폐이자 분산 컴퓨팅 플랫폼으로 블록체인 기술을 기반으로 하는 스마트 계약(Smart Contract)을 구현할 수 있도록 설계되었습니다. 아마도 비트코인과 이더리움의 가장 큰 차이가 바로 이 분산 컴퓨팅 플랫폼과 스마트 계약일 텐데요. 이 둘 중에 먼저 분산 컴퓨팅 플랫폼이 무엇인지 알아보도록 하겠습니다.

22세의 나이에 이더리움을 개발한 비탈릭 부테린.

비트코인과 달리 이더리움은 일종의 플랫폼입니다. 비트코인은 그것을 기반으로 비트코인 위에서 작동하는 디앱(DApp, Decentralized Application)을 만들거나 배포할 수 없지만 이더리움은 디앱을 만들거나 배포할 수 있습니다. 디앱은 풀어 쓴 명칭에서도 확인할 수 있듯이 탈중앙화 분산 응용 프로그램입니다. 이해하기 쉽게 비유하자면, 이더리움은 윈도 같은 일종의 운영체제(OS)라고 할 수 있고, 디앱은 그 운영체제에서 작동하는 엑셀과 파워포인트 같은 응용 프로그램이라고 할 수 있습니다. 이더리움이 이렇게 자신 위에서 작동하는 디앱을 만들거나 배포할 수 있는 이유는 이더리움이 단순한 블록체인 네트워크가 아니라 분산 컴퓨팅 플랫폼이기 때문입니다.

분산 컴퓨팅 플랫폼을 이해하기 위해서는 먼저 암호화폐가 어떻게 만들어지는지 이해할 필요가 있습니다. 우리는 비트코인에 대해 살펴보면서 사토시 나카모토가 C++로 만들어진 소스코드(컴퓨터 소프트웨어 제작에 사용되는 일종의 설계 파일)를 백서와 함께 배포했다고 설명했습니다. 비트코인이 최초의 암호화폐인데다 소스코드가 배포되었기 때문에 이후에 만들어진 모든 암호화폐는 기본적으로 비트코인의 소스코드를 바탕으로 설계되었습니다.

비트코인의 소스코드를 바탕으로 다른 암호화폐가 만들어졌다면 결국 이 모든 암호화폐는 기본 설계도가 비슷하다는 이야기가 되겠죠. 하지만 새 암호화폐를 만들 때마다 매번 비트코인의 소스코드를 바탕으로 하는 새로운 프로그램 소스코드를 만들게 되면 이건 일종의 시간과 노동의 낭비라고 할 수 있습니다. 이 과정을 조금 더 편하고 간단하게 만들 수는 없을까 고민하는 과정에서 나온 것이 바로 이더리움입니다. 이더리움은 여러 암호화폐에서 공통적으로 사용되는 특성만 모아 만들어졌습니다. 그래서 어떤 개발자가 이를 이용해 암호화폐를 만든다고 가정할 경우, 처음부터 새롭게 만들 필요 없이 이더리움의 소스코드에서 필요한 부분만 새롭게 변경해 만들면 됩니다.

이더리움 소스코드를 활용해 만들어진 암호화폐는 코인(Coin)이 아니라 블록체인 토큰(Blockchain Token)이라 불리기도 합니다. 이더리움 플랫폼 위에서 작동하는 디앱이기 때문이죠. 암호화폐의 1차 전성기인 2017년 무렵에는 700개가 넘는 블록체인 토큰이 이더리움 플랫폼 위에서 구동되고 있었습니다. 우리나라에서 진행된 많은 암호화폐 프로젝트 역시 이더리움을 기반으로 하는 디앱이었죠. 그렇다면 이더리움의 또 다른 특성인 스마트 계약은 무엇을 말하는 걸까요? 계약이면 계약이지 스마트 계약이라니 무슨 의미일까요?

이더리움은 블록체인 네트워크를 통해 발행되고, 거래내역이 분산원장에 기록되어 블록체인 네트워크에 저장되는 암호화폐일 뿐만 아니라, 그 위에서 다른 디앱이 배포되어 작동하는 일종의 플랫폼 역할도 수행합니다. 다시 말해 비트코인은 그 위에서 작동하는 다른 블록체인 네트워크가 없지만, 이더리움은 이더리움의 기본적인 코드와

이더리움에 대한 정보를 얻을 수 있는 공식 홈페이지. 한글로 된 홈페이지도 있어 편하게 정보를 얻을 수 있습니다(출처: https://ethereum.org/ko/).

프로토콜을 기반으로 하여 그 위에서 작동하는 다른 블록체인 네트워크가 존재합니다. 골렘(Golem)이나 어거(Augur) 같은 블록체인 토큰이 이더리움 위에서 구동하는 대표적인 코인입니다. 2017년부터 2018년까지 우리나라에서 활발하게 진행된 암호화폐 프로젝트도 거의 대부분이 이더리움을 기반으로 한 것이었죠. 이처럼 다른 블록체인 토큰이 작동하는 기반이 되기 때문에 이더리움은 분산 컴퓨팅 플랫폼으로서의 역할을 합니다.

스마트 계약과 역선택 문제

그럼 이제 이더리움의 다른 특징 중 하나인 스마트 계약에 대해 살펴보도록 하겠습니다.

먼저 계약이란 무엇인지 알아보도록 하겠습니다. 우리는 살면서 수 없이 많은 계약을 합니다. 주택임대차 계약, 주택매매 계약, 근로 계약, 주식매매 계약 등이 있을 수 있는데요. 이 많은 계약을 하는 이유는 바로 거래를 하기 위함입니다. 즉 매도자는 자신이 보유한 주택이나 주식 또는 노동력을 매도하고, 매수자는 주택이나 주식 혹은 노동력을 매수하기 위해 상호간에 차질없이 이를 넘기도록 체결하는 것이 바로 계약이죠.

이러한 계약은 거래 상대방이 계약서에 적힌 내용을 지킬 것을 전제로 이루어집니다. 만약 주택매매 계약을 체결하고 집을 매도하지 않거나 매입하지 않으면 이는 명백한 계약 위반인 것이죠. 하지만 우리는 거래 상대방이 반드시 계약을 지킬 것이라고 100% 확신할 수 없습니다. 바로 계약의 준수와 이행에 필수적인 정보(Information)가 비대칭(Asymmetry)이기 때문입니다.

거래에 있어 이러한 정보 비대칭 문제를 해결하는 경제학의 세부 분야 중 하나가 계약이론(Contract Theory)입니다. 이 계약이론에는 아주 재미있는 논문이 있는데요. 2001년 노벨 경제학상을 받은 조지 애커로프(George Akerlof)가 쓴 〈레몬마켓(The Market for Lemmons)〉이라는 논문입니다. 이 논문의 저자 조지 애커로프는 계약이 성립되어 거래가 이루어지더라도 시장 자체가 붕괴되는 상황을 간단한 예로 설명했습니다.

우리가 중고차를 구매한다고 가정해보겠습니다. 단순화를 위해 우리는 오직 가격 정보만 알고 있는 반면, 중고차 딜러는 중고차의 상태를 모두 명확하게 알고 있다는 가정을 추가하겠습니다. 시장에는 A, B, C 세 중고차가 있습니다. 우리는 어떤 중고차가 좋은 자동차고 어떤 중고차가 나쁜 자동차인지 모르지만, 중고차 딜러는 A 중고차가 가장 좋고, C 중고차는 겉만 번지르르한 레몬이라는 사실을 알고 있습니다. 이를 근거로 A는 1,500달러, B는 1,000달러, C는 500달러로 가격이 책정되었죠. 그래서 시장 평균 가격은 1,000달러가 됩니다. 하지만 중고차를 구입하려는 사람은 중고차 가격 정보밖에 아는 것이 없습니다. 그래서 시장 평균 가격인 1,000달러보다 비싼 A는 거래 대상에서 제외합니다. 이제 후보는 B와 C가 남는데, 여기서 시장의 평균 가격은 A가 제외되었기에 750달러로 낮아집니다. 다시 시장 평균 가격보다 비싼 B도 후보에서 제외되겠죠. 결국 가격 정보밖에 알지 못하는 우리는 가장 상태가 좋지 않은 똥차 C를 500달러에 구입하게 되는 것입니다.

이 예는 정보 비대칭 문제로 인해 시장이 붕괴되는 상황을 간단하고 명료하게 설명해주고 있습니다. 가격 정보만 아는 매수자와 가격 정보에 더해 자동차의 상태 정보까지 알고 있는 매도자 사이의 거래는 명확한 정보 비대칭이죠. 그 결과 시장에서는 좋은 제품 대신 나쁜 제품이 선택되고, 그에 따라 시장이 제대로 기능하지 못해 시장 자체가 붕괴되는, 즉 신뢰가 없어져 아무도 중고차를 사려고 하지 않는 상황이 발생하게 됩니다.

이러한 정보 비대칭 문제는 시장이 제대로 기능하고 있는 것처럼 보여도, 결국 정보가 균일하지 않으면 시장이 제대로 기능하지 못한다는 사실을 보여줍니다. 이는 우리가 주택매매 계약이나 주택임대차 계약 시 종종 겪게 되는 문제이기도 합니다.

여기에 더해 계약에는 또 다른 문제가 하나 더 있습니다. 지금까지 살펴본 레몬마켓 문제는 계약 당사자 간 숨은 정보(Hidden Information)에 의한 기회주의적 행동으로 야기되는 역선택(Adverse Selection) 문제였다면, 다른 문제는 계약 당사자 간 계약 체결에 있어 숨은 행동(Hidden Action)으로 야기되는 문제인 도덕적 해이(Moral Hazard)입니다.

도덕적 해이의 올바른 사용

도덕적 해이 역시 원래는 계약이론에서 사용되는 용어입니다. 역선택이 계약에 있어 계약 당사자 간 숨은 정보에 의한 기회주의적 행동으로 야기되는 문제였다면, 도덕적 해이는 계약 당사자 간 계약 체결에 있어 숨은 행동으로 야기되는 문제입니다. 그렇다면 숨은 행동이란 도대체 무엇을 의미하는 걸까요?

예를 들어 우리가 보험 계약을 맺는다고 가정해보겠습니다. 생명보험이든, 화재보험이든, 자동차보험이든 보험은 가입자가 보험회사에 일정 금액의 보험료를 내는 대신 사고가 발생하면 그에 대한 보상을 받는 계약입니다. 이러한 보험 계약은 보험 가입자가 직면할 수 있는 위험에 대한 손실 보상을 해주는 것이지만, 그와 반대로 오히려 위험으로 인한 손실 가능성을 더욱 증대시킬 위험도 갖고 있습니다. '보험에 가입했는데 손실 가능성이 증대된다니, 이게 도대체 무슨 소리야?'라고 생각할 수도 있을 것 같은데요. 레몬마켓처럼 간단한 예로 한 번 살펴보겠습니다.

A씨는 조그만 라이터 공장을 가진 공장주입니다. 그는 자신의 공장에서 혹시라도 발생할지 모를 화재에 대비해 화재보험에 가입했습니다. 보험 가입을 통해 A씨는 공장에 화재가 발생하더라도 그 손실을 보전받을 수 있게 되겠죠. 이건 A씨와 보험회사 모두에게 좋은 일입니다. A씨는 비록 낮은 확률이지만 손해를 피할 수 있고, 보험회사는 보험료를 받을 수 있으니까요. 하지만 여기에는 함정이 있습니다. 만약 A씨가 보험을 믿고 공장 자체적으로 화재 예방 노력을 하지 않는다면 어떻게 될까요? 화재 가능성이 높아질 뿐만 아니라 실제로 화재가 발생할 수도 있습니다. 이 경우 보험회사는 A씨가 보험 가입 후 자체적인 화재 예방 노력을 소홀히 할지 열심히 할지 알 수 없지만, A씨는 자신이 어떻게 행동할지 선택할 수 있습니다. 여기에서 보험 계약 이후 자체적인 화재 예방 노력을 소홀히 하는 A씨의 행동이 바로 '숨은 행동'이며, 이로 인해 발생하는 문제가 '도덕적 해이'입니다. 우리

는 화재보험의 예만 살펴봤지만, 이와 관련한 예는 무수히 많습니다. 실손의료보험에 가입 후 사소한 질병에도 병원에 가서 치료를 받는 행동이나 휴대폰 손실 보험 가입 후 휴대폰을 막 쓰는 행동 또한 계약 이후 숨은 행동에서 야기되는 도덕적 해이의 문제입니다.

재미있는 사실은 역선택과 도덕적 해이가 반대 상황에서 발생한다는 것입니다. 역선택은 계약 상황에서 판매자가 구매자보다 더 많은 정보를 가졌을 때 발생하는 반면, 도덕적 해이는 구매자가 판매자보다 정보를 더 많이 가졌을 때 발생하는 것이죠. 즉 정보 비대칭 문제는 구매자가 되었든 판매자가 되었든 계약 상황에서 어느 한쪽이 다른 쪽보다 더 많은 정보를 가졌을 때 발생합니다. 이는 우리 일상에서 맞게 되는 모든 계약 상황에서 발생할 수 있는 문제입니다. 구매자와 판매자 모두 동일한 정보를 가진 계약은 존재하기 어려우니까요.

그렇다면 이 문제를 어떻게 해결해야 할까요? 한 가지 방법은 정보를 많이 가진 사람이 정보를 적게 가진 사람에게 신호를 보내는 것입니다. 이 이론은 미국의 경제학자 마이클 스펜스(Michael Spence)가 〈구직시장 신호 전달(Job Market Signaling)〉이라는 논문을 통해 주장한 것으로, 그는 2001년 조지 애커로프와 함께 노벨 경제학상을 수상했습니다.

마이클 스펜스는 논문에서 신호를 통해 정보 비대칭을 해소할 수 있다고 설명하는데, 예를 들어 구직자가 명문 대학을 졸업한 것은 하나의 신호가 될 수 있습니다. 명문 대학은 일반적으로 입학이 어려운 학교이기도 하지만 졸업이 더 어려운 학교이기도 합니다. 그래서 그 학교를 졸업했다는 사실은 곧 그가 해당 학교에 입학하고 졸업할 정도로 성실하게 노력했으며 회사에서 요구하는 최소한의 역량을 갖추었을 뿐만 아니라 회사에 입사한 후에도 열심히 일할 수 있다는 사실을 증명해줄 수 있습니다.

여기에서 중요한 건 '명문 대학'이 아니라 '입학이 어렵고 졸업은 더 힘들다'는 사실입니다. 입학이 어렵고 졸업이 힘든 학교는 곧 해당 학교의 졸업장을 갖기 위한 획득비용(Acquisition Cost)이 충분히 높다는 것을 의미합니다. 이처럼 어떠한 자격을 얻을 수 있는 비용이 크기 때문에 이 신호는 위조나 변조가 힘들고 충분한 정보를 전달할 수 있습니다. 즉 이러한 신호를 통해 정보를 많이 보유한 사람은 정보를 적게 보유한 사람에게 신호를 보내 올바른 선택을 하도록 유인할 수 있습니다.

게임이론, 그리고 다시 스마트 계약으로

정보 비대칭 상황에서 정보를 많이 가진 사람이 자발적으로 자신이 가진 정보를 공개한다면 정보 비대칭 문제를 해결할 수 있습니다. 하지만 이는 쉽지 않습니다. 정보 비대칭 상황에서 정보를 많이 가진 사람은 이를 이용해 추가적인 이득을 볼 수 있기 때문입니다. 그런데 이 문제가 해결되지 않으면 시장이 제대로 기능하지 못하는 정보 비대칭 문제를 해결할 수 없습니다. 시그널링(Signaling)을 통해 구매자가 정보를 많이 가진 상황에서 정보 비대칭을 해결해도 여전히 판매자가 정보를 더 많이 가진 상황에서의 문제는 해결할 수 없습니다. 그렇다면 이 문제를 어떻게 해결할 수 있을까요?

경제학에 게임이론(Game Theory)이라는 분야가 있습니다. 이 분야에서 다루는 주요 내용은 둘 이상의 참여자가 서로 합리적으로 행동한다는 전제하에 자신이 목적한 바를 달성하기 위해 혹은 자신의 이득을 극대화하기 위해 다른 시장 참여자와 상호작용하는 메커니즘입니다. 가장 대표적인 게임이론의 예가 '가위바위보로 딱밤 맞기'입니다. 딱밤을 맞지 않고 때리기 위해서는 상대방이 어떤 전략을 사용할지 계산해 전략을 도출해야 하기 때문이죠.

게임이론이 정해진 조건에서 참여자가 자신이 원하는 목적을 달성하기 위한 최적의 선택을 다루는 경제학의 한 분야라면, 이를 뒤집어서 생각해볼 수도 있습니다. 다시 말해 참여자로 하여금 게임의 주관자가 원하는 행동을 하도록 유도하려면 어떻게 해야 하는지를 다루는 분야가 있을 수 있다는 이야기입니다. 이 분야가 바로 메커니즘 디자인(Mechanism Design)입니다.

메커니즘 디자인에서 참여자로 하여금 주관자가 원하는 행동을 하도록 유도하기 위해서는 우리도 이미 알고 있는 아주 유명한 도구를 사용하면 됩니다. 바로 인센티브(Incentive)입니다. 사람은 기본적으로 이익을 좋아하고 손해를 싫어하며, 위험을 싫어하고 수익을 좋아합니다. 물론 아주 소수의 모험을 좋아하는 사람도 있겠지만, 그러한 사람들도 손해를 좋아하지는 않습니다. 이러한 인간의 본성에 기초하여 참여자로 하여금 주관자가 원하는 행동을 하면 그에 상응하는 보상을 받도록 할 경우, 참여자는 특별한 외부 강제 없이도 자율적으로 주관자가 원하는 행동을 하게 됩니다. 이것이 바로 인센티브를 활용한 메커니즘 디자인입니다.

예를 들어 A와 B는 동업으로 농장을 경영하기로 계약하고 함께 일을 해 큰 농장을 만들었습니다. 어느 정도 시간이 흘러 둘은 다시 농장을 나누기로 합의했지만, 그 방식에 대해서는 이견이 있었습니다. 농장의 모든 자산이 균일하지 않기 때문입니다. 어떤 과수원은 다른 과수원보다 더 비옥하고, 어떤 논은 동일한 조건의 다른 논보다 더 품질 좋은 쌀이 생산되는가 하면 같은 축사에서 기른 소 중에서도 어떤 소가 다른 소에 비해 건강하기 때문입니다. 어느 한쪽이 농장을 나누는 방식을 일방적으로 결정한다면, 이는 그 사람에게는 유리하겠지만 다른 사람에게는 불리한 결과를 가져오죠. 이 문제를 어떻게 해야 양쪽 모두 받아들일 수 있는 해결책을 도출할 수 있을까요?

방법은 의외로 간단합니다. 두 사람 중 한 명으로 하여금 자산을 두 그룹으로 나누도록 하고, 다른 사람에게는 두 그룹 중 자신의 몫을 먼저 선택할 수 있는 우선권을 갖도록 하는 것입니다. 자산을 두 그룹으로 나누는 사람은 어느 한쪽에 유리하게 그룹을 나누게 되면 그것이 동업자의 몫이 되어 버리니 최대한 공평하게 농장의 자산을 나눌 유인(Incentive)이 생기는 것이죠. 이게 바로 인센티브를 활용한 메커니즘 디자인의 대표적인 예입니다.

우리 일상생활에서도 인센티브를 활용한 메커니즘 디자인은 여러 방면에서 사용되고 있습니다. 가장 대표적인 예가 자동차 보험입니다. 자동차 보험료의 경우 적어도 10년 정도 무사고 운전 경력이 있어야 보험료가 낮아집니다. 만약 사고를 자주 내는 사람이라면 그에 따라 보험료도 매년 상승하게 되겠죠. 자동차 보험에 있어 운전에 대한 정보를 많이 가진 사람은 보험 가입자이고, 정보를 적게 가진 사람은 보험회사입니다. 보험회사나 사회 전체적인 입장에서는 자동차 사고가 적게 발생하는 것이 최선이지만, 운전자가 과연 준법운전을 할지 아니면 보험을 믿고 난폭운전을 할지는 알 수 없죠. 이러한 상황에서 자동차 보험 가입자로 하여금 바람직한 행동, 곧 안전운전을 하도록 하는 유인이 초반에는 비싸지만 무사고 운전 경력이 길어질수록 낮아지는 보험료 체계입니다. 운전자는 높은 보험료를 부담하지 않기 위해 안전운전을 해야 하는 것이죠. 그렇지 않으면 지속적으로 상승하는 자동차 보험료를 부담하게 되기 때문입니다.

이처럼 인센티브를 활용한 메커니즘 디자인으로 정보 비대칭 상황에서 정보를 많이 가진 사람으로 하여금 자신의 정보와 선호를 나타내고 바람직한 행동을 하도록 유도할 수 있습니다.

이제 정보 비대칭에서 발생하는 문제와 그 해결 방법을 모두 살펴보았습니다. 하지만 여기에도 여전히 문제는 존재합니다. 정보 비대칭에 따르는 문제를 해결하기 위해서는 지속적인 모니터링과 감시가 필요하다는 사실입니다. 이는 또 다른 비용이 발생하게 되면서 계약 당사자에게 상당한 부담으로 다가옵니다. 그렇다면 이렇게 높은 비용을 부담하는 방법을 더 낮은 비용으로, 더 수월하게 할 수 있는 방법은 없을까요? 바로 여기에 앞에서 잠깐 설명한 스마트 계약이 등장합니다.

이더리움의 핵심, 스마트 계약

계약은 계약 당사자 간 특정 상황과 특정 조건에서 행사되는 권리나 의무를 명시하는 일종의 법적 구속력을 갖는 약속입니다. 여기에서 주목해야 할 것은 특정 상황과 특정 조건입니다. 예를 들어, 자동차 보험이라면 자동차 관련 사고가 될 것이고, 생명보험이나 상해보험이라면 보험금 지급 사유가 되는 사망이나 사고가 됩니다. 그리고 우리가 앞에서 살펴본 역선택과 도덕적 해이는 이러한 특정 상황이나 특정 조건의 성립에 영향을 미치는 정보나 행동을 가진 사람이 계약 후에 이를 이용해 개인의 이익을 극대화하려는 데서 발생합니다. 즉 정보 비대칭 문제는 계약에서의 의무나 권리를 행사하는 상황이나 조건에 대한 정보가 균일하지 않기 때문에 발생하는 문제입니다.

그렇다면 이더리움을 통해 구현되는 스마트 계약이 이러한 정보 비대칭 문제를 해결할 수 있을까요. 우선 우리가 앞에서 여러 차례에 걸쳐 살펴본 것처럼, 이더리움 역시 블록체인을 통한 분산원장 기술이 적용되어 있기 때문에 여기에 기록된 계약은 위조나 변조가 불가능하고, 네트워크에 있는 모든 참여자가 동일한 사본을 보유하게 됩니다. 이는 거래의 진위 판별을 쉽게 하고, 계약서의 위조나 변조를 막는 강력한 장치가 되기도 합니다. 모든 네트워크 참여자의 계약을 변경할 수도 없을 뿐만 아니라 자신과 몇몇 참여자의 계약만 변경해서는 곧 네트워크상의 대조를 통해 드러나게 되니까요.

이에 더해 스마트 계약은 우리가 일반적으로 체결하는 계약과 달리 계약 체결 과정에 있어 세세한 내용을 모두 조건으로 첨부할 수 있습니다. 예를 들어 자동차 보험 계약을 이더리움의 스마트 계약을 활용해 체결한다고 가정해보겠습니다. 기존 계약이라면 보험 가입자의 운전 습관을 일일이 모니터링하고 보험료를 조정하기가 쉽지 않습니다. 중대한 교통사고를 저지르지 않는 이상 신호위반이나 속도위반 같은 사소한 교통법규 위반은 보험회사에서 파악하기가 쉽지 않기 때문입니다. 하지만 스마트 계약으로 보험 계약을 체결할 경우, 이러한 교통법규 위반 횟수까지 파악하여 보험료를 책정하도록 설계하는 것이 가능합니다. 물론 이를 위해서는 교통법규 네트워크와 보험 네트워크가 통합되어야 하는 문제가 존재하지만, 이를 해결할 수 있다면 스마트 계약을 활용해 도덕적 해이를 방지하는 계약 설계가 가능해집니다.

역선택의 경우도 마찬가지입니다. 중고차매매 계약을 체결하면서 자동차 기능상 고장이 몇 회 이상이면 판매자가 구입자에게 구입 비용 전액을 보상해주는 조건을 계약에 부가할 수 있고, 이 경우 구매자는 정보 비대칭에 대한 걱정 없이 중고차를 구입할 수 있게 됩니다.

스마트 계약은 요즘 논란이 되는 부동산 계약에도 마찬가지로 적용할 수 있습니다. 빌라 전세 계약을 체결하는 데 있어 깡통 계약 혹은 전입신고일 다음날부터 전세보증보험이 발효된다는 점을 악용하는 사기가 기승을 부리고 있다는 기사를 본 적이 있을 겁니다. 이런 경우에도 스마트 계약으로 체결한다면 부가 조건으로 전세 계약 체결일부터 전입신고일 ○○시 이전까지 주인이 변경될 경우 전세보증금 반환 의무는 무조건 기존 집주인이 부담한다는 조건을 넣어 계약을 체결할 수 있고, 이를 통해 전세보증금 사기를 예방할 수 있습니다.

이처럼 스마트 계약은 우리 일상생활에서 발생하는 정보 비대칭으로 인한 여러 문제를 해결해 계약이 원활하게 성립하도록 하는 메커니즘을 도입한 계약이라고 볼 수 있습니다.

스마트 계약의 기술적 측면

스마트 계약은 우리가 일상생활에서 체결하는 거의 모든 계약에서 정보 비대칭 문제로 발생하는 역선택과 도덕적 해이를 해결해주는 하나의 수단이 될 수 있습니다. 스마트 계약이 정보 비대칭 문제를 해결할 수 있는 이유는 분산원장을 통해 계약 내용이 모든 사람에게 공유되고, 계약 발효 세부 조건을 모두 첨부할 수 있어 지금의 계약서 형태보다 더 효과적으로 계약을 준수하도록 강제할 수 있기 때문입니다.

그렇다면 이더리움의 스마트 계약은 어떻게 이루어지는지 기술적인 측면에서 좀 더 구체적으로 살펴보도록 하겠습니다.

비트코인과 이더리움의 가장 큰 차이는 블록체인 위의 블록에 데이터만 기록할 수 있는지 아니면 계약을 실행시킬 수 있는 코드인 조건문(if)이나 반복구문(loop)을 추가할 수 있는지의 차이입니다. 우리가 비트코인에서 살펴보았듯이 비트코인은 블록에 거래 정보만 기록할 수 있었습니다. 이 거래에 대한 정보를 암호화하는 것이 바로 해시 함수임을 살펴봤습니다. 하지만 이더리움은 이러한 거래 정보에 더해 그 거래를 실제로 실행시킬 수 있는 코드를 블록에 기록할 수 있습니다. 다시 말해 이더리움은 거래가 이루어졌다는 사실을 블록에 기록할 뿐만 아니라 그 거래의 계약서와 계약 조건도 기록할 수 있는 메커니즘을 갖고 있어서 스마트 계약의 적용이 가능한 것이죠.

블록체인과 달리 이더리움이 이렇게 복잡한 계약을 기록할 수 있는 이유는 우리가 이더리움과 관련해 첫 번째로 살펴본 분산 컴퓨팅 플랫폼과 다시 연결됩니다. 이더리움을 만든 비탈릭 부테린은 이더리움 가상머신(EVM, Ethereum Virtual Machine)이라는 기술을 도입했습니다. 이더리움 가상머신은 블록체인으로 구성된 하나의 컴퓨팅 플랫폼입니다. 이더리움은 이더리움 가상머신을 통해 사용자에게 사전에 정의된 프로그램이 아닌, 자신의 목적에 맞는 작업을 수행할 수 있는 프로그램을 설계할 수 있는 플랫폼을 제공할 수 있습니다.

다시 말해 비트코인은 사전에 정의된 프로그램인 거래내역만 블록체인에 기록할 수 있지만, 이더리움은 사용자가 자신이 원하는 목적에 맞는 프로그램을 설계할 수 있도록 기본적인 도면, 즉 이더리움의 소스코드를 제공하고 사용자는 이 도면을 활용해 자신이 원하는 작업을 수행하는 프로그램을 이더리움 가상머신을 이용해 만들 수 있는 것입니다. 덕분에 스마트 계약도 가능하게 되는 것이고요.

그렇다면 이더리움은 어떻게 비트코인에서는 불가능했던 이러한 작업을 가능하게 할 수 있었을까요? 이는 이더리움이 솔리디티(Solidity)라는 프로그램 언어를 사용했기 때문입니다. 솔리디티는 다른 프로그래밍 언어인 C++, 파이썬, 자바스크립트의 영향을 받은 언어로, 이더리움 플랫폼인 가상머신 위에서 작동하는 언어입니다. 솔리디티의 특징은 튜링 완전(Turing Complete) 언어라는 점인데요. 이더리움은 튜링 완전 언어인 솔리디티를 이용해 현실에서 가능한 모든 계약 상황을 구현할 수 있는 것입니다.

앞에서 언급한 것처럼 이더리움 네트워크에 참여하는 모든 참여자(노드)는 새로운 블록이 생성되었을 때, 즉 새로운 계약이나 거래가 체결되었을 때 그에 대한 검증을 위해 이더리움 가상머신을 실행합니다. 이더리움 가상머신의 실행을 통해 네트워크의 모든 노드는 동일한 계산을 수행해 같은 결과값을 저장하게 되고, 이 과정을 통해 노드는 하나의 상태(계약이나 거래의 체결 및 그 조건)에 합의하게 됩니다. 이러한 과정을 거치기 때문에 이더리움 가상머신과 스마트 계약은 서로 밀접하게 연결되고, 이 둘이 비트코인과 이더리움을 구분하는 가장 큰 차이라고 할 수 있습니다.

튜링 완전

이더리움은 비트코인과 달리 가상머신 위에서 작동하는 솔리디티라는 프로그램 언어가 튜링 완전 언어이기 때문에 스마트 계약이 가능하다고 설명했는데요. 그렇다면 튜링 완전이란 도 대체 무엇일까요?

영화 〈이미테이션 게임〉은 제2차 세계대전 당시 나치 독일의 암호 기 에니그마를 해독하기 위해 노력하는 과학자를 주인공으로 스토리 가 구성되어 있는데요. 이 영화의 주인공이 바로 영국의 수학자 앨런 튜링(Alan Turing)입니다. 앨런 튜링은 컴퓨터와 관련된 여러 중요한 업적을 남겼는데, 그중 하나가 바로 우리가 지금부터 살펴볼 튜링 머 신과 튜링 완전입니다.

튜링 머신은 특정 상태로 구성된 상태표와 이 상태표에 작성된 상태 에 따라 컴퓨터가 할 행동을 정리한 행동표, 그리고 튜링 머신과 기호 테이프로 구성됩니다. 요즘 컴퓨터가 USB를 통해 외부 정보를 받아 들인다면, 초창기 컴퓨터는 자기 테이프를 통해 외부 정보를 받아들 일 수 있었습니다. 그리고 행동표는 실제 사람이나 컴퓨터의 행동이 아니라, 상태표를 읽은 튜링 머신이 취할 수 있는 행동을 정리한 표입 니다. 튜링 머신은 기호 테이프를 읽으면서 기호 테이프에 기록된 기 호를 판단해 그 기록과 일치하는 상태를 확인하고, 해당 상태에 맞는 행동을 취하게 됩니다.

예를 들어 기호 테이프에 0과 1이 있고, 기호 테이프의 0이 의미하는 상태는 '다음 기호를 읽는다'이고 기호 테이프의 1이 의미하는 상태는

'A를 기록하고 멈춘다'라고 할 경우, 튜링 머신은 기호 테이프를 읽으며 0일 경우에는 계속 다음 기호를 읽는 행동을 취하고 1일 경우에는 A를 기록하고 멈추는 행동을 취합니다. 즉 기호 테이프와 상태표, 행동표를 어떻게 구성하느냐에 따라 튜링 머신은 상당히 많은 일을 하게 되는데, 이 튜링 머신이 바로 컴퓨터의 초기 형태입니다.

컴퓨터의 초기 형태이긴 하지만, 튜링 머신은 굉장히 제한된 수의 행동밖에는 할 수 없습니다. 이 한계를 극복하기 위해 모든 일을 다 처리할 수 있는 튜링 머신을 생각하게 되었고, 이러한 튜링 머신을 보편 튜링 머신(Universal Turing Machine)이라고 합니다. 보편 튜링 머신은 하나의 튜링 머신이지만, 다른 임의의 튜링 머신이 수행하는 역할을 그대로 수행할 수 있습니다. 예를 들어 상태 집합 A와 행동 집합 B로 이루어진 튜링 머신 1이 있을 경우, 보편 튜링 머신은 먼저 A와 B를 읽어 들여 내부에서 하나의 함수 메커니즘을 만들고 이후 이 함수 메커니즘에 따라 튜링 머신 1이 수행하는 일을 그대로 할 수 있습니다. 여기서 상태 집합 A와 행동 집합 B를 하나의 외부저장장치(CD 혹은 USB 등)라고 하면, 보편 튜링 머신은 곧 우리가 사용하는 일반적인 컴퓨터가 됩니다. 다시 말해 컴퓨터는 보편 튜링 머신의 한 부분집합인 것입니다.

그렇다면 튜링 완전은 무슨 뜻일까요? 튜링 완전은 어떤 한 튜링 머신 Z와 보편 튜링 머신이 서로 동치라면, 즉 튜링 머신 Z가 보편 튜링 머신이 수행하는 작업을 모두 수행할 수 있으면 보편 튜링 머신과 동치가 되고, 이 경우 튜링 머신 Z를 튜링 완전하다고 합니다.

여기서 한 가지 의문이 생깁니다. 우리는 앞에서 튜링 머신이 보편 튜링 머신과 동일한 기능을 수행할 경우 튜링 완전이라는 사실을 확인했습니다. 그렇다면 튜링 완전 언어는 또 무엇일까요?

튜링 완전 언어는 보편 튜링 머신이 수행하는 기능을 동일하게 수행할 수 있도록 프로그래밍할 수 있는 언어를 말합니다. 튜링 완전 언어는 조건 분기문(만약 A이면 B로 가고, A가 아니면 C로 간다)을 쓸 수 있고, 이에 더해 프로그래밍을 하면서 임의의 위치에 있는 메모리를 변경할 수 있습니다(E를 F로 변경한다). 일반적으로 현재 컴퓨터 프로그래밍에 사용되는 언어는 튜링 완전 언어입니다. 솔리디티만이 튜링 완전 언어는 아니라고 할 수 있습니다. 그렇다면 왜 군이 이더리움에서는 솔리디티를 사용해 스마트 계약을 만들었을까요?

솔리디티와 다른 언어의 차이

사실 우리가 아는 대부분의 프로그래밍 언어는 가상 머신과 연결됩니다. 프로그래밍 언어에는 사람이 이해하기 어렵지만 컴퓨터는 이해하기 쉬운 기계어와 컴퓨터는 이해하기 어렵지만 사람은 이해하기 쉬운 프로그래밍 언어가 있습니다. 컴퓨터 도입 초기에는 대부분의 프로그래밍 언어가 기계어였지만, 컴퓨터 기술이 발전하면서 사람이 이해하기 쉬운 프로그래밍 언어가 대부분을 차지하게 되었습니다. 하지만 프로그래밍 언어가 대부분이 되었다고 해서 컴퓨터가 이해하는 언어 체계까지 바뀐 것은 아닙니다. 그래서 프로그래밍 언어를 기계어로 바꿔주는 과정이 필요한데, 이 역할을 수행하는 것이 바로 가상머신입니다. 예를 들면 C++나 자바로 프로그램을 작성할 경우 이 프로그램 언어를 기계어로 변환하는 과정이 필요한데, 이 역할을 수행하는 가상머신이 C++나 자바에 내장되어 있습니다. 따라서 가상머신 자체도 이더리움만이 가진 독창적인 특징은 아닌 셈이 됩니다. 그렇다면 굳이 이더리움에 솔리디티를 사용하는 이유는 무엇일까요?

사실 그 이유는 굉장히 간단합니다. 다른 언어와 달리 솔리디티는 그 자체가 이더리움에 최적화되어 디자인되었기 때문입니다. 근본적으로 이더리움은 암호화폐이고, 암호화폐의 가장 기본적인 생성 이유 중 하나는 비트코인 백서에도 있는 것처럼 '개인과 개인 간 금융중개기관의 개입 없는 자유로운 금융거래'를 원활하게 하기 위함입니다. 그리고 이러한 금융거래를 위해서는 암호화폐를 주고받는 상대방의 지갑 주소와 공개키 등이 필요합니다. 솔리디티는 기본 코드에 이러한 거래를 위한 문법이 포함되어 있습니다. 반면 기존 프로그래밍 언어는 이런 문법이 내장되어 있지 않기 때문에 암호화폐 관련 프로그램을 만들기 위해서는 이를 모두 백지상태에서 다시 만들어야 하는 문제가 있습니다. 다시 말해 암호화폐를 주고받는 거래를 할 경우, 솔리디티는 이미 만들어진 문법을 이용해 지갑 주소를 확인하고 그 지갑 안에 잔액이 얼마나 있는지를 살펴본 후 다른 사람에게 정해진 금액만큼 보내도록 할 수 있습니다. 하지만 다른 프로그래밍 언어는 이와 관련된 문법 자체를 처음부터 다시 만들어야 합니다.

이 차이는 굉장히 큽니다. 디앱 개발자에게 있어 이미 만들어진 문법을 사용하는 것과 새로운 문법을 만들어 사용하는 것은 작업의 효율성과 개발 기간 자체를 바꿀 수 있는 중요한 이슈이기 때문입니다. 그래서 이더리움은 솔리디티를 사용해 이더리움의 스마트 거래를 편리하게 만들 수 있도록 했고, 이더리움 위에서 작동하는 디앱 역시 솔리디티를 이용해 개발 기간을 단축하고 이더리움과의 호환성을 증대시킬 수 있습니다.

얼핏 보면 간단해 보이지만 결국 이 작은 차이로 솔리디티가 이더리움에 사용되는 이유가 됩니다.

가상자산시장의
대안으로 등장한
알트코인과 그 변화

비트코인, 이더리움 그리고 알트코인

가상자산에서 가장 중요하고 큰 두 자산은 비트코인과 이더리움입니다. 개략적이나마 우리는 지금까지 이 둘에 대해 살펴봤는데요. 이제 가상자산시장에서 가장 어렵고 민감한 알트코인(Alt Coin)에 대해 정리해보겠습니다.

알트코인은 비트코인을 제외한 다른 모든 가상자산을 이야기합니다. 역설적이지만 알트코인이라는 말 자체가 비트코인만 '바로 그(The)' 코인이고 이더리움을 포함한 다른 모든 가상자산은 그에 대한 대체 코인(Alternative Coin)이라는 의미를 갖고 있습니다. 이는 어떻게 보면 가상자산을 처음 만든 사토시 나카모토에 대한 경의일 수도 있고, 아니면 그만큼 가상자산시장 자체가 비트코인에 의존하고 있다는 의미일 수도 있습니다.

그렇다면 이러한 알트코인은 어떻게 등장하게 된 것일까요? 비트코인을 만든 사토시 나카모토는 비트코인 백서를 온라인에 배포하면서 비트코인의 소스코드도 함께 배포했습니다. 다시 말해 비트코인은 리눅스(Linux) 같은 오픈소스 메커니즘을 선택한 것입니다. 리눅스를 사용하는 사람은 원래 리눅스를 사용할 수도 있고, 리눅스의 소스코드를 변경해 자신만의 리눅스를 만들어 사용할 수도 있습니다. 비트코인도 마찬가지입니다. 비트코인의 부족한 부분을 수정하거나 비트코인의 아쉬운 점을 보완해 자신만의 새로운 블록체인 네트워크를 만들 수 있는 것입니다. 여기서 우린 이런 의문을 가질 수 있을 듯합니다. '코드를 마음대로 변경할 수 없는 것이 블록체인 네트워크라고 했는데, 비트코인의 소스코드는 변경할 수 있다니 이건 또 무슨 소리인가?'

원래 블록체인 네트워크의 코드는 임의로 변경할 수 없습니다. 하지만 이건 제네시스 블록이 만들어지고 그 이후 블록이 연결된 다음의 일입니다. 일단 제네시스 블록을 만들기 위해서는 코드가 있어야 합니다. 그래서 비트코인의 소스코드를 이용해 새로운 가상자산의 블록체인을 만들면 그건 비트코인이 아닌 새로운 블록체인 네트워크가 됩니다. 하지만 비트코인 네트워크에서 기존 코드를 변경하고자 한다면, 우리가 앞에서 살펴본 것처럼 네트워크에 참여하는 노드 간 합의가 이루어져야 합니다. 다시 말해 기존 블록체인 네트워크의 코드를 이용해 새로운 블록체인 네트워크를 만드는 일은 자유롭게 할 수 있지만, 일단 만들어진 블록체인 네트워크의 코드를 변경하는 일은 자유롭게 할 수 없다는 의미입니다.

비트코인의 소스코드를 이용해 만든 최초의 알트코인은 이더리움입니다. 그리고 이후 많은 블록체인 네트워크가 이더리움의 소스코드를 이용해 만들어졌습니다. 그렇다면 왜 비트코인의 소스코드를 이용해 만든 새로운 알트코인은 없을까요?

이는 비트코인과 이더리움의 목적이 다르기 때문입니다. 비트코인은 처음 등장했을 때부터 그 목적이 중앙은행이나 금융중개기관이 개입하지 않는 개인과 개인 간 자유로운 금융거래를 가능하게 하기 위함이었습니다. 우리가 앞에서 살펴본 블록체인의 모든 보안기능 역시 금융거래의 안전성과 신뢰성을 담보할 목적에서 만들어졌습니다. 하지만 이더리움의 목적은 비트코인과 다릅니다. 이더리움의 목적은 스마트 계약을 가능하도록 하고, 이더리움 위에서 다른 탈중앙화 앱이 기능하도록 하는 일종의 플랫폼 역할을 수행하도록 하는 것입니다. 그래서 이더리움의 소스코드를 바탕으로 다양한 블록체인 프로젝트가 진행된 것이기도 하고요.

결론적으로 비트코인을 제외한 다른 모든 가상자산이 알트코인이 되고, 이 알트코인의 주된 플랫폼은 이더리움이기 때문에 알트코인은 이더리움 기반의 블록체인 네트워크가 됩니다. 이해하기 쉽게 설명하자면 이더리움이 iOS나 안드로이드 같은 운영체제라고 한다면 알트코인은 이 운영체제 위에서 작동하는 각종 애플리케이션이라고 할 수 있습니다. 따라서 이더리움과 알트코인은 동일한 의사소통 체계와 작동 메커니즘을 갖게 됩니다. 이러한 메커니즘을 ERC(Ethereum Request for Comment)라고 하는데요. 이더리움 네트워크에는 자체적으로 규칙과 개선안을 만드는 '이더리움 개선 제안(EIPs, Ethereum Improvement Proposals)'이라는 규약이 있는데, 이 기구에서 만든 이더리움과 이더리움 기반 블록체인 네트워크의 규약을 ERC라고 합니다. 보통 ERC 뒤에는 숫자가 붙는데 가장 널리 사용되는 기준이 바로 ERC-20입니다.

그렇다면 이더리움 기반의 알트코인은 왜 자체 기준을 만들지 않고 이더리움에서 만든 기준을 따르는 걸까요? 그건 호환성과 사용 가능성을 갖기 위함입니다. 예를 들어 iOS 위에서 작동하는 애플리케이션을 사용하기 위해서는 일단 iOS 앱스토어에서 이 애플리케이션을 구입하고 업데이트해야 합니다. 이는 애플리케이션이 iOS의 기준에 맞춰 제공되기 때문인데 ERC-20도 마찬가지 역할을 수행합니다. 이더리움 기반으로 발행되는 알트코인에 일종의 기준을 제공한다고 할 수 있습니다. 얼핏 생각하면 네트워크에 참여하는 노드 간 자유로운 합의에 따른 의사결정을 중시하는 블록체인에서 하나의 절대적인 기준, 즉 프로토콜이 있다는 사실이 의아하게 생각될 수도 있습니다. 하지만 이러한 프로토콜이 존재하지 않는다면, 모든 블록체인 네트워크는 각자 고유한 규칙을 갖고 있어야 하고 이러한 규칙과 맞지 않는 다른 블록체인 네트워크와 거래하면 충돌이 발생할 가능성이 높습니다. ERC-20은 이더리움 기반의 알트코인에 하나의 모범적인 기준을 제공함으로써 이러한 충돌을 막고 알트코인 간 이더리움을 결제 수단으로 하는 자유로운 거래를 가능하도록 하여 전체 이더리움 네트워크가 원활하게 작동하도록 하는 역할을 수행합니다.

정리해보면 비트코인은 순수하게 개인과 개인 사이의 금융거래를 위한 가상자산을 목표로 만들어진 반면, 이더리움은 그 위에서 탈중앙화 애플리케이션, 즉 디앱을 작동시킬 수 있고 스마트 계약이 가능하도록 만들어졌기 때문에 이후의 많은 블록체인 네트워크는 자신의 플랫폼으로 이더리움을 선택하게 되었습니다.

그런데 여기서 한 가지 의문이 생깁니다. 서로 다른 목적과 서로 다른 시스템을 추구하는 블록체인 네트워크가 어떻게 이더리움이라는 하나의 플랫폼 위에서 충돌 없이 작동할 수 있는 것일까요? 이더리움은 플랫폼입니다. 디앱은 이더리움 플랫폼 위에서 이를 이용해 쉽고 빠르게 토큰을 발행할 수 있습니다. 여기서 우리가 주목해야 할 것은 이더리움 기반의 디앱에서 발행하는 블록체인 토큰은 모두 독립된 토큰처럼 보이지만 사실은 이더리움과 상호 호환이 가능한, 서로 느슨하게나마 연결되어 있는 교환 가능한 토큰이라는 사실입니다.

이러한 사실을 보여주는 좋은 예가 바로 ICO(Initial Coin Offering, 최초 코인 공개)입니다. ICO를 최초로 시작한 가상자산은 이더리움인데, 이더리움 이후 ICO는 가상자산 프로젝트에서 자금조달을 위한 하나의 트렌드가 되었습니다. 그리고 대부분의 프로젝트에서는 자금을 이더리움으로 조달합니다. 물론 이더리움이 가상자산 거래소에서 거래되어 쉽게 현금화할 수 있는 자산이기 때문에 이더리움을 자금조달 수단으로 사용했지만, 그에 못지않게 중요한 이유는 이 프로젝트가 이더리움 기반의 디앱이라는 사실입니다. 그렇기 때문에 이더리움을 자신의 토큰으로 혹은 자신의 토큰을 이더리움으로 교환할 수 있습니다. 이는 이더리움을 기축자산으로 하는 하나의 가상자산 생태계가 형성되었기 때문에 생각보다 훨씬 중요한 부분입니다. 쉽게 말해 이 생태계에서 이더리움은 현실에서 미국 달러와 같은 역할을 수행한다고 해도 과언이 아닙니다.

앞에서 살펴본 디앱 토큰과 이더리움 간 상호 호환과 교환 및 통합을 위해서는 정해진 하나의 표준이 있어야 합니다. 이 표준이 있어야 모두가 납득할 수 있는 토큰의 발행과 교환이 이루어질 수 있기 때문이죠. 우리가 앞에서 간략하게 살펴본 ERC-20이 바로 이러한 기준 역할을 수행합니다. ERC-20은 이더리움 네트워크에서 유통되고

가장 대표적인 가상자산 지갑 중 하나인 메타마스크. 메타마스크는 이더리움을 보관하고 거래할 수 있는 지갑입니다. 최근 NFT 투자가 부상하면서 메타마스크 역시 활발해지고 있습니다(출처: https://metamask.io/).

사용할 수 있는 토큰의 규격과 호환성을 보장하기 위한 표준 사양으로 이더리움 기반의 모든 디앱 토큰은 이 규격을 따라야 합니다. 이 규격을 따름으로써 디앱 토큰은 스마트 계약을 체결할 수 있고, 이더리움과 교환 가능하며 메타마스크(MetaMask)나 마이 이더 월렛(MyEtherWallet) 같은 표준 이더리움 지갑에 자유롭게 전송할 수 있습니다.

ERC-20 표준을 따르는 알트코인으로는 펀디엑스(NPXS), 오미세고(OMG), 비체인(VET) 등이 있습니다. 이오스(EOS)나 트론(TRX)은 ERC-20 표준을 따르는 이더리움 기반 토큰으로 시작했지만, 자체적인 메인넷을 론칭하면서 이더리움과는 독립된 하나의 알트코인이 되었습니다.

마지막으로 ERC-20은 요즘 메타버스와 함께 각광받는 NFT의 표준이기도 합니다. 물론 ERC-20 자체가 표준이 되는 것은 아니고, 이를 기반으로 하여 수정된 표준인 ERC-721이 바로 NFT의 표준입니다. 사실 이 표준은 NFT 이전에도 한 차례 적용되어 주목을 받은 적이 있는데, 가상자산 초창기인 2017~2018년 무렵 인기를 끌었던 이더리움 디앱 크립토키티(CryptoKitties)가 ERC-721 표준을 따르는 디앱입니다. ERC-721이 ERC-20의 하위 호환 표준이기 때문에 크립토키티 역시 이더리움에서 구동되고 거래가 가능했습니다.

ERC-20은 마치 현실세계의 헌법과 마찬가지로 이더리움 생태계를 규정하는 중요한 역할을 수행합니다. 그렇기 때문에 이러한 표준의 변경 역시 네트워크에 참여하는 노드의 합의를 거쳐야 하는데요. 이러한 측면이 ERC-20 표준을 디앱 토큰이 안심하고 따를 수 있도록 하는 원동력이라고 할 수 있습니다. '네트워크에 참여하는 노드의 합의에 의해 만들어진 표준과 그 표준을 따르는 디앱'이라는 블록체인 네트워크의 하나의 이상을 가장 잘 구현했기 때문입니다.

이오스: 이더리움의 대항마

이더리움 기반 디앱의 표준인 ERC-20에 대해 어느 정도 지식을 쌓았으니, 이제 본격적으로 대표적인 알트코인에 대해 알아볼 텐데요. 비트코인과 이더리움을 제외하면 가장 많이 언급된 가상자산 중 하나는 이오스(EOS)입니다. 이오스는 개발자 댄 라리머(Dan Larimer)가 브렌든 블루머(Brendan Blumer), 이안 그릭(Ian Grigg)

등과 함께 만든 블록원(Block.one)에서 2017년 5월 22일 처음 발표한 가상자산 프로젝트입니다.

댄 라리머와 그의 동료들이 이오스를 만든 이유에는 모든 블록체인의 고질적인 문제, 즉 느린 거래처리 속도가 존재합니다. 우리가 앞에서 살펴봤듯이 블록체인의 핵심은 거래를 블록에 기록하고, 여러 건의 거래가 모인 블록을 암호화해서 그때까지 생성된 블록체인에 연결하는 것입니다. 이러한 블록체인 시스템은 중앙화된 규제 및 감독기구 없이도 거래의 위·변조가 불가능한 체제를 만들었지만, 그와 반대로 지나치게 느린 거래처리 속도 역시 존재한 것이죠. 거래처리 속도가 늦어진 이유는 간단합니다. 우리가 마트나 백화점에서 체크카드나 신용카드로 물건을 구입할 경우, 물건 하나를 구입하든 여러 개를 구입하든 상관없이 구입한 물건에 대한 결제를 바로 할 수 있습니다. 백화점이나 마트에서 일정 금액 혹은 일정 개수가 될 때까지 사람을 모아 결제하도록 하지는 않으니까요. 이처럼 우리 일상생활에서의 거래와 결제는 매우 빠르게 이루어집니다. 신용카드 결제는 길어야 1~2초 정도밖에 소요되지 않죠. 하지만 블록체인은 각각의 거래내역이 새로 생성된 블록에 기록되고, 이 블록이 최종적으로 네트워크에 참여한 노드의 합의에 의해 승인되어 다른 블록에 연결되어야 거래 및 결제가 끝납니다. 짧게는 1~2분에서 길게는 수분 이상 소요되는 상황이죠. 단적인 예로 비자카드는 초당 거래속도가 2만 4,000건에서 최대 6만 건으로 추정되는 반면 비트코인은 초당 7건,

이더리움은 초당 20건 정도가 최대치라고 할 수 있습니다.

이오스는 이더리움의 이런 느린 지급결제 속도를 개선하기 위해 만들어진 가상자산입니다. 비트코인과 이더리움 모두 이오스가 론칭할 당시에는 작업증명 방식을 사용하는 가상자산이었습니다. 때문에 거래내역이 기록된 블록이 기존 블록체인에 연결되기 위해서는 채굴을 통해 새로 생성된 블록의 해시값을 찾는 노드가 나올 때까지 기다려야 했고, 이 시간이 꽤 길었기 때문에 거래체결 속도가 느려질 수밖에 없었습니다.

댄 라리머와 그의 동료들은 이 문제의 해결 방법으로 네트워크에 참여하는 노드의 수를 줄이는 방향을 생각했어요. 다시 말해 새로 생성된 블록의 소유권을 갖기 위해 모든 노드가 다 경쟁하는 시스템이 아니라 소수의 노드만 참여해서 경쟁한다면 속도가 더 빨라질 것이라고 생각한 것이죠. 그 결과 이오스에서 적용한 합의 알고리즘이 위임지분증명(Delegated Proof of Stake) 방식입니다. 이 방식은 선거와 비슷합니다. 전체 네트워크 참여자는 지분위임을 하기 위해 출마한 후보 노드를 놓고 투표를 하고, 그 결과 가장 많은 표를 획득한 노드부터 시작해 특정 순위(예를 들어 20위)까지를 대표로 선출해 네트워크 참여자의 지분을 위임하여 합의하도록 하는 방식입니다.

컴퓨터 연산능력을 이용해 새롭게 생성된 블록의 논스값을 찾아내

거래가 기록된 블록을 기존 블록체인에 연결하고 그 대가로 암호화폐(가상자산)를 할당받는 합의 알고리즘이 비트코인이 사용하는 작업증명입니다. 지분증명은 네트워크에 참여한 노드가 자신이 보유한 지분을 위탁하고, 이렇게 위탁된 지분을 추첨하여 당첨된 노드에게 새로 발행되는 암호화폐(가상자산)를 모두 지급하는 제도인데, 지분을 많이 위탁할수록 추첨 확률이 유리한 합의 알고리즘입니다.

비록 이더리움이 아직 완전히 지분증명으로 이행하지 않은 관계로 여전히 작업증명을 사용하고는 있지만, 작업증명과 지분증명의 가장 큰 문제는 합의 알고리즘을 수행하여 새로 발행된 블록을 기존의 블록체인에 연결하여 거래가 최종적으로 승인되는 데 소요되는 시간이 상대적으로 길다는 것입니다. 이렇게 느린 거래속도는 비트코인이나 이더리움이 지급결제수단으로 사용되는 데 심각한 장애가 되었습니다. 물론 현재는 가상자산이 지급결제수단이 아니라 하나의 투자자산으로 간주되고 있지만, 이 경우에도 느린 거래속도는 암호화폐(가상자산) 거래가 활성화되는 데 장애가 되는 것이죠.

이런 문제점을 해결하기 위해 이오스의 개발자 댄 라리머가 제시한 합의 알고리즘이 바로 위임 지분증명입니다. 작업증명이나 지분증명에서는 새로 발행되는 암호화폐(가상자산)의 소유권을 획득하기 위해 네트워크에 참여하는 모든 노드가 경쟁을 합니다. 컴퓨터의 연산능력과 소유 지분이라는 차이는 있지만 이처럼 모든 노드가 경쟁하는 시스템에서는 최종적인 결과를 도출하는 데 시간이 오래 걸릴 수밖에 없습니다. 작업증명의 경우는 모든 노드가 연산능력으로 경쟁하는데, 우리가 비트코인에서 살펴본 것처럼 참여하는 노드가 많고 더 좋은 연산능력을 사용할수록 신규 블록을 기존 블록체인에 연결할 수 있는 논스값을 찾는 과정이 복잡하고 어려워지기 때문입니다.

지분증명의 경우는 지분을 확인하기 때문에 간단하다고 생각할 수 있지만, 소수의 참여자가 압도적인 지분을 과점하는 경우가 아니라면 모든 참여자가 제시한 지분을 확인하는 데 시간이 걸릴 수밖에 없습니다. 비유하자면 지분증명은 반장선거를 하는데 반 친구 모두가 후보로 나온 상황과 똑같습니다. 이 경우는 여러 차례 투표를 통해 유력한 후보가 소수로 좁혀진 다음에야 원활한 합의가 가능합니다.

반면 이오스가 제시한 위임 지분증명은 쉽게 말해 대의민주주의에 가깝습니다. 우리나라에서 모든 국민이 모여 지분증명과 마찬가지인 직접민주주의에 의한 단순 과반수 투표로 어떤 사안을 결정해야 한다면 사소한 것 하나도 결정하는 데 오랜 시간이 걸릴 것입니다. 이러한 문제를 해결하기 위해 우리가 선택한 방법이 선거를 통해 대표자인 지방의회의원과 국회의원을 선출하고, 선출된 사람에게 권한을 위임하여 이들로 하여금 국가의 중요 사안에 대해 우리를 대신해 결정하도록 한 것이 대의민주주의죠. 위임 지분증명 역시 마찬가지입니다. 이오스 토큰을 보유한 참여자는 자신이 보유한 지분을 위임할 대표 노드를 선출하고, 이들에게 자신의 지분을 위임합니다. 그럼 이 대표 노드는 위임받은 지분을 바탕으로 경쟁하여 새로 생성되는 암호화폐(가상자산)의 소유권을 할당받고, 이처럼 할당된 암호화폐(가상자산)는 자신에게 지분을 위탁한 네트워크 참여자에게 분배합니다. 이오스는 이러한 위임 지분증명 방식을 통해 거래속도를 비트코인이나 이더리움에 비해 획기적으로 감소시킬 수 있었습니다.

그렇다면 위임 지분증명 방식에 있어 필수적인 대표 노드는 어떻게 선출하고 어떤 권한을 가질까요? 이오스에서는 대표 노드를 블록 생성자(BP, Block Producer)라고 부릅니다. 이들 블록 생성자는 전체 네트워크 참여자를 대표하여 합의 알고리즘에 참여할 수 있는데, 후보로 출마하기 위해서는 먼저 이오스 플랫폼상에 디앱 형태의 서비스를 제공하고 있어야 합니다. 다시 말해 블록 생성자로 출마할 수 있는 후보의 자격은 국적, 나이, 성별 등에 관계없이 오직 이오스 네트워크에 참여하는 디앱을 운영하고 있어야 한다는 것이죠. 사실 이는 합리적이라 할 수 있습니다. 이오스 네트워크에서 디앱을 통해 적극적으로 활동하는 참여자만 후보가 될 수 있는 조건이기 때문입니다.

2018년 6월, 이오스는 위임 지분증명 합의 알고리즘 구현을 위해 전 세계 28개국 180여 개 기업을 후보로 하여 블록 생성자 투표를 진행했습니다. 이 투표를 통해 우리나라에서도 두 회사가 블록 생성자로 참여하게 되었으며, 또 다른 두 회사는 예비 블록 생성자가 되어 선순

위 회사에 문제가 생길 경우 블록 생성자가 될 수 있는 지위를 얻게 되었습니다. 블록체인과 가상자산 역사상 처음으로 이오스에서 선출된 21개 팀의 블록 생성자는 0.5초마다 1개의 블록을 생성하며, 한 라운드에 최대 252개의 블록을 생성할 수 있습니다. 이 과정에서 투표를 통해 블록 생성자로 선출되었더라도 24시간 동안 블록을 단 하나도 생성하지 못한 블록 생성자는 자동으로 그 지위를 박탈당하고 예비 블록 생성자가 그 자리를 계승합니다. 이러한 메커니즘은 블록 생성자로 선출될 당시에만 열심히 활동하고 블록 생성자로 선출된 이후에는 활동을 게을리하며 신규 생성 코인만 할당받는 도덕적 해이 문제를 예방하기 위함입니다. 따라서 블록 생성자는 항상 경쟁에서 밀리지 않도록 다른 경쟁자보다 더 빠르고 효율적인 시스템을 갖춰야 합니다. 대신 블록 생성자는 이오스 네트워크에서 블록을 생성하고 합의 알고리즘에 참여하는 대가로 매년 기존 유통량의 4% 수준에서 신규로 발행하는 이오스 코인의 약 10~20%를 보상으로 받는데, 이를 인플레이션 보상이라고 합니다.

그렇다면 이오스의 블록 생성자 선거 주기는 어떻게 되는지 궁금해지는데요. 이오스의 블록 생성자 선거는 따로 주기가 정해져 있지 않습니다. 이오스는 블록 생성자가 자신의 책무를 소홀히 하거나 이오스 플랫폼상에서 지위를 이용해 문제를 일으키면 쉽게 퇴출시킬 수 있도록 126초마다 재투표가 가능하도록 설계되었습니다. 다시 말해 이오스 코인을 보유한 투자자는 언제든 자신이 지지하는 블록 생성자 후보에게 투표하고 시스템은 한 라운드인 2분 6초마다 이를 집계합니다. 따라서 한 라운드당 득표율에 따라 기존 블록 생성자가 지위를 박탈당하고 새로운 후보가 블록 생성자 지위를 넘겨받을 수도 있으며, 기존 예비 블록 생성자가 일반 참여자로 강등되고 새로운 예비 블록 생성자가 선출될 수도 있습니다.

하지만 이오스 시스템에도 문제는 있습니다. 이오스의 블록 생성자 투표율은 22% 선에서 증가하지 않고 있는데요. 이렇게 투표율이 증가하지 않는 가장 큰 이유는 이오스 코인 보유자가 투표하기 위해서는 자신이 보유한 이오스를 3일 동안 거래할 수 없도록 스테이킹(staking)해야 하기 때문입니다. 쉽게 말해 주주명부에 이름을 올리기 위해서는 주주명부 폐쇄일 전에 주식을 보유하고 있어야 하는 것과 비슷하다고 보면 됩니다. 주식의 경우에는 배당락을 감수해야 하는데, 이오스도 마찬가지로 스테이킹한 3일 동안 코인 가격 변동을 고스란히 감당해야 합니다. 이는 개인 투자자에게 있어 상당히 큰 위험이 되는 것이죠.

여기에 더해 이오스에서 투표권은 1인 1표가 아니라 1코인 1표로 코인을 많이 보유한 투자자가 유리합니다. 그래서 소액 투자자는 굳이 투표에 나서기 위해 자신이 보유한 물량을 스테이킹하는 위험을 감수할 필요를 느끼지 못하게 됩니다. 이러한 상황으로 인해 코인을 많이 보유한 투자자에게 유리한 정책을 공약으로 제시하는 블록 생성자가 선출될 가능성이 높고, 실제로 큰손 투자자가 블록 생성자 후보에게 투표를 대가로 자신에게 유리한 공약을 제시할 것을 요구해 문제가 되기도 했습니다.

이러한 문제의 해결을 위해 블록원의 대표 브렌든 블루머는 2018년 7월, 이오스 생태계 내 4% 인플레이션 보상 정책을 철회하고 이를 블록 생성자 투표에 참여하는 네트워크 참여자에게 분배하겠다고 선언했습니다. 이는 보상을 통해 투표율을 상승시키고 이오스가 더 오랫동안 지속될 수 있는 블록체인 생태계가 될 수 있도록 도모하기 위함입니다.

이오스는 이더리움의 느린 거래속도를 개선하기 위해 등장하였고, 위임 지분증명 방식을 통한 블록 생성자로 소기의 목적을 달성했습니다. 그리고 활발하게 작동하는 디앱도 여럿 보유하고 있었습니다. 하지만 이러한 이오스도 가상자산시장의 침체기에는 힘을 쓰지 못했습니다. 가상자산이 시장의 한계를 그 안에 속해 있는 자산으로 극복하기는 쉬운 일이 아니었습니다.

리플: 자유로운 해외송금을 위한 도전

러시아가 우크라이나를 침략해 전쟁이 발발했고, 이에 대해 미국과 유럽을 비롯한 세계 여러 나라가 러시아에 대한 경제제재 조치를 의결했습니다. 정부뿐만 아니라 여러 민간기관도 러시아에 대한 경제제재 조치에 동참했는데, 이 중에는 벨기에에 본부를 둔 국제은행간통신협회(SWIFT, Society for Worldwide Interbank Financial Telecommunication)가 있습니다. SWIFT는 민간기관이지만 세계 모든 은행을 회원사로 두고 있을 뿐만 아니라 해외 법인이 많은 일반 기업도 SWIFT 회원사가 될 수 있습니다. 이처럼 은행이나 일반 기업이 SWIFT 회원사로 가입한 이유는 해외송금 업무를 위해서는 반드시 SWIFT 코드가 있어야 하기 때문입니다.

SWIFT 코드에 더해 해외송금에는 복잡한 절차가 하나 더 있습니다. 바로 지점 간 직접 송금이 불가능하다는 것인데요. 그래서 지점에서 본점을 거치는 과정이 추가됩니다. 예를 들어 서울에 있는 OO은행 광화문 지점에서 네덜란드 암스테르담 담광장 지점으로 송금하는 경우, 먼저 OO은행 광화문 지점에서 OO은행 본점의 외환부서로 해외송금을 의뢰해야 합니다. 그 후 본점 외환부서에서 담당 직원이 SWIFT 전문을 작성하는데, 여기에 절차 하나가 더 추가될 수 있습니다. 돈을 보내고 받는 은행 간에 외환거래 계약이 되어있다면 SWIFT 전문을 돈을 받는 은행 본점으로 바로 보낼 수 있어요. 하지만 외환거래 계약이 없다면 중개은행(Intermediary Bank)에 전문을 보내야 합니다. 중개은행은 돈을 보내는 은행과 받는 은행이 모두 외환거래 계약을 맺은 은행인 것이죠. 이 전문이 처리된 후에야 돈이 움직이는데, 그 과정 역시 국내은행 지점 → 국내은행 본점 → 필요하다면 중개은행 → 해외은행 본점 → 해외은행 지점을 거칩니다.

일반적으로 해외송금은 SWIFT 코드에 따라 복잡한 절차를 거치기 때문에 비용(수수료)이 많이 들고 시간이 오래 걸립니다. 그렇다면 복잡하고 비용이 많이 드는 해외송금 업무를 간편하게 할 수 있는 방법은 없을까요? 이 질문에서 출발한 가상자산 프로젝트가 바로 리플(Ripple)입니다. 리플은 2004년 웹 개발자 라이언 푸거(Ryan Fugger)가 실시간 송금을 위한 서비스로 개발한 리플 페이(RipplePay)가 그 시초입니다. 이후 2012년 크리스 라슨(Chris Larsen)과 제드 맥케일럽(Jed McCaleb)이 비트코인의 영향을 받아 블록체인 기반의 해외송금에 특화된 가상자산의 개념을 개발했습니다. 이어 거래 프로토콜인 RTXP를 개발하고 해외송금에 특화된 가상자산인 리플(Ripple)을 발행했습니다.

우리가 앞에서 살펴본 비트코인, 이더리움, 이오스는 모두 채굴이 필요한 가상자산입니다. 다시 말해 중앙에서 가상자산의 발행을 통제하는 신뢰받는 기관이 존재하지 않기 때문에 합의 알고리즘을 사용하고, 이 합의 알고리즘의 원활한 작동을 위해 참여하는 노드에게 신규로 발행되는 가상자산을 분배하는 방식을 사용하고 있는 것이죠. 그런데 리플은 이러한 가상자산과 달리 중앙집권화된 메커니즘을 적용하여 리플랩스(Ripple Labs)에서 발행을 전적으로 관리합니다.

또한 리플은 이들 세 가상자산과 다른 특징이 하나 더 있습니다. 비트코인, 이더리움, 이오스는 모두 퍼블릭 블록체인(Public Blockchain)입니다. 네트워크에 참여하는데 특별한 자격이나 승인이 필요하지 않기 때문에 누구나 채굴에 참여할 수 있습니다. 하지만 리플은 프라이빗 블록체인(Private Blockchain)입니다. 네트워크에 참여하기 위해서는 관리자인 리플랩스의 승인을 받아야 하는 것입니다. 이러한 차이는 가상자산의 목적이 서로 다르기 때문에 발생합니다. 비트코인은 개인과 개인 간 자유로운 금융거래를 위해, 이더리움은 스마트 계약 및 디앱의 플랫폼으로 기능하기 위해, 이오스는 이더리움의 느린 거래속도를 보완하기 위해 만들어졌기 때문에 블록체인 네트워크에 참여하는데 특별한 자격이 필요하지 않습니다. 하지만 리플은 해외송금에 특화된 가상자산이기 때문에 네트워크 참여자 역시 해외송금 업무와 관련된 개인 혹은 회사로 제한됩니다. 이러한 이유에서 리플은 프라이빗 블록체인이 될 수 있었고, 프라이빗 블록체인으로도 충분히 목표한 바를 이룰 수 있습니다.

프라이빗 블록체인이자 가상자산인 리플의 발행이 리플랩스에 의해 독점적으로 이루어지기 때문에 리플은 합의 알고리즘 역시 퍼블릭 블록체인과 다른 과정을 거칩니다. 리플에서는 블록에 송금내역이 기록되면 네트워크에 참여하는 모든 노드가 이전 기록에 근거하여 송금내역의 유효성을 검토합니다. 예를 들어 A라는 참여자가 자신의 계좌에 있는 기존 리플 보유량보다 더 많은 리플을 B라는 사람에게 보내는데, A가 그사이에 새롭게 받은 리플이 없다면 이 거래는 이중지불 문제로 유효성이 깨지게 되어 송금이 실행되지 않습니다. 기존 해외송금에서는 이런 검증을 은행 본점에서 직원이 하나하나 다 조회해 확인했지만 리플에서는 분산원장을 사용해 모든 노드가 동시에 검증하는 것이 차이라고 할 수 있습니다. 유효성 검증을 통과하면 블록에 기록된 송금은 승인되고, 해당 내역이 기록된 원장이 최신 원장으로 저장되어 모든 노드에 공유됩니다.

새로 발행되는 가상자산이 보상으로 분배되지 않아도 이러한 합의 알고리즘이 유지되는 이유는 이 네트워크에 참여하는 노드의 이해관계가 일치하기 때문입니다. 리플 네트워크에 참여하는 모든 노드는 해외로 보내고 받는 것으로 연결되는데, 여기서 자신이 대상자가 아니라고 검증을 부실하게 하면 다음에 자신이 해당자가 되었을 때 그대로 받을 위험성이 커집니다. 따라서 네트워크에 참여하는 노드는 자신의 거래가 아니더라도 모든 거래를 충실하게 검증할 유인이 있습니다.

SWIFT와 다른 이러한 독특한 해외송금 과정으로 인해 SWIFT에서 2일이나 3일 소요되는 해외송금이 리플 네트워크에서는 불과 몇 초만에 이루어집니다. 굉장히 빠르고 안정적으로 해외송금이 이루어지는 것이죠.

이처럼 빠른 해외송금 속도를 자랑하지만, 리플 역시 가상자산 특유의 심한 가격 변동에서는 예외가 아닙니다. 리플을 이용해 해외송금을 할 경우, 기존 화폐를 사용하는 해외송금보다 속도는 빠르지만 대신 더 큰 가격 변동성을 감당해야 합니다.

우리가 계속 살펴보았듯이 가상자산의 기술은 분명 혁신적이지만 그 가격 변동성은 큰 위험입니다. 그렇다면 변동성을 줄인 안정적인 가상자산은 존재할 수 없는 걸까요?

테더: 안정된 가치의 추구

가상자산의 가장 큰 문제는 우리가 앞에서 여러 차례 살펴본 것처럼 심각한 가격 변동성입니다. 가격 변동성은 투자자에게는 언제든 투자한 돈을 잃을 수 있는 위험이기 때문에 위험을 싫어하는 투자자는 변동성이 큰 시장에 참여하는 일을 꺼리게 되고, 이는 시장 전체의 위축으로 이어집니다. 네트워크에 활발하게 참여하는 노드가 많아야 거래가 원활하게 이루어지고 가치가 유지될 수 있는 블록체인 네트워크의 특성을 생각해보면 시장 참여자가 감소하는 일은 심각한 문제입니다. 그렇다면 가상자산의 가치를 안정적으로 유지할 수 있는 방법은 없을까요?

홍콩에 위치한 가상자산 거래소 비트파이넥스(Bitfinex)의 자회사 유한회사 테더(Tether Limited)에서 발행하는 테더(Tether)는 가치안정 코인(Stable Coin, 스테이블 코인)입니다. 가치안정 코인은 가상자산의 가치를 안정적으로 유지하기 위해 법정화폐 혹은 다른 가상자산에 가치를 고정한 가상자산을 말합니다. 테더의 경우에는 미국 달러에 그 가치가 고정되어 있으며, 1테더는 언제나 1달러의 가치를 갖습니다. 따라서 테더의 가치는 안정적으로 유지됩니다.

일반적으로 외국 화폐와 국내 화폐의 교환비율을 환율이라 하고, 이 환율은 기준금리를 비롯해 여러 거시경제 요인에 따라 복합적으로 결정됩니다. 현실에서 환율은 대부분 나라에서 외환시장의 수요와 공급을 통해 자유롭게 결정됩니다. 하지만 일부에서는 환율을 고정해 사용합니다. 홍콩이 대표적인 예라고 할 수 있는데요. 홍콩은 1983년 1월부터 1달러당 7.75~7.85 홍콩 달러의 환율을 유지하고 있습니다. 이러한 제도를 페그제(Peg system)라고 하는데, 이러한 환율을 사용하는 이유는 자국 화폐의 가치를 안정적으로 유지하여 외국인의 여행이나 투자가 원활하도록 돕기 위함입니다. 홍콩 외에도 사우디아라비아, 아랍에미리트, 카타르, 쿠웨이트 등 중동 산유국 역시 미국 달러에 대한 페그제를 시행하고 있습니다. 중동 산유국의 경우 원유를 수출하고 달러를 대금으로 받기 때문에 자국 화폐의 가치를 달러에 고정할 경우 안정적으로 수출 대금을 받을 수 있다는 장점이 있습니다.

테더가 달러에 그 가치를 고정한 이유 역시 가상자산의 극심한 가격 변동 없이 안정적인 가치를 유지할 수 있도록 하기 위함입니다. 가상자산 거래소인 비트파이넥스의 자회사에서 테더를 발행한 사실 역시 테더를 이용해 거래소에서 가상자산을 거래하도록 하기 위함입니다. 다른 가상자산은 가격 변동이 심하지만 테더는 그 가격이 달러에 고정되어 있어 안정적이기 때문입니다.

그렇다면 테더의 발행 메커니즘은 무엇일까요? 테더 역시 리플과 마찬가지로 유한회사 테더에서 독점적으로 발행합니다. 하지만 유한회사 테더에서 임의로 발행할 수는 없습니다. 테더의 가치가 미국 달러에 고정되어 있기 때문입니다. 따라서 테더는 보유증명(PoR, Proof of Reserves)이라는 방식을 통해 발행합니다. 유한회사 테더는 자신이 보유한 달러를 은행에 예치하고, 예치한 달러와 동일한 양의 테더를 발행합니다. 그리고 이러한 내역이 기록된 회계 장부는 전문가에게 정기적으로 감사를 받고 그 내역을 홈페이지에 공개합니다.

사실 이러한 가치인정 코인 메커니즘은 현재 은행에서 발행하는 양도성예금증서(CD, Certificate of Deposit)의 가상자산 버전이라고 할 수 있습니다. 차이라면 양도성예금증서는 은행에서 고객의 계좌에 있는 예금 잔액에 맞춰 발행하고 자유롭게 다른 사람에게 매도 및 양도가 가능하며 정부의 규제 및 감독 대상이 되지만, 가치인정 코인은 가상자산으로 발행되고 정부의 규제 및 감독 대상이 아니라는 것입니다.

테더의 발행 메커니즘은 전적으로 테더의 발행사인 유한회사 테더를 신뢰해야 하는 상황이지만 현실은 그렇지 않았습니다. 지난 2017년 9월 유한회사 테더에 대한 정기 회계 감사에서 그때까지 테더의 총 발행량은 4억 2,000만 개로 확인되었고, 유한회사 테더의 모회사인 비트파이넥스 법인계좌에 4억 4,300만 달러의 잔고가 확인되었습니다. 하지만 문제는 그 후에 발생했습니다. 2017년 11월에서 12월까지 한 달이라는 짧은 기간 동안 기존 발행량을 훌쩍 뛰어넘는 19억 테더가 발행되었는데 이와 동일하게 은행 잔고가 증가했는지는 확인되지 않고 있으며, 이 사건 이후 유한회사 테더는 자신의 회계 장부에 대한 감사 보고서를 지금까지 공개하지 않고 있습니다. 다시 말해 유한회사 테더가 투자자에게 사기를 쳤는지 그렇지 않은지가 지금까지 확인되지 않은 상황입니다.

이러한 의혹으로 2018년 2월 미국 의회에서 진행된 '암호화폐에 대한 청문회'는 사실상 테더에 대한 청문회로 진행되었다고 해도 과언이 아닙니다. 미국 상품선물거래위원회는 유한회사 테더가 계좌에 예치된 달러 이상으로 테더를 발행해 비트파이넥스에서 거래되는 비트코인 가격을 조작했다는 의혹에 대해 집중적으로 추궁했습니다.

이처럼 테더는 달러에 가치가 고정된 가치안정 코인이지만, 독점적인 발행 시스템으로 인해 블록체인의 장점인 분산원장을 통한 네트워크 참여자의 검증을 거치지 못해 과연 유한회사 테더가 예치된 달러만큼의 테더를 발행하는지 확인할 수 없다는 문제가 있습니다.

여러 의혹과 문제점에도 불구하고 현재까지 테더는 여러 가상자산 거래소에서 달러를 대신해 가상자산을 거래하는 수단으로 활발하게 사용되고 있습니다. 테더의 미래가 어떻게 될지는 알 수 없지만, 가상 자산시장에 있어 가치안정 코인으로서 테더는 분명 현재까지 유의미한 역할을 수행하고 있습니다.

메이커다오: 가상자산과 파생금융상품의 결합

테더는 가치안정 코인 중 법정화폐를 담보로 하고 담보로 예치된 법정화폐에 일대일로 가치가 고정되는 법정화폐 담보 가치안정 코인입니다. 가치안정 코인에는 이러한 법정화폐 담보 방식 외에 가상자산 담보 방식과 알고리즘 방식이 있습니다.

대표적인 가상자산 담보 방식의 가치안정 코인으로는 메이커다오 (MakerDAO)가 있습니다. 메이커다오는 이더리움을 담보로 다이(DAI) 라는 가치안정 코인을 발행하고 1다이는 1달러와 동일한 가치를 갖도록 유지됩니다. 그럼 메이커다오는 어떻게 다이의 가치를 달러에 고정할 수 있는 걸까요?

메이커다오는 이더리움 스마트 계약인 담보화 부채 포지션(CDP,

Collateralized Debt Position)을 이용해 투자자로부터 이더리움을 담보로 받고 다이 코인을 발행하는데, 담보로 맡겨진 이더리움과 동일한 양의 다이를 발행하지는 않습니다. 메이커다오의 CDP는 사전에 정해진 담보비율에 근거하여 이더리움을 다이로 교환할 수 있도록 합니다. 예를 들어 담보비율이 150%라면 100이더리움을 CDP에 예치할 경우 66다이를 발행할 수 있습니다. 이더리움과 교환되는 담보비율의 조절을 통해 메이커다오는 다이 코인이 1달러와 동일한 가치를 지니도록 유지할 수 있습니다.

하지만 다이 코인 역시 거래소에 상장되어 거래되는 코인이기 때문에 수시로 가격 변동이 발생합니다. 따라서 메이커다오는 거래소에서 시시각각 변화하는 다이 코인의 가격에 맞춰 담보비율을 끊임없이 조정해야 하는데, 이를 위해 오라클(Oracle, 블록체인 외부의 정보를 블록체인 내부로 가져오거나 블록체인 내부의 정보를 외부로 내보내는 프로그램 알고리즘)을 사용합니다. 이러한 오라클은 주요 거래소에서 거래되는 다이의 가격을 지속적으로 모니터링하고, 다이의 가격이 변동 한도인 1%를 초과하면 CDP 알고리즘에 가격 갱신 신호를 보내 현재 시장가격의 중앙값을 새로운 다이의 발행가격으로 정하도록 설정합니다. 여기에서 주의해야 할 사항은 '거래소에서 거래되는 다이의 가격'이 법정화폐와의 교환비율이 아니라 다른 가상자산, 특히 이더리움과의 교환비율이라는 것입니다.

따라서 시장에서 거래되는 다이의 가격이 이더리움 대비 변화할 경우 이에 대응하여 담보비율도 변화합니다. 오라클과 CDP는 다이와 이더리움의 시세를 지속적으로 모니터링하여 담보비율에 반영함으로써 다이의 가격이 1달러와 동일하게 유지되도록 합니다.

다이의 이러한 발행 및 가치안정 메커니즘은 전통적 금융자산시장에서의 파생상품 거래 방식과 유사합니다. 파생상품 거래를 위해 우리는 금융회사에 증거금(Margin)을 납입하고 거래합니다. 만약 파생금융상품의 가격이 하락하여 자산가치가 증거금 비율 미만으로 떨어지면 금융회사는 우리에게 마진콜(Margin Call, 추가증거금 납입 요구)을 보내 그다음 날까지 유지증거금(Maintenance Margin) 이상으로 계좌 잔고를 유지하도록 요구합니다. 마진콜에 따른 추가증거금을 납입하여 증거금을 유지증거금 이상으로 유지하면 우리는 계속 거래할 수 있지만, 추가증거금을 정해진 시간까지 납입하지 못하면 우리 계좌는 청산되고, 해당 시점에서 차액이 남으면 이를 돌려받고 차액이 부족하면 이를 추가로 납입해야 합니다.

다이 역시 이러한 메커니즘을 따릅니다. 우리가 앞에서 살펴본 것처럼 100이더리움을 담보로 66다이를 발행한 상황에서 이더리움 가격이 급격하게 하락하여 다이 가격 이하로 내려간다면, 다이 발행사는 고객에게 추가담보금의 납입을 요구합니다. 추가로 담보가 예치되면 해당 고객은 계속 거래할 수 있지만, 추가 담보가 예치되지 않으면 계좌는 청산되고 고객은 청산 시점의 차액을 지급받거나 아니면 추가 비용 납입 요구를 받습니다. 반대로 이더리움 가격이 상승하면 고객은 추가로 다이를 더 발행할 수 있습니다.

이더리움을 담보로 가치안정 코인 가격을 유지하는 메이커다오의 메커니즘은 테더 알고리즘만큼 안정적이지는 않지만, 가상자산에서 비트코인과 함께 양대 대표 자산인 이더리움을 담보로 발행되며 전통적 금융자산시장의 파생상품 거래에 사용되는 증거금제도를 도입하여 상대적으로 가치안정에 유리한 듯 생각될 수 있습니다.

하지만 메이커다오 역시 안정적이지는 않습니다. 달러에 고정된 다이의 가치는 이더리움과 다이 사이의 교환비율에 의해 결정되고 수시로 조정됩니다. 시장이 정상적으로 움직이는 상황이라면 괜찮지만, 테라와 루나 폭락 사태처럼 시장이 급변하고 가상자산 전체 가격이 하락하면 시장 참여자는 공포에 의한 매도, 소위 패닉셀(Panic Selling, 공황매도)의 가능성이 높습니다. 그리고 이러한 패닉셀 상황이 발생하면 다이와 이더리움의 가치가 모두 급격하게 하락하여 증거금제도에 기인한 다이의 가격 안정 알고리즘이 작동하기 어려운 상황이 됩니다. 다시 말해 테라 폭락 사태와 마찬가지로 끊임없는 음의 되먹임(Minus Feedback)으로 가격이 폭락하고, 다이 보유자는 현금 인출을 위해 가격이 하락했음에도 불구하고 거래소에서 다이를 매도하는 뱅크런(Bank Run) 현상이 발생하게 됩니다. 이는 가상자산이 아닌 현실의 금융자산시장에서 금융위기가 발생하는 메커니즘이기도 합니다.

테라와 루나: 시장을 간과한 알고리즘의 끝

앞에서 우리는 가치안정 코인의 세 유형 중 법정화폐 담보 방식과 가상자산 담보 방식의 작동 알고리즘과 그에서 파생되는 문제점을 살펴보았습니다. 법정화폐 담보 방식은 코인 발행사 및 발행사의 재무제표에 대한 신뢰가 전제되어야 정상적으로 작동하며, 가상자산 담보 방식은 다른 가상자산의 담보 가치에 그 가치가 의존합니다. 따라서 이 두 유형의 가치안정 코인 모두 코인 발행사의 분식회계 혹은 가상자산시장 자체의 가격 하락 같은 시스템 위기(Systemic Risk)가 발생하는 상황에서는 정상적으로 작동되지 않는다는 문제가 있습니다. 그럼 지금부터는 가치안정 코인의 마지막 유형인 알고리즘 가치안정 코인과 그 문제에 대해 살펴보도록 하겠습니다.

앞서 두 유형의 가치안정 코인은 모두 담보, 즉 기초자산에 의해 가치가 유지된다는 공통점이 있습니다. 그렇기 때문에 법정화폐 담보 가치안정 코인은 양도성예금증서와 유사하고, 가상자산 담보 가치안정 코인은 선물이나 옵션 같은 파생금융상품과 유사한 성격을 갖습니다. 기초자산에 의해 가치가 유지되는 이 두 유형과 달리 테라(Terra)와 루나(Luna)는 알고리즘에 의해 안정된 가치를 유지하도록 설계된 알고리즘 기반 가치안정 코인입니다. 그렇다면 테라와 루나는 어떤 알고리즘으로 법정화폐에 고정된 가치를 유지할 수 있는 걸까요?

테라를 발행하고 관리하는 테라폼랩스는 각국의 법정화폐에 가치가 고정된 여러 종류의 가치안정 코인을 발행합니다. 만약 우리나라 원화에 가치가 고정된 가상자산이면 테라KRW가 되고, 일본 엔화에 가치가 고정된 가상자산이면 테라JPY, 미국 달러화에 가치가 고정된 테라는 테라USD(UST)가 됩니다. 1UST는 1달러와 동일한 가치를 갖도록 발행되고 유지되는데, 그 방식이 앞에서 살펴본 법정화폐 담보 방식이나 가상자산 담보 방식처럼 담보를 통해 유지되는 것이 아니라, 테라와 루나의 교환 알고리즘에 의해 이루어집니다.

최초 발행 시점에서 1테라가 1달러와 동일한 가치를 갖고, 1테라가 1루나와 동일한 가치를 갖는다고 가정할 경우 '1달러=1테라=1루나'가 됩니다. 그런데 이 가치가 유지되지 않고 변동되면 테라를 발행하는 회사인 테라폼랩스는 테라 투자자가 보유한 테라를 테라폼랩스에 맡기면 언제나 1테라를 1달러와 동일한 가치를 갖는 루나로 교환해줍니다. 만약 테라 가격이 하락하여 테라 보유자가 테라를 맡기고 루나로 교환하는 시점의 루나 가격이 1달러가 된다면 테라 보유자는 1테라로 1루나를 받을 수 있습니다. 하지만 루나 가격이 0.1달러가 된다면 테라 보유자는 1테라를 10루나로 교환하게 됩니다. 즉 루나의 시장가격이 어떻게 되든 상관 없이 테라 보유자는 전용 플랫폼에서 1테라를 1달러에 상응하는 가치를 갖는 루나로 교환할 수 있습니다.

이러한 테라와 루나의 교환 알고리즘은 테라 보유자로 하여금 무위험 차익거래(Arbitrage Trading)를 할 유인을 제공하고, 이러한 차익거래를 통해 시장에서 테라의 가치는 일정하게 유지됩니다. 만약 테라의 가격이 1달러 아래, 즉 0.6달러로 하락한 경우 거래자는 시장에서 테라를 구입하고 테라폼랩스를 통해 루나로 교환합니다. 이러한 방식을 이용해 거래자는 0.6달러로 1달러 상당의 루나를 얻을 수 있어 0.4달러의 차익을 얻게 됩니다. 차익을 얻기 위해 시장에서 테라를 구입하려는 사람이 증가하고, 그러면 수요-공급의 법칙에 의해 테라의 가격은 상승하여 다시 1달러로 조정됩니다. 반대의 상황도 마찬가지입니다. 이러한 테라와 루나의 이중 코인 시스템으로 인해 투자자는 무위험 차익거래를 할 유인을 갖게 되고 차익거래를 통해 테라의 가격은 1달러로 수렴하게 됩니다. 다시 말해 테라와 루나는 차익거래 알고리즘을 통해 담보자산의 존재 없이도 테라의 가격을 1달러로 안정적으로 유지할 수 있었습니다.

그런데 여기에 문제가 하나 발생합니다. 테라를 매매하는 사람은 차익거래를 통해 이익을 취할 수 있는데 시장에서 루나를 매매하는 사람은 어떤 이익이 있을까요? 만약 루나를 매매하는 사람에게 아무런 인센티브가 없다면 시장에 참여하는 투자자는 아무도 루나를 구입하려 하지 않을 테고, 그렇게 되면 결국 테라의 고정된 가치도 무너지게 될 테니까요.

테라를 발행하고 그 가치 유지를 책임지는 테라폼랩스는 루나 투자자로 하여금 루나를 매수하고 보유할 인센티브를 제공하기 위해 테라 기반의 탈중앙화 금융(De-Fi, Decentalized Finance) 플랫폼인 앵커 프로토콜(Anchor Protocol)을 제공합니다. 앵커 프로토콜은 앞에서 살펴본 메이커다오와 유사한 담보대출 알고리즘입니다. 시장에서 루나를 매수한 투자자는 앵커 프로토콜에 루나를 담보로 하여 테라를 빌릴 수 있습니다. 그리고 이렇게 빌린 테라를 다시 앵커 프로토콜에 예치하거나 시장에서 매도할 수 있습니다. 다만 루나를 담보로 테라를 빌려 이를 다시 앵커 프로토콜에 예치할 경우, 테라폼랩스는 1년에 20%의 이자를 보장하여 투자자로 하여금 장기 투자를 유도합니다. 이런 알고리즘은 루나의 가치가 불안정하다고 믿는 투자자에게는 루나를 테라로 교환하여 이자 수익을 받을 수 있도록 하고, 루나를 이용하여 적극적으로 차익거래를 하려는 사람은 보유량의 일부만 예치하거나 혹은 전부를 루나와 테라의 차익거래에 사용하도록 하는 인센티브를 제공합니다.

정리하면 루나의 매도를 통해 테라폼랩스가 벌어들인 수익은 언제든 루나를 다시 매도하려는 투자자에게 지급해야 하는 대차대조표상의 부채가 됩니다. 따라서 테라폼랩스는 이 부채에 상응하는 법정화폐 혹은 가상자산을 보유하고 있어야 합니다. 테라폼랩스는 대차대조표상 보유해야 하는 자산을 테라를 발행해 판매하는 과정에서 생기는 주조차익(Seigniorage, 시뇨리지)을 통해 충당 가능하다고 밝혔습니다.

문제는 테라의 가치를 떠받치는 루나의 시가총액이 테라의 시가총액 아래로 추락할 경우 실질적으로 아무런 가치 유지 수단이 없다는 것인데, 테라폼랩스는 이에 대해 비트코인을 테라 발행량에 상응하도록 보유하여 담보하겠다는 입장을 밝힌 바 있습니다.

이러한 알고리즘과 메커니즘만 살펴보면, 알고리즘 가치안정 코인 테라와 루나는 테더나 메이커다오보다 훨씬 효율적이고 논리적인 가상자산인 듯합니다. 하지만 이 모든 논리가 모래 위에 지어진 집에 불과하다는 사실을 알게 해준 폭락이 지난 2022년 5월 9일부터 5월 13일까지 발생했습니다.

그렇다면 테라와 루나는 가격을 1달러에 고정할 수 있는 알고리즘 메커니즘에도 불구하고 왜 가격이 폭락한 것일까요? 그 이유는 공황매도와 뱅크런을 무시했기 때문입니다. 앞에서 살펴본 것처럼 테라의 가치는 법정화폐나 다른 담보자산에 의해 유지되는 것이 아니라 테라와 루나를 교환하는 알고리즘에 의해 유지됩니다. 다시 말해 언제든 테라의 가격이 변동하면 루나를 이용해 차익거래를 할 수 있는 메커니즘에 의해 테라의 가치는 1달러에 고정될 수 있었습니다. 따라서 이러한 차익거래 메커니즘에 대한 근본적인 신뢰가 무너지거나 혹은 자신의 자산을 잃을지도 모른다는 생각에 다수의 투자자가 자신이 투자한 돈을 찾기 위해 시장에서 자산을 매도하게 될 경우 테라와 루나의 가치는 동반 하락하여 시장이 붕괴하게 됩니다. 금융시장에서는 이러한 메커니즘을 뱅크런이라고 합니다. 뱅크런이 발생하면 은행에 돈을 예금한 고객이 은행이 망하면 자신의 돈을 돌려받지 못할수도 있다는 우려에 은행으로 몰려가서 예금을 인출하려 하고, 이런일이 발생하면 은행은 지급준비제도(Reserve Requirement System)로 인한 유동성 부족으로 고객의 예금을 돌려주지 못해 파산하게 됩니다.

테라와 루나의 폭락은 뱅크런과 유사한 과정을 보입니다. 2022년 5월 9일 일시적으로 테라의 가격이 1달러 아래로 하락하는 사태가 발생했습니다. 평소였다면 테라와 루나의 차익거래 알고리즘이 작동해 다시 가격을 회복하는 것으로 끝났을 텐데, 일부 투자자가 테라의 가격 하락을 이유로 가치안정 코인의 가격 안정성에 의문을 갖게 되었습니다. 이런 상황에서 고액 투자자 일부가 테라를 거래소에서 대량으로 매도하면서 가격이 더 낮아지는 사태가 발생했습니다. 이에 불안감을 느낀 다수의 테라 보유자가 시장에서 공황매도를 시작했고, 이로 인해 테라의 가격 하락에 따라 루나의 가격 역시 폭락하게 되었으며, 결국 테라와 루나는 단 하루 사이에 90% 넘게 하락하였습니다.

테라와 루나의 폭락 사태는 가치안정 코인의 안정화 메커니즘을 아무리 논리적으로 완벽하게 설계하더라도 개별 투자자의 의사결정이 모여 이루어지는 시장의 의사결정을 이길 수 없다는 사실과 이러한 사실을 망각하고 설계한 앵커 프로토콜의 문제에 기인합니다. 앵커 프로토콜은 위탁한 루나에 대해 연 20%의 이자율을 보장했는데,

이처럼 은행이 아님에도 불구하고 자산을 예치받고 그에 대한 자본 이득을 보장하는 행위는 은행법에 의해 금지된 유사수신행위가 되어 법의 규제를 받습니다. 뿐만 아니라 앵커 프로토콜의 이러한 자산 예치 및 그에 따른 수익 지급은 규제와 감독의 사각지대에서 이루어지는 그림자 은행(Shadow Banking)이 되어 금융시장 전체의 시스템 위기를 증폭시킵니다. 지난 2008년 글로벌 금융위기의 과정에서 살펴본 금융시장의 문제가 바로 이러한 그림자 은행과 시스템 위기였습니다. 2008년 글로벌 금융위기는 월가의 금융회사에 대한 미국 정부의 구제금융과 미국 연방준비제도의 양적완화를 통해 극복할 수 있었는데, 이는 그림자 은행과 그에 수반되는 시스템 위기로 인한 금융위기를 금융시장의 역량만으로는 극복할 수 없다는 사실을 보여줍니다.

2022년의 테라-루나 폭락 사태 역시 마찬가지입니다. 테라-루나 폭락 사태는 단순히 테라와 루나만 폭락한 것이 아니라, 가상자산시장 자체가 폭락하고 시장의 유동성이 증발하는 시스템 위기를 초래했습니다. 2008년 글로벌 금융위기의 극복 과정에서 정부와 중앙은행의 정책에 대한 불만으로 나타난 비트코인으로 시작된 가상자산시장에서 그와 유사한 사태가 발생했다는 사실은 우리에게 시사하는 바가 큽니다.

De-Fi와 NFT의 등장, 그리고 사람을 위한 기술

가상자산의 위기: 다오 해킹 사건

여러분은 혹시 '다오(The DAO) 해킹 사건'에 대해 들어본 적이 있나요? 이 다오 해킹 사건은 가상자산업계에 엄청난 충격을 안겨 준 사건입니다.

다오는 탈중앙화 자율 조직(Decentralized Autonomous Organization)의 약자로 기존의 중앙집중화된 조직이나 단체와 달리 분산화된 자율 조직을 말합니다. 이더리움의 창시자인 비탈릭 부테린에 의해 2016년 출범한 조직입니다. 앞에서 우리는 이더리움이 스마트 계약을 체결할 수 있는 플랫폼으로서 기능한다고 살펴본 바 있습니다. 다오는 이더리움의 스마트 계약이 제대로 체결되고 집행될 수 있도록 관리하는, 이더리움 네트워크 위에 존재하는 일종의 기업입니다. 쉽게 말해 비트코인 네트워크에서 노드가 분산원장의 기록을 검증하고 인정하며 블록에 기록되는 타임 스탬프를 관리하는 일을 수행하는 것과 마찬가지 역할을 이더리움 네트워크에서는 다오가 수행한다고 볼 수 있습니다. 이러한 관리자로서의 역할뿐만 아니라 다오는 이더리움 네트워크 위에서 일종의 기업 혹은 펀드로서 기능합니다. 이더리움을 보유한 투자자는 자신이 보유한 이더리움으로 다오 토큰을 구입해 다오에 투자하는 등 수익을 거둘 수 있습니다.

그렇다면 이 다오 해킹 사건은 무엇을 말하는 걸까요? 다오에는 다오 토큰을 이더리움으로 환전할 때 보안이 취약해지는 치명적인 문제가 있었습니다. 2016년 6월 7일, 정체가 밝혀지지 않은 일군의 해커는 이 약점을 이용해 다오 토큰을 이더리움으로 환전할 때 무한 반복 루프를 삽입하여 반복적으로 다오 토큰이 이더리움으로 환전되도록 했습니다. 쉽게 말해 이중지불 공격이 발생했다고 볼 수 있습니다. 이로 인해 이더리움 네트워크는 당시 금액으로 약 640억 원에 해당하는 360만 개의 이더리움을 도난당하게 됩니다. 360만 개는 그때까지 발행된 이더리움의 약 10%에 달하는 규모로 암호화폐 혹은 가상자산 역사상 가장 큰 보안 사고입니다.

천만다행으로 도난당한 이더리움은 인출되지 못했습니다. 당시 규정으로 다오 토큰을 이더리움으로 환전한 후에는 48일이 경과해야 이를 인출할 수 있었는데, 해킹 사건이 발생한 지 27일 만에 이더리움 관리자 측에서 이를 파악했기 때문입니다. 하지만 그 해결은 쉽지 않았습니다. 만약 은행이나 증권회사 같은 전통적인 금융 시스템에서 이런 일이 발생했다면 그 즉시 해당 계좌를 동결하고 자산을 원래 소유주에게 돌려주는 한편, 해커는 경찰 등의 공권력을 통해 처벌할 수 있습니다. 하지만 블록체인 네트워크는 이러한 결단을 할 수 있는 주체가 없기 때문에 네트워크에 참여하는 노드 간 합의에 의해 대처방안을 결정해야 했습니다. 문제는 당시 이더리움의 노드가 크게 세 의견으로 분열되었다는 데에 있습니다.

첫 번째 의견은 소프트포크입니다. 이 방법은 해킹 사건 발생 이전 블록체인과 이후 블록체인이 호환되며, 다오 및 이더리움 네트워크와 해커가 이더리움을 훔친 지갑 사이의 거래만 중단하는 방법입니다. 이 방법을 사용할 경우 해커는 훔친 이더리움을 사용할 수는 없지만, 반대로 도난당한 이더리움의 원래 소유자도 그 이더리움을 사용할 수 없게 됩니다.

두 번째 의견은 하드포크입니다. 이 방법은 해킹 사건 이전과 완전히 분리되는 별개의 블록체인을 형성하는 방안으로 블록체인을 수정해 도난당한 이더리움을 원래 주인에게 돌려주도록 하는 것입니다. 하지만 이는 이더리움을 원래 주인에게 돌려줄 수는 있지만 블록체인 자체를 건드릴 뿐만 아니라 해킹 사태 발생 이후 27일 동안 이루어진 모든 기록도 롤백된다는 문제가 있습니다. 기록의 변경이나 위·변조를 막는다는 블록체인의 입장에서 보면 가장 극단적인 방법이라고 할 수 있습니다.

세 번째 의견은 무대응입니다. 이 의견은 '블록체인은 코드가 곧 법'이라는 원칙에 따라 해킹도 인정해야 한다는 입장입니다. 즉 사용자의 실수나 개별 프로젝트의 사정으로 블록체인 코드를 변경하다 보면 한도 끝도 없게 되기 때문에 블록체인의 기록을 변경하는 일은 그 어떤 경우에도 허용해서는 안 된다는, 가장 원론에 충실하고 강경한 방법이라고 할 수 있습니다.

이더리움 커뮤니티에서 격론 끝에 합의안으로 도출한 결과는 첫 번째 의견이었습니다. 하지만 공교롭게도 소프트포크를 시행하기로 한 그 시간에 디도스 공격이 의심된다는 제보가 있었고, 결국 첫 번째 의견은 폐기되고 가장 극단적인 두 번째 의견이 최종 실행안으로 결정되었습니다. 2016년 7월 20일 하드포크가 실행되었고 이더리움은 두 체인으로 포크되었습니다.

다오 해킹 사건은 이더리움뿐만 아니라 블록체인 업계 전체에 중요한 질문을 던진 사건입니다. '나쁜 거래라도 인정해야 하는가, 아니면 나쁜 거래일 경우 커뮤니티가 개입해 이를 변경해야 하는가'라는 질문이 바로 그것입니다. 중앙집중화된 권위 있는 기관이 없는 분산 네트워크상에서 이는 중요한 문제입니다. '블록체인 코드가 우선해야 하는가, 도덕이 우선해야 하는가'는 일반인인 우리가 보기에는 답이 정해져 있지만, 코드와 네트워크를 다루는 노드 입장에서는 존립 기반 자체를 흔드는 질문이기 때문입니다. 이더리움은 도덕을 우선하는 결정을 내렸고, 그 결정의 여파는 생각 외로 크게 이어졌습니다.

문제는 결국 다시 사람으로

다오 해킹 사건은 한화 약 640억 원이라는 금액도 금액이지만, 이더리움을 비롯한 가상자산(암호화폐)업계에 던진 파장이 더 컸습니다. 블록체인 네트워크상에서 이루어진 나쁜 거래라도 인정해야 하는가, 아니면 나쁜 거래일 경우 커뮤니티가 개입해 이를 바로잡아야 하는가는 쉽게 답하기 어려운 질문이기 때문입니다. 물론 현실에서는 법, 도덕, 윤리가 당연히 우선합니다. 하지만 블록체인 네트워크에서는 그렇게 쉽게 답할 수 없습니다. 법, 도덕, 윤리 모두 우리가 만든 것이고, 우리의 합의에 의해서 변경 가능합니다. 그럼에도 불구하고 바꿀 수 없는, 그리고 바꿔서도 안 되는 가치는 존재합니다.

그렇다면 블록체인 네트워크에서는 무엇이 가장 중요한 가치일까요? 그것은 '그 누구도, 그 무엇으로도 변경할 수 없는 블록체인 코드'입니다. 블록체인 네트워크가 갖는 가치는 임의로 변경할 수 없고 해킹할 수 없는 블록체인에 있기 때문입니다. 물론 전체 노드 51% 이상의 합의가 있으면 블록체인 코드는 변경할 수 있습니다. 하지만 이런 결정은 기술적인 측면에 최소한으로 적용되어야만 합니다. 예를 들어 2021년 8월 5일 이루어진 이더리움 런던 하드포크의 경우에는 이더리움 네트워크의 고질적인 문제인 느린 속도를 해결하기 위해 네트워크에 과도한 거래가 집중되었을 경우 수수료인 가스비(Gas Fee)를 인상하도록 했습니다. 이는 네트워크 전체의 기술적 측면을 개선하는 것이기에 무난하게 하드포크가 이루어졌습니다. 블록체인 네트워크에 문제를 야기하는 기술적인 측면을 개선하는 목적이 아니라면 커뮤니티의 개입을 통한 임의적 의사결정은 지양해야 합니다. 그래야 모두가 네트워크를 신뢰할 수 있기 때문입니다.

하지만 다오 해킹 사건에서 이더리움 커뮤니티는 이 금기를 깨뜨렸습니다. 사실 다오 해킹 사건은 이더리움 코드가 아니라 이더리움 위에서 구동하는 디앱의 약점을 해커가 공격한 것입니다. 그렇기 때문에 원론적으로 이야기하면 이더리움 커뮤니티는 이 사건에 대해 대응하지 않아야 합니다. 이더리움의 기술적, 정책적 문제가 아니라 디앱에서 발생한 문제이기 때문입니다. 하지만 이더리움 네트워크상에서, 그것도 개발자인 비탈릭 부테린이 추진한 프로젝트 다오에서 발생한 해킹인데다 당시까지 발행된 이더리움의 10%라는 상당히 많은 양이 해킹당했기 때문에 결국 이더리움 네트워크는 여기에 개입해 하드포크를 실행하게 되었습니다. 이는 말 그대로 도덕적으로는 훌륭한 의사결정이었습니다. 하지만 블록체인 네트워크로서는 훌륭하지 못한 의사결정이었습니다.

우선 커뮤니티가 임의로 하드포크를 의결했다는 사실은 '코드가 곧 법'이라는 블록체인의 대원칙을 무시한 행위였습니다. 이러한 결정은 많은 시장 참여자에게 의구심을 주기에 충분했습니다. 만약 해킹으로 인한 거래에 커뮤니티가 개입해 이를 되돌렸다면, 그것이 어떤 거래든 커뮤니티나 비탈릭 부테린의 마음에 들지 않을 경우 되돌릴 수 있다는 사실을 의미하기 때문입니다. 이는 블록체인 네트워크로서는 치명적인 문제라고 할 수 있습니다.

그렇기 때문에 상당수의 이더리움 네트워크 참여자는 다오 해킹 사건으로 인한 하드포크에 반대하여 하드포크 이후 분기된 이더리움을 따르지 않고, 하드포크 이전 이더리움의 블록체인에 계속 블록을 연결했습니다. 이들은 자신들의 네트워크가 원래 이더리움의 진정한 모습이라고 하여 이를 이더리움 클래식(Ethereum Classic)이라 불렀습니다. 우리가 아는 이더리움과 이더리움 클래식은 다오 해킹 사건으로 인한 하드포크 결정에서 분기되어 나온 것입니다.

다오 해킹 사건은 이더리움 네트워크를 분열시켰고, 가상자산은 물론 앞으로 블록체인을 사용할 수 있는 모든 프로젝트에 중요한 질문을 던졌습니다. 이 질문에 대한 답은 아직 정해지지 않았습니다. 이는 사실 권위 있고 중앙집중화된 의사결정 기구가 없는 블록체인 네

다오 해킹 사건을 통해 포크된 이더리움과 이더리움 클래식. 다오 해킹 사건은 단순히 이더리움의 분열뿐만 아니라 가상자산시장 전체에 중요한 질문을 던진 사건입니다.

트워크의 문제이기도 합니다. 무엇보다 코드가 우선시되어야 하는 범위와 규칙은 결국 다시 사람으로부터 결정됩니다. 이는 일종의 딜레마라고 할 수 있습니다. 블록체인 네트워크는 다오 해킹 사건을 통해 쉽게 해결할 수 없는 질문을 받게 된 것입니다.

사람을 위한 블록체인 기술

앞에서 살펴본 다오 해킹 사건의 본질은 결국 '기술 대 사람'입니다. 사람의 감정이나 도덕이 개입하지 않은 엄격한 코드에 근거해 블록체인 네트워크를 운용할 것인지, 아니면 사람의 도덕과 윤리에 근거하여 때로는 블록체인 네트워크의 법 그 자체인 코드를 수정하며 운용할 것인지에 대한 질문을 우리에게 던진 것입니다.

굉장히 중요한 문제이고, 블록체인 네트워크 존재 자체를 뒤흔들만한 질문이라는 사실을 부정할 수는 없습니다. 하지만 어딘가 씁쓸함을 지울 수는 없습니다. 사람보다 코드가 우선이라면, 이는 어찌 보면 사람이 기술에 종속된다는 것을 의미하기 때문입니다. 다른 관점에서 보면 사람과 사람 사이에 금융중개기관이 개입하지 않는 자유로운 금융거래를 목적으로 한 사토시 나카모토의 이상에서 주인과 손님이 뒤바뀌었다고도 볼 수 있습니다. 블록체인 기술을 적용한 가상자산이 나오게 된 이유는 사람을 위해서인데, 그 사람이 기술에 불과한 코드를 따라야 하는 상황이 되었기 때문입니다.

거의 모든 기술이나 제도는 처음에는 사람을 위해 만들어졌습니다. 사람이 더 안전하고 편하게 살기 위해 만든 것이 기술이나 제도이기 때문입니다. 하지만 시간이 지나면서 기술이나 제도는 점차 자신을 강화하는 방향으로 변화하여 기술 혹은 제도 그 자체를 위한 것이 되거나, 최악의 경우에는 사람이 기술이나 제도에 종속되어버리는 일도 발생합니다. 동의하는 사람도 있고 동의하지 않는 사람도 있겠지만, 현재의 글로벌 금융 시스템 역시 이런 경우라고 할 수 있습니다.

사람을 위해 만들어진 이러한 금융 시스템, 하지만 지금은 사람이 역으로 금융 시스템에 종속되어버렸습니다. 가장 간단한 예로 신용등급 시스템을 들 수 있는데요. 앞에서 우리는 이더리움의 정보 비대칭 상황을 살펴본 바 있습니다. 은행에서 대출을 받는 상황도 이러한 정보 비대칭에 해당합니다. 은행은 돈을 빌리는 사람이 연체하거나 채무불이행 상태에 빠지지 않고 얼마나 성실히 갚을지 알 수 없지만, 돈을 빌리는 사람은 자신의 재정 상태를 확실하게 알기 때문입니다. 이러한 정보 비대칭 문제를 해결하기 위해 은행이 도입한 방법이 신용등급입니다. 돈을 빌리는 사람의 금융거래를 계량화하여 소득이 양호하고 돈을 잘 갚는 사람에게는 높은 등급을 주고 그렇지 않은 사람에게는 낮은 등급을 매기는 것입니다. 얼핏 보면 굉장히 합리적인 것처럼 보이지만 실제로 이 제도에는 맹점이 있습니다. 소액에 불과할지언정 급하게 돈이 필요한 경우는 저소득, 저신용인자인 경우가 대부분입니다. 소득과 신용이 낮은 사람은 그만큼 현금흐름이 좋지 않기 때문이죠. 하지만 신용등급제도를 적용하면 정작 돈이 필요한 사람들은 은행에서 돈을 빌릴 수 없습니다. 결국 은행보다 훨씬 높은 이자를 적용하는 제2금융권에서 대출을 받거나 그마저도 어려우면 사채를 이용할 수밖에 없습니다. 결국 금융 시스템에서 가장 먼저 소외되는 사람은 소득이 낮고 신용도가 낮으며 이로 인해 급하게 돈이 필요한 사람들인 것입니다. 이는 분명 문제가 있습니다. 그렇다면 이러한 문제를 어떻게 해결해야 할까요?

블록체인 기술을 이용한 탈중앙화 금융(De-Fi)이 하나의 방법이 될 수 있습니다. 최근에는 불특정 다수에게 자금을 조달하고 목적한 바를 달성할 경우 리워드를 제공하는 온라인 소액투자 중개, 즉 크라우드 펀딩(Crowd Funding)을 비롯한 P2P 금융을 통해 돈을 빌리는 사례가 증가하고 있습니다. 이러한 P2P 금융은 현재 은행을 비롯한 전통적인 금융 시스템을 통해 자신이 필요한 자금을 빌리기 어려운 사람에게는 분명 도움이 되는 제도입니다.

하지만 여기에도 문제는 있습니다. 돈을 빌린 사람이 자신이 목적한 일을 제대로 하는지 모니터링하고, 돈을 갚도록 강제할 수 있는 수단이 없다는 것입니다. 예를 들어 특정 프로젝트를 수행하는데 필요한 자금을 P2P 금융을 통해 조달한 사람이 그 돈을 들고 잠적해도 돈을 지원한 사람이나 P2P 금융 플랫폼이 제재를 가할 수 있는 현실적인 수단은 없다고 할 수 있습니다. 계약의 이행을 강제할 수 있는 수단이 법적 소송 외에는 존재하지 않기 때문입니다.

만약 이러한 P2P 금융에 스마트 계약을 적용하면 어떻게 될까요? 이 질문에 앞서 여러분은 지금까지 살펴본 내용을 토대로 '이러한 P2P 금융거래를 위해 비트코인이 만들어진 것 아닌가?' 하는 의문을 품을 수도 있을 것입니다. 실제로 책에서 그렇게 설명했으니까요. 하지만 비트코인은 개인과 개인 간 금융거래에 있어 은행 같은 금융중개기관이 개입하지 않는 자율적인 거래를 위해 만들어진 것이지 거래를 강제할 수 있는 수단은 없습니다. 물론 차용증을 작성해 블록체인 위에 올릴 수는 있겠지만, 이 역시 그 강제를 위해서는 법적 수단이 필요하죠. 스마트 계약은 이와 달리 법적 수단의 개입 없이 계약의 이행을 강제할 수 있습니다. 예를 들어 프로젝트 수행에 필요한 자금을 조달하고 이를 스마트 계약으로 체결해 블록체인에 기록할 경우 이 스마트 계약에는 프로젝트 이행의 중간 단계를 점검하는 코드를 넣을 수 있고, 각 중간 단계의 이행이 제대로 되지 않을 경우 그때까지 사용하고 남은 펀딩 금액을 모두 채권자에게 반환하는 코드를 넣을 수도 있습니다. 프로젝트가 성공적으로 진행된 경우에는 역시 자동으로 채권자에게 리워드를 제공하는 코드를 넣을 수도 있겠죠. 이를 통해 돈을 빌려주는 사람은 안심하고 돈을 빌려줄 수 있고, 돈을 빌리는 사람은 블록체인 네트워크를 통한 스마트 계약으로 낮은 이자율의 자금을 빌릴 수 있게 됩니다. 즉 '필요한 돈을 필요한 사람에게' 조달하는 금융의 원래 역할을 블록체인 기술을 이용해 실행할 수 있게 되는 것입니다.

앞에서 살펴본 '필요한 돈을 필요한 사람에게' 조달할 수 있도록 도와주는 금융의 역할은 엄밀하게 말하면 저 혼자만의 생각은 아닙니다. 노벨 경제학상을 받은 개발경제학자 아마르티아 센(Amartya Sen)이나 라구람 라잔 혹은 루이지 징갈레스(Luigi Zingales) 같은 내로라하는 경제학자가 주장한 바 있습니다. 기존 금융의 틀을 벗어나 신용등급 혹은 재산이나 소득 정도에 구애받지 않고 필요한 사람에게 필요한 자금을 지원함으로써 그가 빈곤한 상태에서 탈출하거나 혹은 목적한 바를 이루게 된다면 이는 사회 전체적인 후생(Welfare)을 증가시키는 일이 됩니다. 이것이 바로 금융이 탄생한 목적이자 금융이 우리 사회에 존재하는 이유이며, 금융 본연의 역할이라고 할 수 있습니다. 2008년 글로벌 금융위기를 거치며 대부분의 사람이 오해하는 것처럼 금융은 탐욕의 수단 혹은 대기업이나 돈 많은 사람에게 자금을 지원하는 역할을 수행하는 것이 아니라, 한 사회 내에서 한정된 자원인 돈을 필요한 사람에게 적절하게 배분해 사회 전체적인 후생을 증가시키는 역할을 수행하는 것이 금융 본연의 목적이기 때문입니다.

메이커다오와 가상자산담보대출

2018년 가상자산담보대출을 할 수 있는 프로젝트인 메이커다오(MakerDAO)가 시작되었습니다. 메이커다오는 달러에 가치가 고정된 가치안정 코인인 다이(DAI)와 수수료를 지불하는 코인인 메이커(Maker)로 구성되어 있습니다. 우리는 앞에서 이더리움을 담보로 어떻게 다이를 발행하는지 그 메커니즘을 살펴본 바 있습니다. 다이의 발행 메커니즘과 반대로, 다이를 보유한 사람은 이 다이를 담보로 이더리움을 대출받을 수 있으며, 만기 혹은 만기 이전에 이더리움을 상환하면 자신이 담보로 맡긴 다이를 다시 돌려받을 수 있습니다. 이 과정에서 수수료로 메이커를 지불하는 것이고요. 우리가 주식담보대출이나 주택담보대출을 받을 때 주식이나 주택을 담보로 은행으로부터 돈을 빌리고 원금과 이자를 갚는다면, 메이커다오는 다이를 담보로 이더리움을 빌리고 이자로 메이커를 지불한다고 볼 수 있습니다. 이러한 가상자산담보대출은 비록 그 범위가 메이커다오로 제한되지만, 실제 은행에서의 담보대출과 비슷한 과정으로 이루어진다는 측면에서 탈중앙화 금융의 한 종류라고 할 수 있습니다.

이러한 탈중앙화 금융은 분명 제대로 된 금융은 아닙니다. 우리나라에서는 허가 받지 않은 다른 기업이나 개인이 이자 혹은 수익의 분배를 목적으로 자금을 모집하는 거래를 할 경우 유사수신 행위로 처벌을 받기 때문입니다. 금융감독원에서는 이러한 유사수신의 예로 가상화폐 혹은 크라우드 펀딩을 사칭하는 예를 언급하고 있습니다. 우리가 앞에서 살펴본 테라의 앵커 프로토콜 역시 이러한 유사수신으로 인한 문제를 보여주는 좋은 예라고 할 수 있습니다.

하지만 기존 금융의 한계를 극복하고 금융의 지평을 확장할 수 있다는 측면에서 탈중앙화 금융은 분명 하나의 혁신이라고 할 수 있습니다. 아직은 기술적인 어려움과 규제 측면의 제약이 많지만, 탈중앙화 금융은 블록체인 네트워크와 가상자산 기술이 사회 전체적인 후생을

금융감독원 홈페이지에 게재된 유사수신에 대한 설명. 이에 따르면 현재 이루어지는 P2P 금융은 물론 가상자산담보대출 역시 유사수신 행위로 처벌 대상이 됩니다(출처: 금융감독원 홈페이지).

증가시켜 사회를 발전시킬 수 있는 좋은 방법임을 알려준다고 할 수 있습니다.

대체 불가 토큰

지난해부터 메타버스(Metaverse)와 함께 각광받기 시작한 가상자산의 한 종류가 대체 불가 토큰(NFT, Non Fungible Token)입니다. 말 그대로 해석하면 '대체가 불가능한 토큰'이 되는데요. 여기에서 말하는 '대체가 불가능한'이라는 것은 어떤 의미일까요?

비트코인이나 이더리움을 비롯한 가상자산은 다른 가상자산과 일대일로 교환이나 대체가 가능합니다. 다시 말해 제가 100비트코인을 갖고 있고 여러분이 100비트코인을 갖고 있다면, 이 둘은 완전히 동일한 비트코인으로 서로 교환이 가능하죠. 이더리움을 갖고 있다고 해도 마찬가지입니다. 우리가 현실에서 사용하는 화폐도 마찬가지입니다. 1만 원짜리 지폐 10장은 5만 원짜리 지폐 2장 혹은 5,000원짜리 지폐 20장과 교환이 가능합니다. 이처럼 화폐 혹은 가상자산은 동일한 다른 가상자산과 교환, 즉 대체가 가능합니다. 그런데 여기서 말하는 대체 불가 토큰은 하나하나가 고유한 특성 혹은 개성을 갖고 있어 다른 토큰과 교환이 불가능하고 그렇기 때문에 대체 불가 토큰이 되는 것입니다.

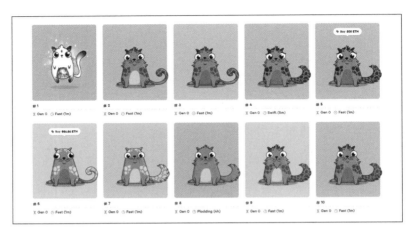

크립토키티 카탈로그. 각각의 크립토키티는 자신만의 특성을 갖고 있으며, 이 특성에 따라 가격도 달라집니다. 그렇기 때문에 동일한 크립토키티라고 해도 교환이 불가능하며, 이는 NFT의 초기 형태라 할 수 있습니다(출처: www.cryptokitties.co/catalogue).

이러한 대체 불가 토큰의 시초는 2018년 무렵 가상자산 투자자 사이에서 큰 인기를 끌었던 크립토키티라고 할 수 있습니다. 블록체인을 이용해 가상의 고양이를 키우는 이 게임에서 한 마리 한 마리의 고양이는 모두 다른 고양이입니다. 그렇기 때문에 A가 키우는 고양이를 B가 키우는 고양이로 대체하는 일은 불가능합니다. 각 고양이마다 개성과 희소성이 존재하기 때문입니다. 비록 크립토키티는 한때 인기를 끌고 사라졌지만, 블록체인 네트워크에 기반한 자산의 대체 불가능성은 대체 불가 토큰으로 이어지게 되었습니다.

현재 대체 불가 토큰은 디지털화된 예술작품 혹은 디지털 자산 위주로 발행 및 거래되고 있습니다. 여러분은 2022년 초 인기 예능 프로그램에서 모 개그우먼이 취했던 자세로 만든 NFT가 300만 원에 거래되었다는 뉴스를 본 적 있을 겁니다. 해당 개그우먼이 취한 자세나 무야호 사진 등은 사실 누구나 마음만 먹으면 인터넷에서 구할 수 있습니다. 희소성이나 고유성이 없는 것이죠. 하지만 이를 NFT로 만들면 희소성과 고유성을 갖게 됩니다. 디지털화된 작품에 블록체인으로 만든 일종의 증명서를 붙여 판매하는 것이기 때문입니다. 즉 해당 개그우먼이 취한 포즈를 디지털 이미지로 만들고 NFT로 판매하면 만든 사람, 작품 번호 등이 기록된 블록체인을 판매하는 것이기 때문입니다. 인터넷에서 구할 수 있는 다른 많은 이미지와 달리 이를 통해 희소성과 고유성을 갖게 되는 것입니다.

하지만 '평범한 이미지에 불과한데 단지 블록체인으로 만든 증명서가 부가되었다고 그렇게 비싼 가격으로 거래되는 것이 말이 되는가?'라는 의문을 가질 사람도 있을 것입니다. 복제 및 해킹 가능성과 더불어 이 측면이 NFT에 대한 가장 큰 비판이 되곤 합니다. 복제 및 해킹 문제는 디지털 자산 자체가 원본과 복제품 간 구별이 없기 때문에 디지털 자산을 한 차례 NFT로 발행하더라도 그 원본을 소유한 사람이 다시 원본으로 새로운 NFT를 만들어 판매하는 문제, 혹은 원본이나 복제품을 가진 사람의 디지털 자산을 해커가 해킹할 수 있는 문제가 완전히 해결되지 않았기 때문에 발생합니다. 원본 디지털 자산 자체에 아무런 가치가 없거나 가치가 낮은데 NFT가 부여되었다는 이유 하나만으로 비싼 가격을 받는 문제 역시 NFT의 고유성과 희소성이 아직 완전하지 않음을 의미합니다. 실제로 2021년 2월 21일 세계 최대 NFT 거래소인 오픈씨(OpenSea)에서 2억 달러(약 2,400억 원)에 달하는 NFT가 해킹당했다는 뉴스가 보도된 바 있습니다. NFT가 갖는 취약성을 명확하게 보여주는 사례입니다.

분명 NFT가 가상자산 시장에 하나의 혁신을 가져왔음은 부인할 수 없습니다. 하지만 아직 해결해야 할 문제가 산적해 있습니다. 희소성과 고유성 문제, 해킹으로부터의 안전성 문제, 그리고 지적재산권 문제 등의 해결은 NFT가 자리 잡고 활성화하는 데 있어 선행되어야 할 과제입니다.

다시 2018년 가상자산 버블: 가상자산은 화폐가 될 수 있을까

지금까지 우리는 암호화폐 혹은 가상자산이 등장하게 된 배경부터 비트코인과 이더리움, 그리고 대표적인 알트코인과 NFT를 살펴보았습니다. 우리가 살펴본 것처럼 암호화폐 혹은 가상자산은 2008년 글로벌 금융위기를 통해 기존 화폐제도와 금융 시스템에 대한 불만으로 인해 나타나게 되었습니다. 특히 비트코인은 사토시 나카모토가 발표한 백서 〈비트코인: 개인과 개인 간 전자화폐 시스템〉에서 알 수 있듯이 은행 같은 금융중개기관이 개입하지 않는 개인과 개인의 자유로운 금융거래를 통해 법정화폐를 대체하는 것을 목표로 했습니다. 비트코인 피자데이를 통해 비트코인이 개인과 개인 간 거래에 법정화폐를 대신해 사용될 수 있다는 가능성은 열렸지만, 극심한 가격 변동성은 비트코인이 법정화폐를 대신해 일상의 경제활동에 사용될 가능성은 희박해졌습니다. 만약 2017년 하반기부터 2018년 상반기까지의 가상자산 버블과 폭락이 발생하지 않았다면 비트코인이 법정화폐의 대용으로 사용될 수 있었을까요?

이 질문에 답하기 위해서는 먼저 비트코인의 거래 승인 속도부터 살펴보아야 합니다. 비트코인의 거래 승인 속도는 보통 TPS(Transaction Per Second, 초당 거래속도)로 표시됩니다. TPS가 높을수록 거래속도가 빠르고 낮을수록 거래속도는 느립니다. 따라서 거래하는 사람 입장에서는 높은 TPS가 더 유리합니다. 거래 승인 속도도 빠르고 같은 시간에 더 많은 거래를 체결할 수 있기 때문입니다. 그러면 비트코인의 TPS는 얼마나 될까요?

비트코인의 블록 하나당 크기는 1MB이고, 블록 하나의 생성시간은 10분입니다. 블록 하나당 기록할 수 있는 거래 숫자가 정해져 있지는 않지만 블록의 용량과 생성시간을 고려하면 비트코인의 TPS는 7 정도가 됩니다. 얼핏 보면 1초에 7건의 거래를 체결할 수 있어 상당히 빠른 것처럼 보이지만 사실 이는 엄청나게 느린 속도입니다. 우리가 일상생활에서 많이 사용하는 신용카드 중 하나인 비자카드(VISA)의 TPS는 대략 24,000~25,000 정도입니다. 즉 비자카드가 24,000건의 거래를 처리하는 동안 비트코인은 고작 7건의 거래를 처리한다는 것입니다. 비트코인 피자데이처럼 사용자가 거의 없을 때는 비트코인의 낮은 TPS가 문제되지 않을 수 있습니다. 하지만 사용자가 증가하면 이렇게 낮은 TPS는 큰 문제로 이어집니다. 신용카드를 사용해 거래하면 시간 지연 없이 바로 승인 결제할 수 있지만 비트코인을 사용해 거래할 경우 짧게는 1분 내외, 길게는 수분까지 거래 승인을 기다려야 합니다. 이렇게 느린 거래속도는 우리 일상의 경제활동을 고려해볼 때 수용 가능한 범위를 초과한다는 사실을 직관적으로 알 수 있을 것입니다.

이렇게 느린 거래속도에 더해 비트코인을 사용한 거래를 어렵게 만드는 또 다른 요인은 비트코인의 심각한 가격 변동성입니다. 우리가 일상의 경제활동에서 원화나 신용카드를 사용해 물건이나 서비스를 구입할 경우, 구입을 결정하고 실제로 결제가 이루어질 때까지 시간이 지연된다고 해서 그 가격이 변동될 것이라 생각하는 경우는 존재하지 않습니다. 구매 결정에서 실제 결제 시까지 상당한 시간이 소요되는 자동차 구매의 경우에도 계약서를 작성하고 자동차를 인수받을 때까지 자동차 가격이 변하지 않는 것을 생각해보면 쉽게 이해할 수 있습니다.

하지만 비트코인은 이와 다릅니다. 당장의 가격 차트만 봐도 알 수 있듯이 비트코인의 가격 변동성은 매우 큽니다. 금융자산 중 가격 변동이 심한 주식의 경우와 비교해도 비트코인의 가격 변동이 심하다는 사실을 알 수 있습니다. 만약 비트코인이 그저 여러 금융투자자산 중 하나에 불과하다면 이렇게 높은 가격 변동성은 문제가 되지 않습니다. 하지만 비트코인이 실제 일상의 경제활동에서 지급결제에 사용되는 화폐가 된다면 이 문제는 심각해집니다. 앞에서 우리는 비트코인의 TPS가 7 정도로 매우 낮아서 거래체결과 승인에 오랜 시간이 소요될 수 있다는 사실을 확인했습니다. 이렇게 느린 거래속도에 높은 가격 변동성이 더해지면 거래 자체가 불가능할 가능성이 큽니다. 제품이나 서비스 구입 시점의 비트코인 표시 가격과 실제로 결제하는 시점의 비트코인 표시 가격이 달라지기 때문입니다. 심지어 같은 제품이나 서비스를 구매해도 거래 순서에 따라 어떤 사람은 저렴하게 구입하고, 어떤 사람은 비싸게 구매하게 되는 상황이 발생할 수도 있습니다. 이러한 상황이라면 사실상 정상적인 경제활동이 불가능하다고 해도 지나친 이야기는 아닙니다.

비트코인의 느린 거래속도와 극심한 가격 변동성은 비트코인이 화폐를 대신해 일상 경제활동의 지급결제 수단으로 사용되는데 심각한 기술적 한계로 작용합니다. 즉 각국 정부의 규제가 아니더라도 비트코인이 기초한 블록체인의 기술적 한계와 비트코인의 가격 변동성으로 인해 화폐를 대신한 지급결제수단으로서의 사용에 명확한 한계가 존재한다는 것입니다.

우리의 일상 경제활동에 있어 화폐가 사용되는 이유는 거래를 빠르고 편리하게 해주고 그 가치가 안정적이기 때문입니다. 즉 화폐로 사용되기 위해 충족해야 할 필수조건은 빠르고 편리한 거래와 안정적인 가치인데, 비트코인은 이러한 조건을 충족시킬 수 없습니다. 가치인정 코인 역시 마찬가지입니다. 앞에서 살펴본 테더가 대표적인 가치인정 코인이지만 법정화폐에 그 가치를 고정한 가상자산을 사용하는 건 사실상 법정화폐를 사용하는 것과 다르지 않은 것입니다.

결론적으로 종류를 막론하고 정부와 중앙은행의 규제 여부와 상관없이 가상자산은 그 자체의 한계로 인해 법정화폐를 대체하는 화폐로 사용될 수 없기 때문에 비트코인을 비롯한 블록체인 기반 토큰은 암호화폐에서 투자 포트폴리오를 구성하는 여러 자산 중 하나인 가상자산이 된 것입니다.

- 화폐경제학: 우리 일상을 움직이는 힘

- 제도경제학 관점에서 본 암호화폐

- 금융경제학 관점에서 본 암호화폐

- 암호화폐와 블록체인의 장점

- 가상자산과 블록체인의 한계: 시장의 문제

제3부
가상자산 혹은 암호화폐,
블록체인 기술,
그리고 경제학

지금까지 우리는 2008년 글로벌 금융위기와 그에 대한 대처를 비롯해 블록체인 기술로 가상자산의 시초를 연 비트코인, 스마트 계약을 이용해 하나의 플랫폼으로 기능할 수 있는 이더리움, 그리고 알트코인까지 살펴보았습니다. 비트코인을 비롯한 가상자산이 현재는 기존 화폐를 대체할 수 있는 암호화폐가 아니라 여러 투자자산 중 하나가 되었지만, 그 출발은 화폐를 대체할 목적이었기 때문에 화폐경제학에 대해 살펴볼 필요가 있습니다. 이후 암호화폐와 가상자산에 대한 비판과 옹호, 그리고 가상자산이 우리 경제활동에 어떤 개선을 가져올지와 그 한계에 대해 살펴보겠습니다.

화폐경제학:
우리 일상을 움직이는 힘

　　최근 뉴스를 통해 인플레이션(Inflation)이 우려된다는 소식을 많이 듣습니다. 인플레이션은 통화량 팽창과 그로 인한 물가상승을 의미하는데요. 예를 들어 2021년에 달걀 10개의 가격이 3,000원이었는데, 다른 모든 조건이 변하지 않은 상태에서 통화량이 증가하여 2022년 달걀 10개의 가격이 3,300원으로 인상되었다면 이는 달걀 가격이 상승한 것입니다. 인플레이션은 이러한 가격 상승이 우리가 일상에서 사용하는 생필품을 비롯한 소비재뿐만 아니라 생산에 사용되는 원료까지 광범위하고 일반적으로 발생하는 현상입니다. 여기서 중요한 것은 '다른 모든 조건이 변화하지 않은 상태'에서 통화량이 증가하고 물가가 상승하는 것입니다. 경제의 기본 여건이 변화하지 않은 상태에서 통화량이 증가하고, 이로 인한 물가상승 현상이

치솟는 물가로 상인들의 근심은 높아지고 있고 OECD 국가의 인플레이션율은 최근 31년간 최대를 기록했습니다.

인플레이션이기 때문에 인플레이션은 경제 전반에 걸쳐 상당한 영향을 끼칩니다. 대표적으로 우리가 흔히 농담처럼 말하는 '월급 빼고 모두 다 오르는' 상황이 바로 인플레이션인데, 이러한 상황에서는 같은 금액으로 살 수 있는 구매력이 감소해 생활 수준이 낮아지게 됩니다. 동일한 월급을 받았음에도 불구하고 생활 수준이 낮아지는 현상이 발생하는 것이죠.

하지만 인플레이션이 꼭 나쁜 것만은 아닙니다. 사실 경제가 성장하는 과정에서 어느 정도의 인플레이션은 나타날 수밖에 없습니다. 인구가 증가하고 경제 규모가 성장함에 따라 수요가 증가하고 화폐 발행 및 유통량이 증가하기 때문에 인플레이션도 자연히 수반되기 마련입니다. 반면 불황 상황에서는 미래에 대한 불안 심리로 소비를 하지 않고, 이로 인해 수요가 감소함에 따라 물가가 하락하는 디플레이션(Deflation)이 발생합니다. 얼핏 생각해보면 물가가 하락하면 좋을 것 같지만 디플레이션은 인플레이션보다 경제에 더 심각한 악영향을 끼칩니다. 디플레이션이 발생하면 소비는 정체되거나 감소하고, 이러한 소비의 정체와 감소로 기업은 도산합니다. 기업이 도산하면 실업자는 증가하고 자산시장에 투자할 돈이 없기 때문에 주가가 하락하는 등 연쇄효과가 발생하죠. 이렇게 되면 물가는 더 하락하고 물가가 더 하락하면 기업은 고용 및 성장을 포기하고, 기업이 고용을 포기해 실업자가 증가하니 소비가 더 안 되고, 소비가 안 돼서 물가는 더 하락하고 하락하는 물가에도 불구하고 소비가 안 되니 기업은 또 도산하고…. 끝없는 악순환이 반복됩니다. 그래서 《맨큐의 경제학(Principles of Economics)》으로 유명한 경제학자 그레고리 맨큐(Gregory Mankiw)

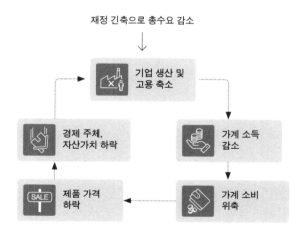

재정 긴축에 따른 디플레이션 악순화 구조를 나타낸 그림.

석유파동 당시 석유를 구입하기 위해 주유소 앞에 줄을 선 미국 시민의 모습.

는 "인플레이션은 나쁘다. 그러나 디플레이션은 그보다 더 나쁠 수 있다"라고 말한 바 있습니다.

인플레이션 및 디플레이션과 함께 살펴봐야 하는 현상이 스태그플레이션(Stagflation)입니다. 스태그플레이션은 경기침체 혹은 불경기(스태그네이션, Stagnation)와 물가상승을 의미하는 인플레이션(Inflation)의 합성어입니다. 보통 인플레이션은 경기 확장기(호경기)에 경제활동이 활발하고 경제가 성장하면서 시중에 유동성이 증가하여 발생하는 것으로 알려져 있습니다. 하지만 1970년대 중동지역의 정치 불안정으로 인해 석유파동이 발생했습니다. 1차 석유파동은 1973년부터 1974년까지 지속되었고, 2차 석유파동은 1979년부터 1981년까지 지속되었습니다. 1차 석유파동은 중동지역에서 발생한 전쟁으로 인해 석유수출국기구(OPEC) 회원국을 중심으로 석유를 감산하면서 가격을 인상해 발생한 것입니다. 배럴당 2.9달러였던 원유 가격은 한 달 만에 12달러로 상승했는데, 이는 현재 석유 가격으로 환산하면 14달러에서 55달러로 폭등한 것이나 마찬가지였죠. 1차 석유파동으로 제2차 세계대전이 끝난 후 30년 넘게 이어온 경제호황이 종결되었습니다.

2차 석유파동은 이란에서 왕정을 타도하고 이슬람 신정정치를 세운 혁명으로 인해 촉발되었고, 이어 이란-이라크 전쟁으로 심화되었습니다. 혁명과 전쟁으로 인한 석유 감산은 일시적이었지만 상승한 석유 가격은 내려가지 않았는데, 그 이유는 산유국의 생산량이 증가했음에도 불구하고 상승한 가격에 판매했기 때문입니다. 당시 세계 경제는 이미 불경기에 진입한 상황이었습니다. 불경기와 석유파동으로 인한 고유가가 결합한 결과, 경제상황이 좋지 않음에도 높은 원자재가격에서 비롯된 인플레이션이 지속되는 스태그플레이션이 나타나게 되었습니다. 호경기에 나타나는 인플레이션이 공급보다 수요가 상승한 데 따르는 수요 측면의 인플레이션인 반면, 스태그플레이션은 불경기에 공급 측면에서 문제가 발생해 공급 가격이 상승한 데 따른 것입니다. 그렇기 때문에 불경기임에도 불구하고 물가가 지속적으로 상승하는 것이죠. 이는 지금도 비슷합니다. 코로나19 팬데믹으로 인해 세계 경제가 좋지 않은 상황에서 봉쇄조치, 이로 인한 반도체 등 산업 필수재의 생산량 감소와 물류 시스템 마비, 유가 인상 등으로 인한 인플레이션이 나타나고 있기 때문입니다. 물론 현재의 인플레이션은 불황이나 원자재 가격 인상의 영향보다는 코로나19로 인한 봉쇄조치에 따른 문제가 더 크게 작용하고 있기에 과거와는 그 성격이 조금 다르다고 할 수 있습니다.

인플레이션, 디플레이션, 스태그플레이션은 모두 물가상승과 실업률을 비롯한 경제상황과 관련이 있습니다. 그리고 이는 모두 화폐와 연관됩니다. 인플레이션은 화폐가치가 하락하는 현상이고, 디플레이션은 화폐가치가 상승하는 현상이며, 스태그플레이션은 불황임에도 불구하고 화폐가치가 하락하는 현상입니다. 화폐는 중앙은행에서 발행하고 중앙은행이 유통량을 결정합니다. 그 수단은 기준금리 조절이나 공개시장운영(채권시장에서 중앙은행이 국채를 사거나 판매해 통화량을 조절하는 정책)입니다.

기준금리를 인상하면 시중의 통화량이 감소하고, 기준금리를 인하하면 시중의 통화량은 증가합니다. 공개시장운영에서 중앙은행이 국채를 사들이면 시중에 통화량이 증가하고, 국채를 판매하면 시중에 통화량이 감소합니다. 이처럼 중앙은행은 기준금리와 채권 매매를 통해 화폐 유통량을 조절하여 경제상황에 영향을 끼칩니다. 코로나19 팬데믹으로 인한 경기침체가 우려되자 한국은행은 물론 미국 연방준비제도가 취한 조치는 기준금리를 0%대로 인하하는 것이었습니다. 이를 통해 시중에 유통되는 통화량을 증가시켜 소비와 투자가 활발하게 일어날 수 있도록 한 것이죠. 그리고 인플레이션이 우려되는 현재 한국은행은 2021년 8월과 11월, 2022년 1월과 4월, 5월 다섯 차례에 걸쳐 0.5%였던 기준금리를 1.75%까지 상승시켰습니다. 미국 연방준비제도는 2022년 최대 7번의 기준금리 인상을 연방공개시장위원회(FOMC) 회의록에서 언급한 바 있습니다. 그리고 언론은 중앙은행의 이러한 기준금리 결정을 중요하게 보도합니다. 이 결정이 그만큼 우리의 일상생활과 경제에 미치는 영향이 크기 때문입니다. 실제로 기준금리가 낮을 때 비트코인을 비롯한 가상자산 가격이 상승했고, 기준금리가 인상되면서 비트코인을 비롯한 가상자산 가격은 하락했습니다. 사실 이는 가상자산만이 아닙니다. 기준금리가 인상되면서 주가지수와 부동산 가격도 모두 하락했기 때문입니다. 그렇다면 기준금리와 가상자산, 주식, 부동산 등 투자자산의 가격 사이에는 어떤 연관성이 있어 이렇게 가격이 움직이는 것일까요?

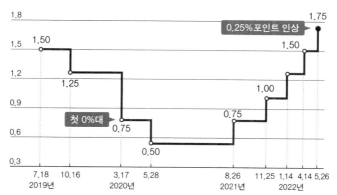

한국은행 기준금리 변동 추이. 코로나19 팬데믹에 대응하기 위해 기준금리를 0.5%까지 인하한 한국은행은 인플레이션과 미국의 기준금리 인상에 선제적으로 대응하기 위해 2021년 8월부터 2022년 5월까지 다섯 차례에 걸쳐 0.25%씩 금리를 인상해 기준금리를 1.75%로 상승시켰습니다(출처: 조선일보 2022년 4월 15일자).

앞에서 우리는 돈 혹은 화폐란 무엇인지를 살펴보면서 한 경제체제 내에서 화폐가 수행하는 역할에 대해 살펴본 바 있습니다. 유동성이라고도 하는 화폐는 재화나 서비스를 거래하는 수단으로서의 역할과 동시에 가치를 측정하고 가치를 저장하는 역할, 그리고 국가에 지불하거나 국가로부터 지급받는 수단으로서의 역할을 수행합니다. 이처럼 한 경제체제 내에서 이루어지는 모든 경제활동에 화폐가 연관되기 때문에 이 화폐의 발행과 관리를 정부와 중앙은행이 책임지고 있습니다. 또한 중앙은행은 기준금리 정책을 통해 시중에 유통되는 통화량을 조절합니다. 중앙은행이 기준금리를 인하하면 개인이나 기업이 자금을 조달하는 비용(이자율)이 낮아지게 되어 시중에 통화량이

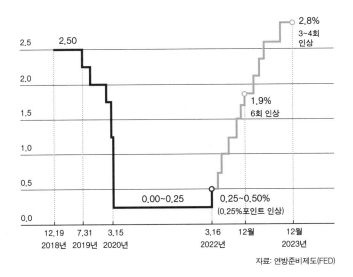

미국 연방준비제도에서 공표한 금리인상 스케줄. 이러한 기준금리 인상은 거시경제 전반과 자산시장에 영향을 끼칩니다(출처: 매일경제 2022년 3월 20일자).

증가하고, 증가된 통화량이 활발하게 투자되어 자산가격이 상승합니다. 중앙은행이 기준금리를 인상하면 이와 반대로 이자율이 상승하게 되어 통화량이 감소하고 자산가격이 하락합니다. 이처럼 중앙은행은 기준금리를 통해 유통되는 화폐량을 조절하면서 자산시장에 영향을 끼칩니다.

또한 화폐는 다른 나라의 화폐와 교환하여 국제 무역에 사용되기도 하는데, 한 국가의 화폐와 다른 나라의 화폐 간 교환비율이 환율입니다. 환율의 결정에는 크게 두 가지 방법이 있습니다. 하나는 구매력으로 평가하는 방법이고, 다른 하나는 이자율로 평가하는 방법입니다. 전자를 구매력평가설(PPP, Purchasing Power Parity)이라 하고, 후자를 이자율평가설(IRP, Interest Rate Parity)이라고 합니다.

먼저 구매력평가설을 살펴보도록 하겠습니다. 혹시 언론을 통해 빅맥지수 혹은 스타벅스지수라는 말을 들어본 적 있나요? 빅맥지수는 빅맥 가격으로, 스타벅스지수는 스타벅스 카페라테 가격을 기준으로 각국 화폐의 상대가치를 계산하는 방법입니다. 즉 구매력평가설은 동일한 재화나 서비스를 구매하는데 각 국가별 화폐 단위가 얼마나 필요한지로 환율을 평가하는 방법입니다. 이 방법은 모든 재화의 가격이 국가에 상관없이 동일하다는 일물일가의 법칙(The Law of One Price)을 바탕으로 한 절대적 구매력평가설(Absolute PPP)인데, 이 방법의 문제점은 일물일가의 법칙이 성립하지 않는 경우에는 사용하기가 어렵다는 사실입니다. 따라서 일물일가의 법칙이 성립하지 않는 상황에서는 제품의 가격 대신 물가상승률을, 화폐가치 대신 환율변화

■ 2021년 세계 각국의 빅맥지수

국가	달러 대비 각국 화폐가치	국가	달러 대비 각국 화폐가치
미국	5.81달러	스리랑카	-28.6%
스위스	20.2%	쿠웨이트	-29.0%
노르웨이	10.0%	코스타리카	-29.0%
스웨덴	-0.4%	체코	-29.3%
우루과이	-6.6%	사우디아라비아	-31.2%
이스라엘	-7.9%	바레인	-31.5%
캐나다	-8.4%	칠레	-33.2%
베네수엘라	-12.9%	태국	-33.8%
유럽연합	-14.7%	중국	-34.0%
덴마크	-17.0%	대한민국	-34.3%
영국	-17.1%	니카라과	-34.9%
아랍에미리트	-20.3%	온두라스	-37.8%
뉴질랜드	-20.9%	카타르	-38.5%
오스트레일리아	-22.4%	크로아티아	-39.3%
싱가포르	-24.9%	폴란드	-40.8%
브라질	-25.8%	일본	-41.7%
아르헨티나	-26.2%	과테말라	-41.8%

빅맥 가격을 바탕으로 각국 화폐의 가치를 비교한 영국 시사주간지 〈The Economist〉의 2021년 빅맥지수(출처: https://www.economist.com/big-mac-index). 이 표에서는 빅맥 가격을 바탕으로 각국 화폐의 구매력에 기초한 환율을 나타냅니다. 표에 따르면 스위스 프랑은 미국 달러보다 20.2% 높게 평가되는 반면, 우리나라 원화는 미국 달러화보다 34.3% 낮게 평가되어 있습니다. 즉 1스위스 프랑은 1.202달러의 가치가 있는 반면, 1,000원은 0.667달러와 동일한 가치를 지니는 것입니다.

율을 사용하여 환율을 결정하는 상대적 구매력평가설(Relative PPP)을 사용하기도 합니다.

이자율평가설은 구매력평가설보다 조금 복잡합니다. 이자율평가설이 성립하기 위해서는 먼저 두 가지 조건을 가정해야 합니다. 첫 번째 조건은 국가 간 자본의 자유로운 이동입니다. 이 조건이 성립해야 투자자는 이자율이 낮은 국가에서 자금을 조달해 이자율이 높은 국가에 투자하여 수익을 올리는 차익거래를 할 수 있습니다. 두 번째 조건은 서로 다른 두 국가의 자산이 완전히 대체 가능하다는 것입니다. 즉 우리나라에서 투자하는 것이나 미국에서 투자하는 것이나 같은 수준의 위험을 부담한다면 이 두 투자에서 우리는 동일한 수익률을 거둘 수 있습니다. 따라서 두 국가의 자산은 완벽하게 대체가 가능해야 합니다.

이자율평가설의 핵심은 한 국가의 통화 단위로 환산해서 계산했을 때, 국내투자 수익률과 해외투자 수익률이 같아진다는 사실입니다. 예를 들어 한국에서 돈을 빌리는 이자율이 1.5%이고 미국에서 돈을 빌리는 이자율은 1%입니다. 외환시장에서 현재 원달러 환율은 1달러당 1,000원이고, 미래 환율은 1달러당 1,100원이 될 것이라고 대부분의 시장 참여자가 예상합니다. 즉 어떤 투자자가 국내에서 투자하면 1.5%의 수익을 얻을 수 있지만, 이 돈을 달러로 환전해 미국에 투자하고 환전하면 1%의 수익률에 더해 환차익의 수익을 올릴 수 있는 것입니다. 국내보다 미국에 투자하는 경우 수익률이 더 높기 때문에 투자자는 한국에서 돈을 빌려 미국에 투자하게 되어 자본이동이 발생합니다. 이러한 상황이 발생하면 원화 수요는 감소하고 달러 수요는 증가하여 수요-공급의 법칙에 따라 원화 가치는 낮아지는 반면 달러화 가치는 상승합니다. 마찬가지로 수요-공급의 법칙에 따라 투자수익률도 변화하게 되어 한국과 미국의 환율은 이자율평가설을 따르게 됩니다.

구매력평가설은 서로 다른 두 국가 화폐의 구매력에 의해 환율이 결정된다는 모형이고, 이자율평가설은 서로 다른 두 국가의 이자율에 의해 환율이 결정된다는 모형입니다. 우리의 일상생활 혹은 가상자산과 큰 관계가 없는 듯하지만, 환율은 우리의 경제생활에 큰 영향을 미칩니다. 현대 국가는 어떤 나라든 국제 무역 없이는 경제활동을 지속할 수 없기 때문입니다. 이런 이유에서 뉴스에서는 항상 주가지수와 더불어 환율을 중요한 경제지표로 언급합니다. 그리고 국제 무역에 있어 결제 통화로 가장 많이 사용하는 화폐가 미국 달러화이기에 미국이 기축통화국으로서 세계 경제에서 중요한 역할을 수행하는 것이죠. 우리가 앞에서 살펴본 2008년 글로벌 금융위기를 미국이 극복할 수 있었던 이유 중 하나도 기축통화국이기 때문이고, 그렇기 때문에 비트코인이 등장했을 때 가상자산에 호의적인 사람들은 비트코인을 비롯한 가상자산이 앞으로 미국 달러화를 대체하는 기축통화로서의 역할을 할 수 있다고 주장한 반면, 가상자산에 비판적인 사람들은 절대 그럴 일은 없다고 주장했습니다.

제도경제학 관점에서 본 암호화폐

　　한 경제체제 내에서 사용되는 화폐는 일상의 경제생활을 편리하게 해주는 도구인 동시에 정부가 경제를 운용하는 하나의 제도로 기능합니다. 제도경제학은 이러한 제도나 규범에 중점을 두고 현실 경제에서 발생하는 문제를 연구합니다. 제도경제학 관점에서 보면 암호화폐는 정부와 중앙은행의 주요 목표인 통화정책의 도구로 사용될 수 없고, 가치 변동성이 크기 때문에 화폐 본연의 목적으로 사용되기에는 부적절합니다. 이러한 까닭에 암호화폐가 아니라 가상자산이라는 표현이 더 적확하다고 할 수 있습니다. 현재 많은 사람이 비트코인을 비롯한 가상자산을 화폐를 대체할 수 있는 암호화폐가 아니라 주식이나 ETF 같은 금융자산의 한 종류로 인식하고 투자하는 현실이 이러한 모습을 잘 보여준다고 할 수 있습니다.

앞에서 우리는 가상자산과 관련되는 화폐경제학의 주요 요소를 살펴보았습니다. 그중에서 가장 중요한 사실은 화폐는 국가와 중앙은행에 의해 관리된다는 사실입니다. 인플레이션과 디플레이션의 경우에서 본 것처럼, 화폐는 물가와 연동되고 물가는 우리 일상생활과 밀접하게 연관됩니다. 즉 화폐는 바로 우리 일상생활과 밀접하게 연관된다는 의미입니다. 이는 직관적이며 명확하게 이해되는 부분입니다. 아침에 눈을 뜬 다음부터 저녁에 다시 잠들 때까지, 우리의 모든 일상생활은 화폐 없이는 이루어질 수 없습니다. 대중교통을 이용할 때, 카페에서 커피를 마실 때, 회사에서 일할 때, 점심식사를 할 때, 점심식사 후 막간을 이용해 주식을 거래할 때 등 우리는 일상생활에서 항상화폐로 가치가 표시되는 재화나 물건을 생산하거나 소비하거나 거래하거나 저축합니다. 다시 말해 우리의 일상은 화폐 그 자체라고 해도 지나친 말이 아닙니다. 이처럼 화폐는 우리 일상은 물론 경제 전체와밀접하게 연관되기 때문에 그 발행과 관리를 엄격하게 통제해야 하는 것입니다.

화폐를 제도적 관점에서 생각해본다면 현재 우리가 일반적으로 받아들이는, 정부와 중앙은행이 발행하고 가치를 유지하기 위해 노력하는 화폐는 인류가 발전하고 경제활동을 하는 과정을 통해 자연스럽게 형성된 제도입니다. 그리고 이러한 발전 과정을 통해 확립된 화폐에 있어 가장 중요한 두 가지 요소는 가치의 안정적 유지와 이를 통한신뢰입니다. 앞에서 우리는 인플레이션에 대해 설명했습니다. 사실 경제학에서 연 3~5% 정도의 인플레이션은 어느 정도 자연스러운 현상으로 받아들이고 있습니다. 그렇기 때문에 비록 우리가 체감하는 물가는 상승했을지언정 인플레이션율 자체는 정상적인 범위에 있는 것이죠. 하지만 우리가 상품이나 서비스를 구입하는 동안에도 제품의 가격이 계속해서 상승한다면 어떻게 될까요? 우리는 정상적인 경제생활을 할 수 없을 것입니다. 이처럼 정상적인 범위를 넘어 연 수백 퍼센트에서 수천 퍼센트까지 가격이 상승하는 현상을 초인플레이션(Hyperinflation)이라고 합니다. 제1차 세계대전에서 패한 독일이 이러한 초인플레이션을 겪은 것으로도 유명한데요. 당시 빵 한 덩이를 사기 위해서는 지폐를 손수레로 옮길 정도였습니다. 상황이 이쯤 되면 초인플레이션을 겪는 국가의 경제는 파탄 상태라고 봐야 합니다. 한 경제체제 내에서 가치의 척도, 가치의 저장, 교환의 매개, 그리고 국가 지불수단으로서의 역할을 수행해야 하는 화폐의 가치가 안정적으로 유지되지 못하고 있으며, 이런 상황에서는 국민이 화폐에 대한 신뢰를 유지하기 어려운 일이니까요. 아마도 이런 초인플레이션 상황이라면 시장에서 거래하는 사람은 화폐를 통한 거래보다 차라리 물물교환을 선호할 것입니다. 화폐의 가치는 거래를 위해 흥정하는 순간에도 지속적으로 상승하지만 적어도 빵 한 덩어리와 감자 한 묶음이 사람에게 갖는 가치는 변하지 않기 때문입니다.

이러한 초인플레이션과 그로 인한 경제의 붕괴를 직간접적으로 경험했기 때문에, 현재 각국 정부와 중앙은행은 화폐가치의 안정적인 유지와 이를 통한 중앙은행과 화폐 시스템에 대한 신뢰를 유지하기 위해 치열한 노력을 경주하고 있습니다. 한국은행이나 미국 연방준비제도가 인플레이션에 예민한 반응을 보이며 기준금리를 인상하는 일이나 위조지폐를 지속적으로 단속하는 일 등은 이러한 노력의 일부분이라고 할 수 있습니다.

그렇다면 미국 달러를 대체해 국제 지급 및 결제수단을 목표로 했던 비트코인이나 이더리움을 비롯한 소위 암호화폐는 이러한 역할을 잘 수행할 수 있을까요?

먼저 화폐가치의 안정적인 유지 측면에서 살펴보겠습니다. 중앙은행이 발행하는 화폐의 가치는 안정적으로 유지됩니다. 우리는 마트에서 장을 보는 동안 달걀 한 판, 소고기 한 근, 파 한 단의 가격이 미친 듯이 상승하거나 혹은 점심식사를 하는 동안 김치찌개나 돈가스 가격이 변하지 않음을 알고 있습니다. 이는 그만큼 물가가 안정적으로 관리되고 있다는 것과 동시에 일상에서 이러한 상품이나 서비스와 교환되는 화폐가치가 안정적으로 관리된다는 의미입니다. 반면 비트코인을 비롯한 암호화폐는 이와 반대입니다. 2018년에서 2019년 무렵, 우리나라에도 비트코인을 비롯해 여러 암호화폐로 결제할 수 있는 카페가 여럿 생겼습니다. 하지만 이러한 카페 대부분은 현재 폐업했거나 암호화폐를 이용한 결제를 지원하지 않고 있습니다.

암호화폐를 이용한 결제가 통용되지 않는 이유는 크게 두 가지입니다. 하나는 이미 앞에서 살펴본 것처럼 가격 변동성이 크다는 점입니다. 커피 한 잔을 주문해 결제하는 그 짧은 시간에도 비트코인을 비롯한 암호화폐의 가격은 급격하게 변합니다. 그렇기 때문에 거래할 때 어떤 시점의 가격으로 결제할지 미리 정해야 합니다. 그리고 어느 쪽으로 정하든 카페 주인과 소비자 둘 중 한 명은 손해를 볼 수밖에 없습니다. 만약 커피를 주문할 때의 가격으로 결제한다면 주문하고 결제할 때의 암호화폐 가격보다 커피를 받을 때의 암호화폐 가격이 상승했을 경우 카페 주인은 이익이지만 소비자는 손해입니다. 암호화폐 가격이 하락할 경우는 반대가 되겠죠. 이처럼 커피를 주문하고 결제하고 받는 짧은 시간에도 가치가 변하고, 그에 따라 이익과 손해가 결정되기 때문에 암호화폐를 이용한 거래는 보편화될 수 없습니다. 다시 말해 우리가 앞에서 지속적으로 언급한 바 있는 가치 척도로서의 안정된 역할을 암호화폐에는 기대할 수 없습니다. 척도는 일종의 자인데 자의 길이가 제멋대로 변하는 상황이라면 그 자로는 아무것도 측정할 수 없기 때문입니다.

다른 하나는 암호화폐로 결제할 경우 시간이 오래 소요된다는 점입니다. 일상생활에서 우리는 물건이나 서비스를 구입하면서 현금이나 이에 준하는 신용카드 혹은 체크카드를 사용합니다. 그리고 이러한 결제수단으로 결제하는 데는 그리 오랜 시간이 걸리지 않습니다. 현금은 거스름돈을 주고받지 않는 이상 즉시 거래가 이루어지고 신용카드나 체크카드를 이용하면 전산망에서 승인이 이루어질 때까지 1~2초의 시간이 소요되지만 이러한 시간이 우리의 거래에 큰 불편을 주지는 않습니다. 하지만 암호화폐는 거래가 이루어지는데 짧게는 1분에서 길게는 3~5분 정도의 시간이 소요됩니다. 이는 블록체인 메커니즘 때문에 발생하는 문제로 암호화폐를 이용해 거래할 경우 새로 생성되는 블록 혹은 기존에 생성된 블록에 거래내역을 기록해야 합니다. 그리고 이러한 거래내역은 이 블록이 기존 블록에 연결되어야 최종적으로 승인이 됩니다. 이 자체만 보면 문제가 없어 보이지만 이 메커니즘 자체가 문제입니다. 앞에서 우리가 비트코인의 메커니즘에 대해 살펴보았듯이 암호화폐는 해시 함수를 풀어 논스값을 찾아야 거래내역을 기록한 새로운 블록이 기존 블록에 연결됩니다. 해시 함수를 풀어 논스값을 찾는 이 과정이 짧게는 1분에서 길게는 3~5분 정도 소요되는 것입니다. 커피 한 잔을 사는데 현금이나 신용카드 혹은 체크카드를 쓰면 바로 결제가 되지만, 암호화폐를 사용하면 최종 승인 시까지 수십 배에서 수백 배의 시간이 소요됩니다. 과연 어느 쪽이 더 편리하고 효율적인 거래 방법인지는 불을 보듯 뻔합니다. 이렇게 불편하고 시간이 오래 걸리는 결제 수단을 사용할 사람은 아무도 없습니다.

결과적으로 비트코인이나 이더리움을 포함한 암호화폐는 그 가치의 변동성도 극심할 뿐만 아니라 결제에도 시간이 오래 소요됩니다. 이러한 이유로 화폐로서 가져야 하는 가치의 안정성이 유지되지 않고,

한 경제체제 내에서 활동하는 사람들로부터도 신뢰를 얻을 수 없는 것입니다. 가치가 안정적으로 유지되지 않고, 신뢰받지 못하는 지급결제수단을 화폐로 사용할 사람이나 국가는 어디에도 존재하지 않는다고 말할 수 있겠습니다.

암호화폐는 처음 만들어질 때부터 그 목적이 중앙은행이나 금융중개기관, 즉 금융회사가 개입되지 않은 개인과 개인 간 자유로운 금융거래를 가능하게 하기 위함이었습니다. 사토시 나카모토가 발표한 비트코인 백서 어디에도 미국 달러를 대체하여 글로벌 기축통화가 된다거나 혹은 세계 각국의 법정화폐를 대체한다는 이야기는 명시되어 있지 않았습니다. 개인과 개인 간에 이루어지는 사적 거래라면 그 수단을 무엇으로 하든 그건 당사자의 자유입니다. 물론 자유를 누리는 대가로 그에 수반되는 가격 변동성은 감당해야 합니다.

비트코인이 달러나 각국의 화폐를 대체하는 글로벌 기축통화가 될 것이라는 주장은 사토시 나카모토가 아니라 비트코인을 거래하는 투자자에게서 처음 나왔습니다. 일반적인 정의에 따르면 기축통화는 국제 무역이나 국제 금융 등의 거래에서 통용되는 통화를 말합니다. 다시 말해 수출을 하고 대금으로 지급받거나 혹은 한 나라의 금융회사에서 다른 나라의 금융회사로 돈을 보내는데 사용하는 통화를 우리는 기축통화라고 합니다. 현재는 미국 달러가 국제 무역이나 국제 금융 등의 거래에 있어 가장 기본이 되며 일반적으로 통용되기 때문에 미국 달러를 기축통화라고 합니다. 물론 영국 파운드, 유럽의 유로 등도 국제 무역과 국제 금융에 사용되지만 달러만큼 폭넓게 활용되지는 않습니다. 기축통화가 되기 위해서는 해당 화폐의 가치가 안정적으로 유지되고 신뢰가 있어야 하며, 서로 다른 나라에서도 일반적으로 받아들여진다는 합의가 있어야 합니다. 우리가 앞서 브레튼우즈체제와 관련해 살펴본 것처럼, 닉슨 대통령의 달러화 금 태환 정지 선언으로 미국 달러는 금에 그 가치가 고정되지 않음에도 불구하고 여전히 기축통화로 인정받고 통용되는데, 그 기저에는 미국의 압도적인 경제력과 미국이 달러가치를 안정적으로 유지할 것이라는 신뢰와 합의가 존재합니다.

물론 달러의 가치 유지가 전적으로 미국 정부와 연방준비제도의 정책에 의존하고 있기 때문에 트리핀의 딜레마 같은 상황이 여전히 존재합니다. 국제 통화로 달러를 충분히 여유 있게 사용할 수 있도록 발행량을 증가시키면 달러가치가 하락하고, 달러가치를 유지하기 위해 발행량을 줄이면 유동성이 감소하는 문제가 발생하는 것입니다.

현재 미국은 충분히 큰 내수시장과 전 세계를 선도하는 첨단산업 및 금융산업을 통해 이러한 딜레마에도 불구하고 달러가치를 유지하여 기축통화로서 신뢰를 받고 있습니다. 하지만 달러가 아닌 비트코인이나 이더리움 같은 암호화폐가 기축통화가 된다면 이 딜레마를 해결할 수 있을까요?

많은 경제학자는 어렵다고 이야기합니다. 미국 연방준비제도 공개시장위원회의 기준금리 결정에 전 세계 경제가 민감하게 반응하는 이유는 그만큼 달러와 연방준비제도가 중요한 역할을 수행하기 때문입니다. 그리고 이러한 역할 수행을 위해 미국 연방준비제도에는 수많은 훌륭한 경제학자가 근무하고 있습니다. 단순히 미국 연방준비제도이기 때문에 시장이 신뢰하고 따르는 것이 아니라, 각 분야에서 내로라하는 경제학자가 연방준비제도와 함께, 혹은 연방준비제도에서 일하고 있기 때문에 시장이 신뢰하고 따른다고 보는 것이 옳을 것입니다.

하지만 비트코인을 비롯한 암호화폐에는 이처럼 시장으로부터 신뢰받는 정책 결정자가 존재하지 않습니다. 네트워크 참여자로 구성된 합의 알고리즘과 코드만 존재할 뿐이죠. 게다가 이더리움의 다오 해킹 사건에서 살펴본 것처럼 합의 알고리즘과 코드는 종종 충돌하곤 합니다. 이런 이유에서 비트코인을 비롯한 암호화폐에서는 미국 연방준비제도와 같은 일관된 통화정책을 기대하기 어렵습니다. 다시 말해 현재와 같은 인플레이션과 우크라이나-러시아 전쟁 같은 글로벌 정치 불안정이 겹쳐진 상황에서는 시장을 면밀하게 관찰하며 조심스럽게 금융정책과 통화정책을 펼치는 것이 필요합니다. 미국 연방준비제도에 의해 이루어지는 중앙집중화된 기축통화 시스템에서는 이러한 정책이 가능합니다. 하지만 네트워크에 참여하는 사람의 이해관계가 대립하는 블록체인 네트워크에서는 참여하는 노드의 이해관계에 따라 정책이 일관성 있게 집행될 수도 있고 그렇지 않을 수도 있습니다. 이러한 불확실성은 금융시장과 통화시장을 책임지는 기관으로서 가장 피해야 하는 암초인데, 암호화폐는 이에 고스란히 노출되어 있습니다. 이로 인해 암호화폐는 통화정책에 있어 시장의 신뢰를 얻기 어렵고 이에 더해 그 가치를 뒷받침할 실질적인 경제적 기반이 존재하지 않습니다.

암호화폐는 분명 부인할 수 없는 기술적 혁신입니다. 그렇지만 기술적 혁신만큼이나 현실적이고 정책적인 측면에서 부족한 부분이 많습니다. 이런 이유에서 암호화폐는 법정화폐를 대신할 수 없다고 판단하는 것입니다. 그렇다면 투자자산 측면에서 가상자산은 어떨까요? 많은 투자자와 언론은 비트코인을 비롯한 가상자산이 디지털 시대의 금과 같은 존재라고 주장합니다. 그들은 비트코인의 경우, 총 발행량이 2,100만 비트코인으로 제한되어 있으며, 매 4년마다 채굴량이 반으로 줄어드는 반감기로 인해 희소가치가 점점 상승하기 때문에 금과 같은 역할을 할 수 있다고 주장합니다. 이 주장의 타당성을 검증하기에 앞서 먼저 안전자산으로서 금의 역할을 알아보도록 하겠습니다.

금은 귀금속이기 이전에 모든 원소 중 가장 반응성이 낮고 안정적입니다. 공기 중에 오래 노출되면 철, 알루미늄 같은 금속은 물론 은까지도 산화하게 됩니다. 반면 금은 아무리 오랜 시간 공기에 노출되어도 그 성질이 변하지 않습니다. 특유의 광채에 더해 이러한 안정적 성질로 인해 금은 오랫동안 대표적인 귀금속으로 기능했습니다. 이런 이유 때문에 고대 이래 현재까지 금은 귀금속뿐만 아니라 화폐 혹은 화폐에 준하는 역할을 수행했습니다. 금이 안전자산인 이유도 여기에 있습니다. 인플레이션, 경기침체, 전쟁 등 경제에 좋지 않은 영향을 주는 사건이 발생할 때마다 금값이 상승하는 이유도 환금성이 높은 금의 안전자산으로서의 역할 때문입니다. 지난 1997년 외환위기 당시 우리나라 국민이 금 모으기 운동을 벌인 이유도 금이 안전자산이기 때문에 가능했습니다. 그렇다면 가상자산은 금처럼 이렇게 안전자산으로 기능할 수 있을까요?

그렇지 않습니다. 안전자산으로 기능하기 위해서는 인플레이션 상황 혹은 중앙은행의 기준금리 인상으로 주가가 하락하고 환율이 상승하는(원화가치가 하락하는) 상황에서도 비트코인을 비롯한 가상자산의 가격이 큰 변동 없이 유지되거나 아니면 금처럼 그 가격이 상승해야 합니다. 그래야 위기 상황에서 안전자산으로서의 가치를 갖기 때문입니다. 하지만 인플레이션과 기준금리 인상 상황에서 가상자산은 주가와 마찬가지로 하락을 거듭했습니다. 가상자산의 이러한 가격 움직임은 가상자산이 위험에 대비하는 안전자산이 아니라, 오히려 위험에 민감하게 반응하는 위험자산임을 보여준다고 할 수 있습니다. 따라서 가상자산은 투자자의 포트폴리오를 구성하는 위험자산의 한 종류로 기능할 수는 있지만 안전자산으로 기능할 수는 없습니다.

이상에서 살펴본 제도적 측면, 그리고 현실적 측면을 고려해보면 비트코인이나 이더리움을 비롯한 암호화폐 혹은 가상자산은 위험자산의 한 종류로 투자자가 포트폴리오를 구성함에 있어 고려할 수 있는 여러 대안 자산 중 하나가 될 수는 있지만, 법정화폐를 대신하는 화폐로 기능하거나 기축통화로 기능하거나 혹은 안전자산의 하나로 기능할 수는 없습니다.

금융경제학 관점에서 본 암호화폐

금융경제학 관점에서의 화폐는 정부나 중앙은행에 의해 발행되고 안정된 가치를 유지하는 지급결제수단이 아닙니다. 화폐의 본질은 한 경제체제 내에서 경제주체가 재화나 서비스의 거래를 더 편리하게 하기 위해 사용하는 수단입니다. 이런 관점에서 보면 화폐의 가치는 재화나 서비스를 거래하는 당사자 사이의 합의에 의해 결정되며, 그 형태 역시 다양하게 나타날 수 있습니다. 즉 금융경제학 관점에서 화폐는 정부나 중앙은행에 의해 만들어지는 것이 아니라 경제주체 사이의 합의에 의해 형성됩니다. 따라서 당사자가 합의만 한다면 무엇이든 화폐로서 기능할 수 있습니다. 이런 관점에서 보면 비트코인이나 이더리움을 비롯한 암호화폐도 충분히 화폐로서 기능할 수 있는 것입니다.

앞에서 우리는 암호화폐에 대한 제도적 측면, 그리고 현실적 측면에서의 비판을 살펴보았습니다. 이러한 비판을 고려하면 비트코인을 비롯한 가상자산은 정상적인 투자자라면 절대로 투자해서는 안 되는 자산이라고 생각할 수도 있습니다. 화폐로서의 기능을 하지 못하고 안전자산으로서의 역할도 수행하지 못할 뿐만 아니라 위험자산의 한 종류에 불과한데, 주식처럼 회사가 파산할 경우 잔존가치에 대한 청구권이라도 있는 자산과 달리 가상자산은 파산할 경우 인터넷에 저장된 데이터 외에는 아무것도 남지 않기 때문입니다. 하지만 정말 가상자산이 이처럼 가치 없는 자산일까요?

먼저 화폐 측면부터 살펴보도록 하겠습니다. 비트코인을 비롯한 가상자산이 화폐로 기능할 수 있는지 없는지에 대한 근본적인 질문은 금이나 은 같은 실물 혹은 정부와 중앙은행의 가치 유지와 지급보증 같은 실질적 기반이 존재하지 않는 화폐가 어떻게 화폐로서 기능할 수 있느냐 하는 문제입니다.

이 질문에 대한 답을 찾기 위해서는 먼저 경제학 이론을 살펴볼 필요가 있습니다. 경제학자들은 오랫동안 화폐가 한 경제체제 내에서 어떤 역할을 수행하고, 화폐의 가치는 어떻게 결정되는지를 연구했습니다. 사실 현대 경제학의 상당 부분은 화폐를 고려하지 않고 그 논리가 전개되었습니다. 우리 일상을 움직이는 돈에 대한 고려 없이 어떻게 경제학 모형을 만들어 현실을 설명하는지 의아한 생각이 들 수도 있을 텐데, 화폐 없이 물물교환 경제만 가정해도 주식을 비롯한 금융 자산의 가격결정을 설명할 수 있습니다. 실제로 현재 사용되는 많은 금융경제학 모형은 이러한 기반 위에서 작동하는 것이기도 합니다.

화폐가 한 경제체제 내에서 수행하는 역할에 대한 연구는 크게 선행 현금제약조건이론(Cash-in-Advance Constraints Theory)과 세대중첩이론(Overlapping Generation Theory)으로 나눠볼 수 있습니다. 먼저 살펴보게 될 선행현금제약조건의 기초는 이보다 먼저 발표된 효용함수 안의 화폐이론(Cash-in-Utility Theory)입니다. 효용함수는 경제학의 소비자이론에서 소비자의 선택과 그 선택으로 얻는 만족도나 유용도를 대응시키는 함수입니다. 예를 들어 A씨의 효용함수에서 아메리카노는 10의 만족을 주고 같은 가격의 청량음료는 6의 만족을 준다고 가정하면 A씨는 같은 가격으로 더 큰 만족을 주는 아메리카노를 선택하는데, 이러한 소비자의 선택과 관련된 메커니즘을 밝히는 함수가 효용함수입니다. 이 예에서 살펴본 것처럼 효용함수에는 화폐가 개입되지 않습니다. 물론 재화의 가격을 화폐 단위로 표시하기는 하지만 이는 소비자의 최적 선택을 찾기 위함입니다. 다시 말해 효용함수에 표시되는 화폐가치는 교환가치라고 할 수 있습니다. 이 경우 소비자는 커피를 마시기 위해 카페에서 청소나 설거지를 하고 커피 한 잔을 받는 물물교환을 할 수도 있습니다.

선행현금제약조건이론은 모든 상품이나 서비스를 구입하기 위해서는 우선 화폐를 갖고 있어야 한다는 조건이 주어진 것으로 가정합니다. 다시 말해 이 이론에서 화폐는 상품이나 서비스와 교환할 수 있는 일종의 상품권 같은 유가증권입니다. 주식이나 채권 같은 유가증권은 배당금이나 이자를 지급하는데 반해 상품권은 배당이나 이자를 지급하지 않죠. 그렇지만 발행기관이 그 가치를 보증하기 때문에 액면가에 해당하는 교환가치를 갖습니다. 따라서 이러한 상품권의 성격을 갖는 유가증권으로서 화폐는 이자나 배당금을 지불하지 않아도 그 액면가치로 상품이나 서비스의 거래를 가능하게 하는 유동성 공급 서비스를 제공합니다. 그렇기 때문에 화폐의 액면가치는 현재부터 미래까지 기대되는 유동성 공급 기능의 가치를 현재가치로 할인한 가격이 됩니다. 즉 이런 메커니즘에서 화폐의 액면가격이 5만 원이라면 이 가치는 이 화폐가 시장에 처음 공급된 순간부터 훼손되어 사용될 수 없을 때까지 모든 시간에 걸쳐 기대되는 유동성 공급 기능을 현재가치로 할인한 가격이 5만 원이라는 의미가 됩니다. 간단하게 정리하면 화폐는 시장에서 상품이나 서비스를 거래할 수 있도록 돕는, 배당금이나 이자를 지급하지 않는 유가증권으로 그 가치는 미래 유동성 공급의 기대가치를 현재 가격으로 할인한 것이 됩니다.

그렇다면 세대중첩이론은 화폐를 어떻게 설명할까요. 세대중첩이론은 현대 경제학의 이론적 기반을 만든 현대 경제학의 아버지 폴 새뮤얼슨(Paul Samuelson)의 논문에서 다루었습니다. 이 이론에서는 우선 유한한 생명을 가진 세대가 중첩되어 있는 상황을 가정했습니다. 이 모형에서 사람은 젊은 시절에는 노동을 통해 재화를 생산할 수 있지만 나이를 먹고 늙으면 생산력을 상실합니다. 하지만 젊은 시절에 노동을 통해 생산한 재화를 노인이 가진 화폐라고 하는 자산과 교환합니다. 이처럼 젊은 시절에 노동을 통해 축적한 화폐를 이용해 노인은 다시 젊은 사람이 생산하는 재화와 교환합니다. 이 경우에도 화폐는 배당금이나 이자를 지급하지 않는 자산이며, 현재의 구매력을 미래로 이전하는 기능을 수행합니다. 세대중첩이론에서 화폐가 존재하는 상태는 화폐가 존재하지 않는 자급자족 경제보다 파레토 개선된 균형(Pareto Improving Equilibrium)*입니다. 젊은 사람은 자신이 가진 풍부한 노동력을 사용해 재화를 만들어 판매하고, 노동력을 갖지 못한 노인은 자신이 가진 풍부한 화폐라는 자산을 이용해 재화를 구입하여 모두의 효용을 증대시키는 것입니다. 이 이론에서 화폐 역시 배당금이나 이자를 지급하지 않는 금융자산입니다. 하지만 앞에서 설명한 선행현금제약조건이론과 달리 이 이론에서 화폐는 유동성을 공급하는 유가증권이 아니라 중첩되는 세대 간 재화를 거래하고 구매력을 이전하는 역할을 수행하는 일종의 교환증서라고 할 수 있습니다. 그렇기 때문에 화폐의 가치를 그 화폐가 현재부터 미래까지 시장에 공급하는 유동성을 추산하고 그 가치를 현재가격으로 할인하는 방식으로 계산하여 구할 수 없습니다. 젊은 사람과 노인이 어떻게 합의를 하

● 파레토 개선은 한 경제체제에서 재화나 서비스의 분배에 있어 어느 누구의 효용도 감소시키지 않으면서 적어도 한 사람의 효용을 증가시켜 사회 전체적인 후생을 증진시키는 개선을 말합니다.

느냐에 따라 화폐의 가치, 곧 구매력은 달라집니다. 따라서 세대중첩이론에서 화폐의 가격은 결정적이지 않게 됩니다. 화폐의 가격이 결정적이지 않기 때문에 이 경우 화폐의 가격에 거품이 발생할 가능성도 있게 됩니다. 그렇지만 이 상황에서 화폐가격에 발생하는 거품은 일반적인 자산시장에서 발생하는 거품과는 그 성격이 다릅니다. 자산시장에서 발생하는 거품은 적정 수준 이상으로 자산가격이 상승하는 현상이지만, 세대중첩이론에서의 화폐가격은 젊은 사람과 노인 사이의 구매력 이전과 위험의 배분을 가능하게 하는 수단에 대한 당사자 간 합의에 의해 결정되기 때문입니다.

지금까지 살펴본 두 이론에서 화폐의 공통점은 우리가 앞에서 살펴본 것과 달리 정부나 중앙은행이 필요하거나 개입하지 않는다는 사실입니다. 선행현금제약조건이론과 세대중첩이론 모두 화폐의 가치는 시장에서 거래하는 당사자 간 합의에 의해 이루어집니다. 이 경우 화폐는 중앙은행이 발행하는 은행권만이 아니라 무엇이든 어느 누구도 손해를 보지 않고 만족하게 되는 도구라면 화폐가 될 수 있는 것입니다. 예를 들어 선행현금제약조건이론이나 세대중첩이론에서 거래 당사자 사이에 커피 원두나 만두를 거래수단으로 사용할 수 있다는 합의가 이루어진다면 커피 원두나 만두가 화폐가 되는 것입니다.

이러한 경제학 이론에 따르면 비트코인이나 이더리움을 비롯한 가상자산 혹은 암호화폐 역시 실제 경제에서 화폐로 기능할 수 있습니다.

화폐의 자격은 선험적으로 주어져서 어떤 조건을 충족해야 화폐가 되는 것이 아니라, 그 형태가 무엇이든 상관없이 경제주체 사이에 거래가 가능하다면 화폐가 되기 때문입니다. 설령 시장에서 거래되는 화폐가치의 변동성이 심하더라도 당사자 간 가치에 대한 합의가 이루어지면 그 가치로 거래가 이루어질 수 있습니다.

화폐에 대한 고전적 이론을 살펴봤으니 이제 화폐에 대한 최신 경제학 이론 하나를 알아보도록 하겠습니다. 앞의 서장에서 잠깐 살펴본 부분으로, 미국 미니애폴리스 연방준비은행 총재를 지낸 경제학자 나라야나 코철라코타가 발표한 논문 중에 '돈은 기억이다'라는 재미있는 제목의 논문이 있습니다. 이 논문에서 나라야나 코철라코타는 돈에 대해 다음과 같이 설명합니다.

만약 어떤 경제체제 내에서 각 경제주체, 즉 가계, 기업, 정부에 의해 이루어지는 모든 경제활동을 관찰하고 기록할 수 있어서 이를 하나의 단일한 원장에 기록할 수 있다고 가정해보겠습니다. 각 경제주체의 모든 경제활동이 동일한 원장에 기록된다면, 이는 정부가 세금을 거둬들이는 것과 그 세금을 지출하는 것, 가계가 기업에서 노동하는 것과 식사를 하고 커피를 마시고 대중교통을 이용하고 장을 보는 모든 활동, 그리고 기업이 공급자에게 원료를 구입하고 수요자에게 생산한 제품을 판매하는 모든 활동이 하나의 장부에 기록된다는 것을 의미합니다. 만약 이렇게 각 경제주체의 모든 경제활동이 단 하나의 원장에 누락 없이 기록된다면, 우리는 이 기록의 상계처리를 통해 화폐 없이 경제활동을 할 수 있습니다.

예를 들어 우리가 회사에서 일하는데 한 시간 동안 일하고 받는 시급이 2만 원이라고 가정해보겠습니다. 이 경우 하루에 받는 급여는 16만 원 정도가 되겠죠. 그렇다면 출근하면서 버스와 지하철 요금으로 2,000원을 사용한다면, 단일한 원장을 사용하는 경제체제에서는 우리의 기록에서 2,000원을 지우고 버스와 지하철 회사에 2,000원을 더하여 이 거래를 성사시킬 수 있습니다. 마찬가지로 점심식사를 하거나 식후에 커피를 마시는 경우에도 직접 돈을 주고받는 것이 아니라 우리의 기록과 식당 및 카페의 기록에서 금액을 지우고 더하여 거래를 성사시킬 수 있습니다. 현재 우리는 불완전하기는 하지만 이와 같은 시스템을 갖고 있습니다. 바로 신용카드입니다.

신용카드는 우리가 사용하는 금액을 기록하여 자신들이 먼저 공급자에게 제공하고 나중에 우리에게 청구하는 시스템이죠. 경제 전체에서 하나의 단일한 장부를 사용하는 것은 아니지만, 개별 카드회사에서는 수입과 지출을 하나의 원장에 기록하고 상계처리하는 시스템이라고 할 수 있습니다. 그렇기 때문에 신용카드는 완전한 '돈은 기억' 시스템은 아닙니다.

현재의 신용카드 시스템에서 한 걸음 더 기술 진보가 이루어져 한 경제체제 안의 경제주체가 행하는 모든 경제활동이 하나의 원장에 기록되고, 이 기록의 상계처리를 통해 모든 거래가 이루어진다면 화폐는 필요하지 않을 것입니다. 단지 화폐는 원장에 기록된 단위에 불과할 뿐이죠. 하지만 아쉽게도 현실에서는 이러한 원장이 존재하지 않습니다. 각 경제주체의 모든 거래를 관찰하여 기록할 수 있는 전지전능한 기관도 존재하지 않습니다. 그렇기 때문에 한 경제체제에서 각 경제주체가 행하는 경제활동을 기록하고 그에 대한 지불권 혹은 가치의 청구권을 보증하는 하나의 '기억(Memory)'으로 돈이 사용되는 것이며, 이러한 의미에서 '돈은 기억이다'라고 나라야나 코철라코타는 설명합니다.

위에서 설명한 세 가지 경제학 이론(선행현금제약조건이론, 세대중첩이론, '돈은 기억이다'이론)을 종합해 살펴보면, 화폐의 기원 혹은 무엇이 화폐이고 아닌가를 결정하는 데에는 정부나 중앙은행의 존재가 필수가 아님을 알 수 있습니다. 화폐의 기능은 정부나 중앙은행에 의해 결정되는 것이 아니라, 시장에서 경제활동을 하는 개인의 합의에 의해 결정됩니다. 그렇기 때문에 정부나 중앙은행의 존재를 가정하지 않은 상태에서 화폐의 존재와 사용을 도출할 수 있었던 것입니다. 물론 마지막 '돈은 기억이다'의 경우 하나의 원장을 가정하여 얼핏 보면 정부나 중앙은행의 존재를 가정한 듯하지만, 신용카드의 예에서도 알 수 있듯이 정부나 중앙은행이 아니더라도 하나의 원장에 거래내역을 기록하는 역할을 할 수 있는 기관은 존재할 수 있습니다.

다시 말해, 앞에서 우리가 제도경제학 측면에서 살펴본 암호화폐 혹은 가상자산의 문제는 반대로 금융경제학 이론 측면에서 보면 문제가 되지 않습니다. 금융경제학 이론에서 화폐를 발행하고 관리하는 정부와 중앙은행의 존재는 필수적인 요인이 아니기 때문입니다. 오히려 그것이 무엇이 되었든 파레토 개선 거래를 가능하게 하여 사회 전체적인 후생을 증진시킬 수 있다면 화폐가 될 수 있습니다. 그러므로 비트코인이나 이더리움을 비롯한 가상자산이 화폐가 될 수 있을지 없을지는 선험적으로 결정되는 것이 아닙니다. 중앙은행이 발행하는 화폐든, 비트코인이든 아니면 제3의 다른 수단이든 거래를 가능하게 하고 사회 전체적인 후생을 증진시킬 수 있다면 모두 화폐가 될 수 있습니다.

비트코인이나 이더리움이 화폐가 될 수 없다는 주장은 지나치게 규범적인 측면에서만 화폐를 규정하는, 경제학적 측면에서 보면 다소 바람직하지 않은 사고라고 할 수 있습니다.

암호화폐와 블록체인의 장점

앞에서 우리는 제도경제학 관점에서 본 암호화폐에 대한 비판과 금융경제학 관점에서 본 암호화폐에 대한 옹호에 대해 살펴보았습니다. 두 관점 모두 타당한 논리적 근거가 있기 때문에 현실적으로 어느 한쪽이 옳고 그르다고 할 수는 없습니다. 다만 제도경제학 관점에서는 현실에서 실제로 이루어지는 제도 및 정책에 중점을 두고 설명하기 때문에 현실 적합성이 더 큰 것이 특징이고, 금융경제학 관점에서는 경제학 이론에 중점을 두고 설명하기에 논리적 적합성이 큰 것이 특징이라고 할 수 있습니다. 현실에 발을 딛고 살아가는 우리의 관점에서 보면 금융경제학 측면에서의 이론적인 옹호보다는 제도경제학 측면에서 제도와 정책적 비판이 더 타당하게 느껴지는 것이 사실입니다. 그렇기 때문에 암호화폐 혹은 가상자산과 블록체인 기술이 과연 우리에게 있어 유용하게 사용될 수 있는 기술인지 의구심이 들 수밖에 없습니다. 그럼 지금부터는 가상자산과 블록체인 기술이 갖는 장점에 대해 알아보겠습니다.

스마트 계약: 거래비용의 절감

앞에서 우리는 이더리움에 대해 살펴보면서 스마트 계약이 갖는 특징을 알아보았습니다. 기존 계약과 스마트 계약이 차별화되는 가장 큰 장점은 정보 비대칭으로 인한 역선택이나 도덕적 해이에 대한 걱정 없이 계약을 체결하고 이행할 수 있다는 사실입니다. 시장에 참여하는 모든 사람이 동일한 수준의 정보를 보유하고 있으며, 모든 사람이 그 정보를 해석하고 적용할 수 있을 정도의 능력을 보유하지 않는 이상 정보 비대칭 문제는 발생할 수밖에 없습니다. 자신이 가진 정보의 이점을 활용하려는 생각은 경제활동을 하며 시장에서 거래하는 사람의 자연스러운 행위이기 때문입니다. 그렇기 때문에 정보 비대칭 문제의 존재로 시장에서 거래하는 당사자인 판매자와 구매자 모두 상대방을 신뢰하고 거래하는데 추가적인 비용이 투입되는 문제가 발생합니다.

역선택이나 도덕적 해이로 인한 경제적 비용은 계약 체결 및 이행에 있어 거래비용의 증가를 가져오게 됩니다. 거래비용이란 한 경제체제에서 시장 참여자끼리 거래를 체결하는 데 있어 수반되는 비용을 말합니다. 다시 말해 거래비용은 본격적인 거래를 하기 전에 필요한 협상이나 정보 수집과 처리, 그리고 계약 이후에 계약이 제대로 이행되는지를 감시하는 데 드는 비용 등을 말합니다. 또한 최초 체결한 계약이 불완전해서 소송 등으로 해결하거나 혹은 재계약을 해야 할 경우 이에 대한 비용 역시 거래비용에 포함됩니다. 이처럼 시장에서 판매자와 구매자 간 계약에 있어 상품이나 서비스의 가격을 제외하고 순수하게 거래를 체결하고 유지하는 데 투입되는 간접비용이 모두 거래비용이 됩니다. 따라서 거래비용의 증가는 시장에서 판매자와 소비자, 혹은 생산자와 소비자의 후생을 저하시키는 결과를 초래합니다. 정보 비대칭이 존재하지 않는다면 지출하지 않아도 되는 비용을 추가적으로 지출하기 때문입니다.

일반적으로 경제학에서 거래비용을 감소시키는 가장 대표적인 방법은 거래비용이 발생하는 과정을 내부화하는 것입니다. 즉 개인과 개인이 일대일로 거래할 때 발생하는 비용보다 이들이 기업을 만들어 기업 내부에서 거래하면 거래비용을 절감할 수 있습니다. 하지만 우리가 아는 것처럼 기업을 만들어 거래비용을 내부화할 수 있는 경우는 극히 제한적입니다. 중고차거래나 부동산임대차 계약, 보험 계약 등 개인이 살면서 실제로 체결하는 계약은 대부분 비정기적이고 소규모이기 때문입니다. 따라서 계약을 내부화하여 거래비용을 절감하는 방법을 적용하기 어렵습니다. 그렇다면 개인이 비정기적으로 체결하는 계약의 거래비용을 절감할 수 있는 방법은 무엇일까요?

이더리움의 스마트 계약은 이런 경우에 유용하게 사용 가능합니다. 앞에서 살펴보았듯이 계약의 내용은 계약 체결 당사자 간 의무와 권리에 더해 특정한 상황과 특정한 조건이 형성되었을 때 해당 당사자가 행해야 할 의무와 권리가 주가 됩니다. 예를 들어 주택임대차 계약이라면 일반적인 입주일자와 계약 기간에 더해 주택에 하자가 발생할 경우 임대인의 유지보수책임과 임차인의 원상복귀책임이 명시되어 있습니다. 또한 계약 체결 후 전입신고와 확정일자를 받아야 주택임대차보호법에 의한 보호를 받을 수 있습니다. 여기에 은행 대출까지 연관되면 행정적인 절차는 더욱 복잡해집니다. 이처럼 복잡한 절차는 그 자체로 거래비용을 초래합니다. 전세 계약에서 임대인의 유지보수책임과 임차인의 원상복귀책임을 명확하게 하기 위해서는 계약 체결 시점의 집 상태에 대한 사진이나 동영상 기록 및 이에 대한 양쪽과 중개인의 동의가 있어야 하는데, 이러한 절차 자체가 계약을 지연시키거나 계약을 위해 휴가를 써야 하는 등의 기회비용을 야기합니다. 그리고 이 기회비용은 곧 거래비용이라고 할 수 있습니다.

이더리움의 스마트 계약이 이런 상황에서 어떻게 적용될 수 있는지 한 번 살펴보겠습니다. 우리는 보통 계약을 체결하면 양 당사자와 중개인이 날인한 후 한 부씩 보관합니다. 이를 통해 계약서 내용에 양자가 모두 동의했음을 확인하고 나중에 분쟁이 발생할 경우 증거로 사용할 수 있게 되죠. 계약에 따라 다르겠지만 여기에 더해 변호사의 공증을 받거나 혹은 관공서의 확인을 받아 법적 효력을 더 확실하게 만들기도 합니다. 이 경우 계약서의 보관에 대한 책임과 공증이나 관공서의 확인을 받을 책임은 계약을 체결한 당사자에게 있습니다. 이더리움 스마트 계약의 경우에는 블록체인 기술을 활용하기 때문에 계약 당사자와 중개인이 블록체인에 계약 내용을 기록하고 각자의 개인 키(Private Key)를 이용해 서명할 수 있습니다. 공증이나 관공서의 확인 역시 블록체인을 통해 자동으로 이루어지도록 설계할 수 있습니다. 대표적인 예가 코로나19 팬데믹 상황에서 활용한 쿠브(coov) 백신 패스입니다. 우리가 병원에서 코로나19 백신을 접종하면 관련 내용이 블록체인 네트워크에 기록되고 질병관리청이 관리하여 위조나 변조에 대한 우려 없이 사용이 가능합니다.

우리가 살펴본 여러 계약 역시 블록체인 네트워크의 분산원장에 기록되고, 공신력 있는 관련 협회나 관공서에 의해 승인되어 위조나 변조에 대한 우려 혹은 복잡한 절차 없이 편리하게 사용이 가능합니다. 당사자 간 분쟁이 발생한 경우에도 계약 사항에 의거하여 관련 절차를 블록체인상으로 진행하고 통보하면 되기 때문에 분쟁과 관련한 거래비용 역시 절감할 수 있습니다. 예를 들어 전세 계약에서 원상복귀책임의 경우 집주인과 복잡한 확인 절차를 거칠 필요 없이 이사 전에 사진을 찍어 블록체인에 기록하고 이를 인공지능이 이전 사진과 비교해 이상 유무를 판별할 수 있습니다. 이처럼 계약의 체결과 이행, 그리고 분쟁까지 블록체인 네트워크를 활용하면 기존 방식보다 빠르고 편리하게 거래비용을 절약하여 진행할 수 있습니다.

여기에서 한 가지 질문이 나올 수 있을 듯합니다. '블록체인은 중앙집권에 반대하는 개인 간의 자유로운 거래 시스템인데 여기에 정부나 관공서가 개입할 수 있는가'란 질문인데요. 대답은 '그렇다'입니다. 블록체인 네트워크에는 크게 두 종류가 있습니다. 하나는 퍼블릭 블록체인 네트워크이고, 다른 하나는 프라이빗 블록체인 네트워크입니다.

퍼블릭 블록체인 네트워크는 불특정 다수가 참여하는 네트워크로 모두에게 개방되어 있습니다. 네트워크에 참여하는 모든 사람이 거래내역을 보유하고 있어 위조나 변조가 어려운 장점이 있지만 거래 속도가 느리고 네트워크 참여자에 대한 보상을 위해 반드시 블록체인 토큰을 발행해야 하는 문제가 있습니다. 반대로 프라이빗 블록체인 네트워크는 퍼블릭 블록체인과 달리 미리 허가를 받은 개인이나 조직만 참여할 수 있는 폐쇄형 블록체인 네트워크입니다. 프라이빗 블록체인 네트워크에서는 거래내역 역시 이 네트워크에 참여한 노드만 보관하게 됩니다. 따라서 이 경우에는 네트워크의 유지, 보수, 참가자의 승인 등을 책임지는 중앙관리 주체가 존재합니다. 우리가 앞에서 살펴본 쿠브가 대표적인 프라이빗 블록체인 네트워크라고 할 수 있습니다. 따라서 부동산 계약이나 보험 계약 등에 대해서도 프라이빗 블록체인 네트워크를 만들고 관리하면 기존보다 거래비용을 절감할 수 있는 계약 시스템을 충분히 마련할 수 있습니다.

역사 연구에 계량경제학적 방법론을 적용하여 노벨 경제학상을 받은 경제학자 더글러스 노스(Douglass C. North)는 자신의 책《경제사에 있어 구조와 변화(Structure and Change in Economic History)》에서 인류 역사의 발전 과정을 경제학적 관점에서 살펴보면서 인류 역사의 발전은 거래비용을 절감하기 위한 노력의 과정이라고 말한 바 있습니다. 그에 따르면 봉건제에서 중앙집권제로의 변화는 조세의 수취와 국방에 대한 거래비용을 절감하기 위한 노력이며, 군주정에서 민주정으로의 이행은 정책 결정 과정에서의 거래비용을 절감하기 위한 노력입니다. 이러한 관점에서 본다면 우리가 현재 사용하고 있는 계약 시스템에서 블록체인 네트워크를 이용하는 계약 시스템을 도입하는 것 역시 이러한 발전의 한 단계라고 생각할 수 있습니다.

탈중앙화 금융: 필요한 것을 필요한 사람에게

금융은 한 경제체제 내에서 중요한 역할을 수행합니다. 우리는 일반적으로 금융이라고 하면 은행이나 증권회사를 생각하지만, 실제 금융은 우리 생각보다 훨씬 더 넓고 깊게 경제에서 기능합니다. 금융은 은행에 예금하거나 대출을 받는 일, 주식에 투자하는 일 등 우리 일상생활에서 돈과 연관되는 거의 모든 행위를 말하지만, 이것이 금융의 본질은 아닙니다. 금융의 본질은 한 경제체제 내에서 가장 희귀한 자원 중 하나인 돈, 즉 자본을 적재적소에 배치하는 역할을 합니다.

자본주의라는 말처럼, 현재 우리가 살아가는 경제체제는 모든 경제활동의 기반에 자본이 필요합니다. 자영업부터 스타트업, 중소기업과 대기업 모두 영업을 하기 위해서는 기본적으로 돈이 필요합니다. 자영업을 시작할 때 초기 자본이라는 말이나 스타트업에서 시드 머니, 시리즈 A, 시리즈 B라 불리는 자본 투자, 중소기업과 대기업을 이야기할 때 언론에서 종종 이야기하는 자기자본, 타인자본 등 모두 기본적으로 돈이기 때문입니다. 다시 말하면, 돈 없이는 그 어떤 경제활동도 할 수 없는 경제체제가 우리가 살아가는 자본주의체제라고 할 수 있습니다.

모두가 이처럼 돈을 필요로 하지만 모두에게 원하는 만큼 돈을 자유롭게 공급할 수는 없습니다. 일단 정부와 중앙은행에서 발행하고 유통하는 화폐량이 정해져 있기 때문입니다. 여기에 더해 우리가 앞에서 살펴보았듯이 화폐 발행량이 증가하면 인플레이션으로 인해 화폐가치는 하락하고 상품가치가 상승하는 현상이 발생하여 경제에 어려움이 가해집니다. 따라서 희소한 자원인 돈을 정말 필요로 하는 사람이나 기업에 적절하게 분배하는 작업이 필요합니다. 경매처럼 희귀한 보물이나 상품을 거래하는 시장에서는 가격을 신호로 거래가 이루어집니다. 즉 가장 높은 가격을 부른 사람이 희귀한 보물이나 상품을 가져가는 메커니즘입니다. 여기에서 가격은 희소한 자원을 배분할 수 있는 일종의 신호 역할을 합니다.

금융시장 역시 마찬가지입니다. 우리가 아는 모든 금융상품에는 가격이 있습니다. 주식이나 채권 같은 경우는 높은 가격에 기꺼이 그 상품을 구입하려는 사람에게 주식이나 채권의 소유권이 넘어갑니다. 예금이나 적금처럼 정해진 가격이 없는 상품은 그럼 어떻게 자원 배분이 이루어지는지 의아할 수도 있습니다. 얼마 전 연 10%의 이자를 지급하는 청년희망적금이 이슈가 된 적이 있었습니다. 저금리 시대에 확실하게 높은 이자소득을 올릴 수 있는 적금에 많은 수요가 몰렸고, 심지어 주식을 팔아 청년희망적금에 가입한 청년이 있다는 이야기도 언론을 통해 보도되기도 했습니다. 청년희망적금처럼 높은 이자를 지급한다는 건, 반대로 이야기하면 미래에 어떤 정해진 금액을 받기 위해 지금 예금해야 하는 돈이 적음을 의미합니다. 다시 말해 높은 이자율은 더 적은 돈을 예금하고 더 많은 돈을 찾을 수 있다는 것이죠. 이러한 청년희망적금의 예에서 알 수 있듯이 예금의 경우에는 이자율이 곧 그 상품의 가격이 됩니다. 이자율이 높은 상품은 그만큼 투자자가 자본이득을 많이 얻는다는 것이고, 이는 곧 은행이 그만큼 낮은 가격으로 좋은 상품을 판매하는 것이기 때문입니다. 대출 같은 상품도 마찬가지입니다. 대출 이자율이 낮을수록 사람이 많이 몰리는 이유는 대출을 받는 사람인 채무자에게 있어 대출이자는 자신이 지불해야 하는 비용이 되는데, 이자율이 높을수록 비용이 높아지기 때문입니다.

일반 상품을 거래하는 시장처럼 금융시장 역시 금융상품의 가격이나 그에 상응하는 이자율을 신호로 거래가 이루어집니다. 이를 통해 가격을 신호로 자원을 배분하는 시장 기능에 의해 자본이 더 절실하게 필요한 곳에 효율적으로 분배할 수 있습니다.

여기에 더해 대출 같은 금융상품의 경우에는 한 가지 신호가 더 필요합니다. 채무자가 얼마나 원금과 이자를 잘 상환할 수 있는지에 대한 평가가 이루어져야 하는 것이죠. 앞에서 우리는 정보 비대칭으로 인한 문제를 살펴봤는데, 대출 역시 이러한 정보 비대칭 문제에 해당합니다. 돈을 빌려주는 채권자는 돈을 빌리는 채무자가 스스로 공개하지 않는 이상 채무자의 재산이나 소득 등 채무를 얼마나 잘 상환할 수 있는지에 대한 정보를 알 수 없습니다. 따라서 이러한 정보 비대칭 문제의 발생을 막기 위해서는 대출자가 충분한 상환능력이 있는지를 증명해야 합니다. 대출을 받기 위해 소득과 자산이 대출을 감당할 수 있을 만큼 충분한 수준인지를 증명하고, 이와 상관없이 얼마나 성실하게 대출을 상환했는지 신용등급으로 증명해야 합니다.

가장 높은 가격 혹은 이자를 지불하는 사람에게 금융상품을 판매하는 가격 메커니즘과 정보 비대칭 문제를 해결하여 시장이 원활하게 작동하도록 하는 신용등급 시스템은 분명 금융시장이 원활하게 작동하도록 하는 도구이자 제도입니다. 이런 제도가 갖춰지지 않았을 경우 금융시장의 기능이 현재보다 훨씬 취약한 모습을 보여줄 것이 명약관화하기 때문입니다.

신용등급	코리아크레딧뷰로(KCB)	NICE 신용평가정보
1등급	942~1000	900~1000
2등급	891~941	870~899
3등급	832~890	840~869
4등급	768~831	805~839
5등급	698~767	705~804
6등급	630~697	665~749
7등급	530~629	600~664
8등급	454~529	515~599
9등급	335~453	445~514
10등급	0~334	0~444

현재는 신용등급이 아니라 점수제로 바뀌었으나 이러한 신용등급은 대출을 받는 사람이 얼마나 성실하게 빚을 갚는지를 구체적인 숫자로 보여주는 장점이 있습니다. 하지만 절박하게 돈이 필요한 저소득, 저신용자에게 그가 필요로 하는 돈을 대출받지 못하도록 막는 한계도 있습니다.

하지만 이러한 제도가 지닌 문제점도 있습니다. 바로 가장 절실하게 돈을 필요로 하는 사람에게 돈을 공급해주지 못한다는 사실입니다. 기업이나 개인 모두 마찬가지지만, 필요로 하는 자금의 규모를 떠나 가장 절실하게 돈을 필요로 하는 기업은 자금사정이 어려운 중소기업이고, 가장 절실하게 돈을 필요로 하는 개인은 신용도가 낮거나 소득이 적은 저소득층입니다. 그렇지만 현실에서 이러한 기업이나 개인은 가장 금융에 접근하기 힘들고 돈을 빌리기 어렵습니다. 금융 시스템의 존재 이유가 희소한 자원인 돈을 필요로 하는 곳에 적절하게 배분하는 것이라면, 이러한 측면에 있어서 현재 금융 시스템은 실패에 가깝습니다. 그 이유는 우리가 앞에서 살펴본 가격 메커니즘과 신용등급 때문입니다.

정작 가장 필요로 하는 사람이 필요로 하는 자원을 받지 못하는 이러한 현행 금융 시스템의 문제는 기존의 방법으로는 해결이 어렵습니다. 가격 메커니즘은 시장의 근본적인 자원 배분 방법이고, 신용등급은 시장 자체가 기능하지 못하도록 붕괴시킬 위험이 높은 정보 비대칭 문제를 해결하는 방법이기 때문입니다. 그렇다면 이 문제를 어떤 방법으로 해결할 수 있을까요.

기존 금융 제도의 한계를 극복하기 위해 여러 노력이 시행되고 있는데, 가장 대표적인 예가 크라우드 펀딩을 비롯한 P2P 금융입니다. 하지만 이러한 P2P 금융에서 오히려 정보 비대칭 문제가 발생할 위험이 높습니다. 소위 말하는 '먹튀'가 대표적인 예라고 할 수 있습니다. P2P 금융에서 돈을 빌려주는 사람은 돈을 빌리는 사람이 어떤 인물인지 알 수 없고, 그의 신용도나 그가 추진하는 일의 수익성도 검증할 수 없기 때문에 정보 비대칭 문제가 발생할 수밖에 없습니다. 결국 우리는 가장 절실하게 돈이 필요한 사람에게 돈을 줄 수는 없는 걸까요?

탈중앙화 금융(De-Fi)이 하나의 해결책이 될 수 있습니다. 탈중앙화 금융은 말 그대로 중앙화된 금융기관 없이 네트워크 참여자 간 자율적 금융거래가 이루어지는 메커니즘을 말합니다. 우리가 앞에서 살

퍼본 메이커다오처럼 한 가상자산을 담보로 맡기고 다른 가상자산을 대출받거나 혹은 가상자산을 담보로 돈을 대출받는 메커니즘을 보통 탈중앙화 금융이라고 합니다. 하지만 탈중앙화 금융을 이처럼 가상자산을 매개로 한 금융거래로 국한시키는 일은 적절하지 않습니다. 블록체인 네트워크는 단순히 가상자산을 담보로 하는 대출 외에도 자금을 필요로 하는 사람에게 많은 혜택을 줄 수 있기 때문입니다.

결과적으로 스마트 계약을 탈중앙화 금융에 적용하면 P2P 금융 계약에 있어 정보 비대칭 문제를 해결하고 채권자와 채무자 모두 만족할 만한 계약을 체결할 수 있습니다. 즉 채권자는 채무자의 자금조달 및 자금운용 계획을 자세하게 알 수 있어 상대적으로 낮은 위험을 안게 되고 낮은 이자율로 돈을 빌려줄 수 있습니다. 채무자 역시 누구나 조회할 수 있는 블록체인 분산원장에 자금조달부터 각 단계별 자금 사용내역을 모두 기록하여 공개함으로써 채권자에게 신뢰를 줄 수 있고 이를 통해 더 낮은 이자율로 자금을 조달할 수 있습니다. 뿐만 아니라 채권자나 채무자 중 어느 한쪽이 자신의 의무를 이행하지 않을 경우를 대비한 강제집행 조항 역시 스마트 계약을 이용해 작성할 수 있습니다.

다시 말해 채권자가 자금을 지원해주기로 한 단계가 되었는데도 그렇게 하지 않는다면 스마트 계약에서 담보로 잡은 자산을 강제로 매각하여 그 돈을 채무자에게 지원할 수도 있고, 반대로 채무자가 특정 단계에서 해야 할 일을 하지 않았다면 프로젝트를 강제로 청산하고 모든 자금을 채권자에게 분배할 수도 있습니다. 스마트 계약을 통해 법적 분쟁 없이도 계약의 이행을 감시하고 촉진할 수 있는 것이죠. 이처럼 탈중앙화 금융을 통해 신용도가 낮고 재산이나 소득이 적은 사람도 자신이 필요로 하는 돈을 조달할 수 있습니다.

금융의 본질이 한 경제체제 내에서 희소한 자원인 자본을 필요로 하는 곳에 적절하게 배분하는 역할이라면 탈중앙화 금융은 기존 금융으로는 지원이 어려웠던 사각지대까지 지원해 진정 필요한 사람에게 필요한 자본을 배분하는 금융의 본질적 역할을 수행할 수 있습니다. 불평등과 빈곤을 연구하여 노벨 경제학상을 수상한 경제학자 아마르티아 센, 개발경제학과 정보경제학을 연구하여 노벨 경제학상을 받은 조셉 스티글리츠(Joseph Stiglitz)를 비롯한 많은 경제학자가 가장 절실하게 돈이 필요한 사람이 돈을 구하지 못하는 금융의 문제를 지적한 바 있습니다. 블록체인 기술과 이를 이용한 탈중앙화 금융은 많은 경제학자가 연구했지만 아직 실현하지 못한 진정 필요한 사람에게 필요한 자원을 주는, 인간의 얼굴을 한 금융을 구현할 수 있습니다. 그리고 이것이 사토시 나카모토가 블록체인 기술을 이용해 개인과 개인이 아무런 제약 없이 자유롭게 금융거래를 할 수 있도록 비트코인을 개발한 이유이기도 합니다.

가상자산과
블록체인의 한계:
시장의 문제

우리가 앞에서 살펴본 것만 보면 마치 가상자산과 블록체인이 기존 경제와 금융의 문제를 모두 해결할 수 있을 것 같다는 생각을 하게 됩니다. 스마트 계약을 통해 거래비용을 절감하고 탈중앙화 금융을 통해 기존 금융의 사각지대에 있던 사람들에게 자금을 지원해줄 수 있으니까요. 하지만 세상 모든 기술이 그러하듯 가상자산과 블록체인 기술은 만능이 아니고, 현재 단계에서는 이러한 문제를 모두 해결하기 어렵습니다.

가상자산과 블록체인 기술이 현실의 문제를 해결할 수 없도록 제약하는 첫 번째 문제는 블록체인 기술이 아직은 완전하지 못하다는 것입니다. 사토시 나카모토가 비트코인 백서와 비트코인 소스코드를 발표한 지 10년이 지났지만, 블록체인 기술은 아직까지도 현재 진행형입니다. 가상자산시장은 비트코인과 이더리움이 주도하고 있고 가장 큰 비중을 차지하고 있지만, 그럼에도 불구하고 이 두 자산은 아직까지 애초에 목표했던 바를 달성하지 못하고 있습니다.

비트코인은 개인과 개인 간 금융중개기관이 개입하지 않는 자유로운 금융거래를 목표로 했지만, 목표와 달리 비트코인의 가격 변동성이 커지고 거래 승인에까지 걸리는 시간이 전통적 금융거래보다 오래 걸리면서 원래 목적보다는 투자자산으로서 기능하고 있습니다. 이더리움 역시 마찬가지입니다. 이더리움이 목표한 바는 스마트 계약을 체결할 수 있는 일종의 플랫폼으로 기능하는 것이었습니다. 이더리움을 기반으로 한 많은 알트코인이 출시되어 플랫폼으로서의 기능은 충족한 듯하지만, 스마트 계약을 체결하고 실행할 수 있는 플랫폼은 아직 제대로 구현되지 못하고 있습니다.

많은 사람이 블록체인 기술을 인터넷에 비교하곤 합니다. 인터넷도 최초에 나왔을 때는 쓸모없는 기술로 여겨졌지만, 현재는 우리 삶에서 빼놓을 수 없는 중요한 역할을 수행하기 때문입니다. 사실상 우리 일상생활 대부분이 인터넷에 기반해 이루어지고 있다고 해도 과언이 아닙니다. 아침에 눈을 뜨면 인터넷으로 물건을 주문하고, 학교나 회사에 가서는 인터넷을 통해 공부나 업무를 하고, 여가시간에도 인터넷을 통해 OTT 서비스에 접속해 최신 영화나 드라마를 보기 때문입니다. 우리나라에 최초로 인터넷이 도입된 건 1982년이었고 이후 소수 마니아의 전유물에서 우리 일상생활에서 빼놓을 수 없는 필수 도구가 되기까지는 20년 가까운 시간이 걸렸습니다. 이 기간 동안 인터넷은 끊임없이 발전하며 스스로의 유용성을 증명했습니다. 하지만 블록체인 기술과 가상자산은 세상에 모습을 드러낸 지 이제 겨우 10여 년에 불과합니다. 아직 블록체인 기술과 가상자산의 가능성을 확인할 시간이 필요하다고 할 수 있습니다.

앞에서 블록체인 기술이 사용된 대표적인 예로 쿠브 백신 패스를 언급한 바 있는데, 이는 기존의 증명서 발급 기술에 있어 충분한 혁신이지만 비트코인이나 이더리움처럼 모든 사람이 참여할 수 있는 퍼블릭 블록체인 네트워크가 아니라 정부가 네트워크의 관리 책임을 갖는 프라이빗 블록체인 네트워크라는 사실에서 아쉬움이 남습니다. 다행히 금융거래나 정부 증명서 발급 등을 중심으로 블록체인 기술을 적용하는 연구가 활발하게 진행되는 모습은 긍정적이라고 할 수 있습니다.

블록체인과 가상자산은 아직까지 현실적으로 유용한 기술적 모습을 구현하는 데 한계를 보여주고 있습니다. 물론 가상자산과 블록체인 기술에 대해 정부가 긍정도 부정도 하지 않은 상태에서 규제를 지속한 일이 블록체인 기술과 가상자산시장의 건전한 발전에 부정적인 영향을 끼쳤다는 사실을 부인할 수는 없습니다. 하지만 어떻게 보면 이러한 정부의 규제 역시 블록체인 기술과 가상자산의 성격에서 비롯되었다고 할 수 있습니다. 재정정책을 이용해 경제와 금융시장에 영향을 미치는 정부의 역할에 대한 불만과 중앙은행이 발행하고 관리하는 화폐제도에 대한 불신에서 블록체인과 가상자산의 시초인 비트코인이 출발했기 때문입니다. 정부와 금융중개기관의 개입이 없는 자유로운 금융거래를 목적으로 한 초기 암호화폐의 성격상 정부와 대립할 수밖에 없지만, 암호화폐가 아닌 가상자산이 된 현재 상태에서는 반대로 정부의 규제를 떠나서는 블록체인과 가상자산도 존재할 수 없습니다.

우리가 가상자산을 무엇으로 구입하는지 생각해보면 이는 너무나 명확해집니다. 설령 크립토 마켓에서 가상자산을 구입한다 하더라도 그 화폐인 비트코인이나 이더리움은 결국 정부와 중앙은행이 발행하고 그 가치를 유지하는 법정화폐를 이용해 구입할 수 있습니다. 이처럼 정부나 중앙은행과 완전히 분리되어 존재할 수 없음에도 불구하고 대립각을 세웠기 때문에 지원이 필요한 순간 규제를 받게 되었습니다. 그 결과 최초의 블록체인 기술을 응용한 암호화폐 비트코인이 등장한 지 10여 년이 지난 현재 블록체인과 가상자산은 우리 생활에 긍정적인 영향을 끼칠 수 있는 기술적 발전을 이룩하고 JP 모건 같은 글로벌 투자은행이 운용하는 자산 포트폴리오에 비트코인이 포함되는 등 금융시장에서 실질적인 역할을 수행함에도 불구하고 여전히 버블을 초래하는 허황된 자산이라는 오해를 받고 있기도 합니다.

두 번째 문제는 가상자산시장이 현재로서는 불안정하고 불확실하다는 사실입니다. 2020년과 2021년 우리는 테슬라 CEO 일론 머스크(Elon Musk)의 트윗 하나에 가상자산시장이 폭등하고 폭락하는 모습을 목격했습니다. 많은 가상자산 투자자가 일론 머스크의 긍정적 트윗에 환호하고 부정적 트윗에 한숨을 쉬었지만, 이런 트윗은 가상자산시장이 정부의 규제를 받지 않는 현재로서는 회색지대에 위치한 시장이기에 가능한 일입니다. 일론 머스크는 본인이 비트코인을 비롯한 가상자산시장에 상당한 금액을 투자한 투자자입니다. 이런 투자자가 트윗을 통해 특정 자산에 호의적인 반응을 보이거나 특정 자산에 부정적인 반응을 보이면 시장은 그를 따라 움직일 수밖에 없습니다. 얼핏 당연하게 보이지만, 전통적인 금융시장에서 이런 행위는 시장조작행위 혹은 내부자거래가 되어 강력한 규제를 받게 됩니다. 시장조작행위나 내부자거래는 부당거래행위이자 시장을 왜곡하는 행위로 금지되기 때문이죠.

금융시장에서 정보는 중요합니다. 시장에서 거래되는 상품의 가격이 정보에 의해 결정되고, 역으로 시장의 가격은 이러한 정보를 보여주기 때문입니다. 다시 말해 주식의 가격이나 주가지수를 통해 우리는 이러한 정보를 읽고 대응할 수 있습니다. 따라서 규제당국은 시장의 가격을 왜곡하는 시장조작행위나 공개되지 않은 정보를 이용해 거래하는 내부자거래를 강력하게 규제합니다. 하지만 트윗을 통해 가상자산시장을 들었다 놨다 한 일론 머스크는 아무런 처벌도 받지 않았습니다. 오히려 가상자산시장 참여자에게 영웅 대접을 받았죠. 이렇게 시장을 왜곡하는 불공정행위를 해도 처벌받지 않는 이유는 가상자산시장이 규제의 사각지대에 있기 때문입니다. 가상자산 거래를 아예 금지한 러시아나 중국 같은 국가를 제외하면 거의 모든 국가에서 가상자산시장은 규제당국의 규제를 받지 않고 있습니다.

우리나라의 경우 2018년 1월 30일 이전만 해도 가상자산은 금융실명제의 적용 대상이 아니었습니다. 즉 A와 B가 자신의 실제 이름이 아니라 가명 혹은 대포통장을 이용해 거래하더라도 규제할 수 없었습니다. 게다가 금융실명제 규제 대상이 아니기에 가상자산 거래소는 소위 벌집계좌라 불리는 편법계좌를 이용해 거래했습니다. 벌집계좌는 하나의 법인 명의 계좌 아래에 다수의 거래자 개인 계좌를 두는 방식을 말합니다. 금융실명제의 규제 대상이 아닌 데다 벌집계좌를 사용하기에 암호화폐 거래는 범죄나 해킹에 굉장히 취약할 수밖에 없었습니다. 비트코인 자체의 보안은 뛰어나지만 거래소 계좌를 해킹하는 것은 어렵지 않기에 우리가 뉴스에서 본 소위 '비트코인 해킹' 사건은 대부분 이런 거래소 계좌에 대한 해킹입니다.

이런 문제가 있기에 정부는 2018년 1월 30일부로 가상자산에 대한 금융실명제를 적용하게 되었고, 이에 더해 2021년 3월 특정 금융거래정보의 보고 및 이용에 관한 법률(이하 특금법) 개정을 통해 가상자산 거래소로 하여금 개인정보보호에 대한 인증을 받도록 강제하였습니다.

여기에 더해 원화 마켓을 통해 가상자산을 거래하는 거래소의 경우에는 주거래 은행으로부터 실명거래 인증을 받아 제출하도록 했습니다. 문제는 벌집계좌의 경우에는 실명거래 인증을 받을 수 없고, 은행이 가상자산 거래소에 대한 신규 실명거래 인증에 극도로 보수적으로 응하면서 소위 빅 4 거래소만 원화 마켓을 통한 거래가 가능하게 되었습니다. 앞에서 살펴본 것처럼 특금법을 통해 암호화폐 거래소의 활동이 합법화된 동시에 기존 방식의 활동이 불가능해진 것이죠. 물론 개인정보보호 인증을 통과한 거래소의 경우에는 여전히 비트코인 마켓을 통한 거래는 가능하지만, 비트코인을 보유한 거래자의 수와 원화를 보유한 거래자의 수를 생각하면 어느 쪽이 핵심시장인지는 명약관화합니다.

그동안 가상자산은 법과 규제의 적용을 받지 않는 회색지대에서 거래가 이루어졌습니다. 물론 어떤 사람은 "최초의 암호화폐 혹은 가상자산인 비트코인이 만들어진 계기 자체가 금융중개기관을 거치지 않고 법과 규제의 적용을 받지 않는 개인과 개인 사이의 금융거래를 원활하게 하기 위함이니 현실에서의 법과 규제를 적용받지 않는 것이 당연하다"라고 반박할 수도 있습니다. 하지만 비트코인을 비롯한 암호화폐 거래가 현실에서 화폐를 사용해 이루어진다면, 그리고 그것이 그저 개인 간 거래가 아니라 거래소를 통해 이루어지는 거래라면 이는 정부의 법과 규제의 적용을 받아야 합니다. 그래야 사기를 비롯한 각종 범죄로부터 시장 참여자를 보호할 수 있기 때문입니다.

하지만 특금법 적용에도 불구하고 문제는 발생합니다. 여러 가상자산 거래소가 경쟁하다 소위 빅 4라 불리는 거래소만 남은 시장에서 이 빅 4 거래소가 압도적인 시장지배적 지위를 누리기 시작한 것입니다. 다시 말해 우리나라에서 원화로 가상자산을 거래하고자 하는 사람은 좋든 싫든 빅 4 거래소를 이용할 수밖에 없는 것이죠. 그 결과 이 빅 4 거래소는 금융소비자를 보호하기보다 자신들의 이익을 추구하게 되었습니다. 그 대표적인 예가 얼마 전 이슈가 된 소위 잡코인 상장 및 작전이라고 할 수 있습니다. 빅 4 가상자산 거래소에 신규 프로젝트를 상장한 후 작전세력을 이용해 가격을 급등 혹은 급락시킴으로써 개인 투자자는 손실을 보게 되고 작전세력은 이익을 챙긴 일이 발생했습니다. 만약 주식시장이라면 이런 작전세력은 시장의 거래질서를 교란한 혐의로 수사 대상이 되었을 것입니다. 하지만 가상자산시장은 아직 엄격한 규제가 적용되지 않기에 이런 작전세력의 범죄행위에 대해 적절한 조치를 취할 수도 없고, 거래소에 관리 감독의 책임을 물을 수도 없습니다. 결국 이러한 사각지대에서 개인 투자자만 손해를 보는 현상이 지속되고 있습니다. 이런 문제를 해결하기 위해서는 금융시장에 준하는 규제를 적용하고 가상자산 거래소 역시 금융감독원의 관리 감독을 받도록 할 필요가 있습니다. 그래야 투자자가 안심하고 거래할 수 있기 때문입니다.

우리가 살펴본 것처럼 가상자산시장과 가상자산 거래소는 아직까지 완전한 정부의 규제와 감독을 받지 않고 있습니다. 이러한 문제는 가상자산시장이 성장하고 그 기능을 제대로 수행하는데 장애가 될 수 있습니다. 앞에서 언급한 일론 머스크의 트윗도 이러한 맥락에서 봐야 합니다. 일론 머스크는 현재 전 세계의 가상자산시장과 거래소가 갖는 한계를 명확하게 보여주는 예라고 할 수 있습니다. 이런 문제를 해결하지 않는다면 가상자산이 제대로 기능하는 일은 요원할 것입니다.

- 다시 2008년 글로벌 금융위기로, 달러의 시대는 끝났는가

- 금융의 시대: 실물과 금융

- 암호화폐, 가상자산, 그리고 CBDC

제4부
화폐의 미래,
가상자산의 미래

지금까지 우리는 화폐의 등장부터 발전 과정, 그리고 2008년 글로벌 금융위기에서 미국 연방준비제도의 정책에 반발해 나온 비트코인을 포함한 가상자산의 등장과 그 기술적 특성 및 경제학적 측면에 대해 살펴봤습니다. 암호화폐와 가상자산이라는 두 상반된 의미의 용어는 아마도 블록체인에 기반한 디지털 자산의 두 측면을 적확하게 표현한다고 할 수 있겠습니다. 그럼 이제부터는 지금까지 살펴본 내용을 바탕으로 화폐의 미래와 가상자산의 미래에 대해 짚어보도록 하겠습니다.

다시
2008년 글로벌 금융위기로,
달러의 시대는 끝났는가

　　지난 2008년 미국에서 발생한 글로벌 금융위기는 전 세계에 충격을 안겨주었습니다. 세계 경제를 이끄는 명실상부한 글로벌 초강대국인 미국에서 금융위기가 발생했기 때문입니다. 글로벌 금융위기 이전에는 일반적으로 금융 시스템이 덜 발달했거나, 시장이 불투명하고 기업이나 금융회사의 정보가 공개되지 않은 개발도상국에서 금융위기가 발생한다는 인식이 있었습니다. 1997년 우리나라의 외환위기가 대표적인 예라고 할 수 있습니다. 당시 우리나라는 금융시장의 발달 정도가 미약했고, 정부가 은행의 대출을 비롯한 여러 정책에 큰 영향력을 미치고 있었으며, 시장이 불투명하고 정보가 공개되지 않은 측면이 많았습니다.

하지만 2008년 글로벌 금융위기는 금융시장의 모범이라고 할 수 있는 미국에서, 그것도 세계 금융의 중심인 월스트리트 투자은행의 파산에서 시작되었기에 미국은 물론 세계 금융시장에 큰 충격을 안겨주었습니다. 여기에는 미국이 세계 금융의 중심이기 때문에 월스트리트의 여러 금융회사와 다른 나라의 금융회사가 밀접하게 연결되어 있다는 사실도 큰 역할을 했습니다. 월스트리트의 금융회사가 쓰러지거나 혹은 재무적 위험에 빠지면 그와 거래하는 다른 나라의 금융회사도 연쇄적으로 위험에 빠지기 때문입니다. 이러한 금융위기의 연쇄적 전파는 세계 금융 시스템을 마비시킬 수도 있고, 금융시장의 위기가 실물시장에까지 파급되면 대공황 이후 최악의 경기침체가 닥칠 수도 있었습니다.

위기의 연쇄적 전파를 막고, 금융시장의 위기가 실물시장으로 파급되는 것을 막기 위해 미국 정부와 연방준비제도는 월스트리트의 금융회사에 구제금융을 실시했고, 경기침체를 막기 위한 양적완화를 시행했습니다. 이를 통해 자칫 잘못하면 대공황 이후 최대의 경제위기를 초래할 수 있었던 금융위기를 조기에 수습하고 경기를 회복할 수 있었습니다.

위기는 수습했지만 미국 정부와 연방준비제도, 그리고 월스트리트는 유례없는 불신과 도전에 직면하게 되었습니다. 금융위기를 초래해 구제금융을 받았음에도 불구하고 최고경영자를 비롯한 직원에게 수천만 달러에 달하는 성과급을 지급한 금융회사의 행태에 납세자인 시민이 분노했기 때문입니다. 분노한 시민은 시위에 나섰습니다. 소셜 미디어를 통한 시민의 자발적인 시위라는 한계로 인해 가시적인 성과를 내지 못하고 흐지부지 종료되긴 했지만 이 정신은 다른 방향으로 이어졌습니다. 미국 정부와 연방준비제도, 그리고 연방준비제도가 발행하는 달러의 가치를 믿을 수 없게 된 일부가 정부와 중앙은행, 그리고 금융중개기관의 개입 없는 개인의 자유로운 금융거래를 목표로 블록체인 기술을 기반으로 한 암호화폐 비트코인을 발행했기 때문입니다.

2009년 처음 등장한 비트코인은 2017년에 들어서 급격한 상승세를 보였고, 이후 하락-보합세로 돌아섰다가 2020년 코로나19 팬데믹으로 인해 달러 공급량이 증가하자 다시 상승세를 보이기 시작했습니다. 2017년의 상승세는 비트코인을 비롯한 암호화폐 자체의 가능성에 대한 투자자의 낙관에서 비롯되었다면, 2020년 이후 상승세는 주식시장과 마찬가지로 코로나19 팬데믹 극복을 위해 미국 연방준비제도가 제로금리 정책을 펼치고 미국 정부가 지원금을 지급한 데 따른 유동성 효과라고 볼 수 있습니다. 다시 말해 2020년 이후 상승세는 비트코인을 비롯한 암호화폐가 더 이상 암호화폐가 아니라 가상자산이 되었다는 증거라고도 할 수 있습니다. 화폐 공급량이 증가하고 금융시장에 대한 투자자의 투자금액이 증가함에 따라 가격이 상승했기 때문입니다.

2007년 비우량주택담보대출의 부도에서 시작된 2008년 글로벌 금융위기는 사람들로 하여금 미국 달러가 더 이상 예전과 같은 강력한 힘을 지닌 기축통화가 아닐 수도 있다는 생각을 하게 만들었습니다. 세계 경제와 금융의 중심인 미국에서 발생한 금융위기로 인해 미국과 달러에 대한 신뢰가 무너질 수 있기 때문입니다. 이러한 예상과 달리 미국 정부와 연방준비제도는 금융위기를 성공적으로 극복함은 물론 미국 달러에 대한 시장의 신뢰를 유지하는 데 성공했습니다.

1971년 달러화 금 태환 정지 선언 이후 달러의 가치는 금에 의해 유지되는 것이 아니라, 미국 정부와 연방준비제도가 달러가치를 크게 변동시키지 않고 안정적으로 유지할 것이라는 시장의 신뢰에 의해 유지되고 있습니다. 만약 2008년 글로벌 금융위기가 미국 정부와 연방준비제도의 노력에도 불구하고 세계적인 경제위기로 이어졌다면 아마 달러는 시장의 신뢰를 잃었을 가능성이 높습니다. 하지만 미국 정부와 연방준비제도는 사상 유례없는 세 차례의 양적완화를 통해 금융위기를 극복했고 세계적인 경제위기로 확대되는 것을 막았습니다.

반면 미국 역시 금융에 있어 취약한 측면이 있다는 사실이나 미국 달러의 기축통화 지위가 고정불변의 존재가 아니라는 사실을 새삼 드러낸 부분은 분명 위기라고 할 수 있겠습니다. 그럼에도 불구하고 미국 달러를 대체할 수 있는 화폐는 존재하지 않으며, 달러의 시대는 우리 예상보다 오래 지속될 것입니다. 기축통화가 되기 위해서는 국가의 경제력뿐만 아니라 정치체제나 정치·경제적 의사결정 과정이 모두 투명하게 공개되고 납득할 수 있어야 합니다. 미국은 경제력에 있어서 부인할 수 없는 세계 1위이고, 정치체제 역시 다소간 문제는 있을지언정 민주주의 원칙을 잘 지키고 있습니다. 그리고 정치적 의사결정 과정이나 경제적 의사결정 과정 역시 투명하게 공개되고 있습니다. 최근 중국이 미국에 대적하고 있다고는 해도 아직까지 미국의 경제력에 도전할만한 나라는 없다고 보면 달러의 시대는 상당히 오랜 기간 지속될 것이라 예상할 수 있습니다.

그렇다면 달러의 시대에 가상자산은 어떤 의미를 갖게 될까요? 달러를 대체할 수 있는 암호화폐도 아니고, 일상에서 개인과 개인 간 금융거래에 사용될 수 있는 암호화폐도 아니라면 가상자산의 가치는 없는 것일까요? 그렇지 않습니다. 가상자산과 그것이 기초한 기술 블록체인 분산원장은 부인할 수 없는 하나의 혁신입니다. 화폐나 그에 준하는 지급결제 도구(신용카드 혹은 수표) 없이 안심하고 결제할 수 있는 기술은 우리 일상을 더욱 편리하게 만들어줄 것입니다.

우리가 앞서 살펴보았듯이 정보 비대칭 문제를 해결하고 이에 수반되는 거래비용을 절감시키면 한 경제체제 내에서 경제적 후생은 증대됩니다. 아직은 초기 단계에 머무르고 있지만 블록체인 분산원장 기술과 가상자산이 이 분야에 있어 혁신적이고 가시적인 성과를 보여준다면 분명 그 가치는 현재보다 훨씬 더 증대될 것입니다.

금융의 시대:
실물과 금융

제2차 세계대전 이후 수립된 브레튼우즈체제, 그리고 그 이후부터 현재까지 지속되는 달러 기축통화체제는 세계 경제와 금융의 중심에 미국이 위치하는 체제라고 할 수 있습니다. 미국은 세계의 시장이자 세계 금융의 중심으로 기능했고, 달러는 무역이나 금융거래를 비롯한 모든 경제활동에 있어 기준이 되는 화폐인 동시에 세계 어디를 가도 그 나라의 화폐로 교환 가능한 말 그대로 기축통화였기 때문입니다.

기축통화로서 달러의 가치는 미국의 경제력과 미국 정부 및 연방준비제도의 재정정책과 통화정책에 의해 유지되었습니다. 미국은 세계의 시장으로서 세계 각국에서 상품을 수입해 무역적자를 기록하였고, 이에 대한 대금으로 달러를 지급했습니다. 달러를 수취한 수출국은 자신이 받은 달러로 안정적 수익을 올릴 수 있으며 빠르게 현금화할 수 있는 자산에 투자할 필요가 있었습니다. 이자수익을 받는 동시에 긴급한 외화 지급이 있을 경우 이 자산을 달러로 바꿔야 하기 때문입니다. 미국 재무부가 발행하는 재무부 채권이 바로 이런 자산이었습니다. 기축통화국인 미국 재무부가 발행하기 때문에 신용도가 높았고, 채권시장에서 빠르게 현금화가 가능했기 때문입니다. 미국은 무역에 있어서는 적자를 기록했지만 자본시장에 있어 자본수지는 흑자를 기록했고, 이러한 방식을 통해 달러는 세계 시장에 지속적으로 공급되고 유통될 수 있었습니다.

그런데 이러한 기축통화 시스템에는 트리핀 딜레마라는 하나의 문제가 존재합니다. 달러가 기축통화로서 국제 거래에 사용되기 위해서는 미국 정부가 충분히 많은 달러를 발행해 전 세계에 공급해야만 합니다. 하지만 달러를 많이 발행해 공급하면 달러의 가치가 하락해 기축통화로서의 역할을 제대로 수행할 수 없습니다. 반대로 달러가치를 유지하기 위해 달러를 적게 발행해 공급하면 국제 결제에서 달러가 부족하게 되어 역시 기축통화로서 그 역할을 수행할 수 없게 됩니다. 다행스럽게도 아직까지 미국은 트리핀의 딜레마에 빠지지 않고 달러의 가치를 유지하고 있습니다. 이렇게 달러가치의 유지가 가능한 이유는 미국이 기축통화를 발행하는 국가인 동시에 세계 최대의 수입국이자 세계 최고의 자본시장이라는 데 있습니다. 미국이 발행해 공급한 달러가 다시 미국 금융시장에 투자로 유입되기 때문에 달러의 가치가 일정하게 유지되는 것입니다.

하지만 여기서 또 하나의 문제가 발생합니다. 바로 글로벌 불균형입니다. 달러 기축통화체제는 미국이 수입국으로 무역적자를 기록하는 대신 개발도상국이 상당수인 수출국에 달러를 지급합니다. 하지만 달러를 지급받은 상당수 국가는 이렇게 유입된 달러를 국내에서 활용할 수 있는 방법이 없었습니다. 자본시장의 발달이 미약했기 때문입니다. 결국 이러한 국가는 수출을 통해 벌어들인 달러를 대외 채무 상환에 사용하거나 아니면 외환보유고 목적으로 미국 국채에 투자할 수밖에 없습니다. 즉 글로벌 불균형은 미국의 무역수지 적자를 개발도상국을 비롯해 미국에 수출하는 국가가 미국으로부터 받은 달러로 상쇄시켜주는 현상을 말합니다. 글로벌 불균형은 달러가치를 유지하고 세계 경제가 원활하게 작동하도록 하지만, 미국 경제에 갑작스러운 이상이 생기면 그 여파가 전 세계로 확산하는 원인이 됩니다. 어떤 경제학자는 지난 2008년 글로벌 금융위기의 원인으로 이러한 글로벌 불균형 문제를 언급하기도 합니다.

동일한 현상을 두고 앞에서는 기축통화로서 미국 달러의 가치가 안정적으로 유지될 수 있는 원인이라고 말했지만, 바로 뒤에서는 현행 기축통화체제의 문제라고 설명했습니다. 과연 무엇이 맞고 무엇이 틀린 걸까요?

진실은 둘 다 맞는 사실이라는 데 있습니다. 글로벌 불균형은 1971년 닉슨의 달러화 금 태환 정지 선언 이후 그 가치를 뒷받침해주는 금이 아니라 순수하게 미국 정부와 연방준비제도의 정책에 대한 신뢰로 유지되는 신탁화폐로서 기능한 달러의 가치를 유지할 수 있었던 원동력인 동시에 미국 달러의 가치를 무너뜨릴 수 있는 취약점입니다. 미국에 상품을 수출하고 그 대금으로 달러를 받은 국가가 이렇게 받은 달러를 다시 미국 국채에 투자할 수 있다는 것은 기축통화국으로서 발권력을 갖고 있고 세계 금융의 중심지로서 기능하는 미국에 대한 신뢰가 그 바탕에 깔려있기 때문입니다. 만약 이러한 신뢰가 무너진다면 미국 달러의 가치는 물론 세계 금융 시스템과 세계 경제가 모두 무너지게 됩니다. 지난 2008년 글로벌 금융위기는 아마도 1971년 이후 달러가 가장 위기에 가깝게 간 지점이라 생각합니다.

하지만 이러한 우려처럼 달러가 붕괴하는 일이 발생할 가능성은 매우 낮습니다. 여기에는 두 가지 이유가 있습니다. 하나는 자본시장이 점점 통합되고 있다는 것이고, 다른 하나는 실물시장보다 금융시장의 규모가 훨씬 크다는 사실입니다. 세계 각국이 미국식 자본주의 시스템을 하나의 글로벌 스탠더드로 받아들이게 되면서 세계 경제는 물론 세계 자본시장은 빠르게 통합되었습니다. 이러한 자본시장의 통합으로 달러는 대체할 수 있는 화폐가 존재하지 않는 기축통화가 되었습니다. 미국의 경상수지 적자는 어마어마한 수준이지만 그럼에도 불구하고 세계 각국이 미국을 제외한 다른 나라에 투자를 진행할

수 있고, 미국 역시 다른 나라에 투자하고 대외 적자를 결제하는 데
아무런 문제가 발생하지 않는 이유는 금융시장 규모가 실물시장보다
훨씬 크기 때문입니다. 2020년 기준 미국의 모든 금융기관이 보유한
금융자산의 규모는 명목 GDP의 50배가 넘는 1,231조 달러를 기록했
는데, 이 수치는 미국의 총 공적 채무(Public Debt) 27.7조 달러의 40배
가 넘는 규모입니다. 또한 2020년 한 해 동안 미국으로 유입된 외국
인 투자는 약 19조 달러인데, 이 수치는 미국을 제외한 모든 OECD
회원국의 경상수지 흑자 합계인 약 1.2조 달러를 훨씬 초월하는 금액
입니다.

글로벌 불균형이 분명 심각한 문제이지만, 현재 상황은 전 세계적으
로 실물시장보다 금융시장의 규모가 훨씬 크고, 이 금융시장이 미국
을 중심으로 점점 더 밀접하게 통합되는 모습을 보여주고 있습니다.
따라서 이러한 실물거래와 금융거래 모두에 있어 중요하게 기능하는
기축통화로서 달러의 지위가 약해지거나 흔들릴 가능성은 매우 낮다
고 할 수 있습니다. 미국의 시대, 혹은 달러의 시대는 곧 금융의 시대
라고 할 수 있습니다.

암호화폐,
가상자산,
그리고 CBDC

지난 2019년 6월, 미국을 대표하는 IT 기업 페이스북은 페이팔, 비자카드, 마스터카드, 우버, 스포티파이, 이베이 등 지급결제와 인터넷 기반 서비스에 있어 내로라하는 28개 기업을 초기 파트너로 하는 암호화폐 프로젝트 리브라(Libra)의 개발을 발표했습니다. 발표와 동시에 공개한 백서에서 명시한 리브라의 목적은 달러를 비롯한 각국의 법정화폐를 대신해 인터넷상의 지급결제는 물론 해외송금시장까지 장악하는 것이었습니다. 리브라 프로젝트의 이러한 목표는 곧 미국 정부와 의회는 물론 각국 정부의 반발과 규제를 초래했습니다. 이러한 반응에 지급결제를 담당하는 페이팔, 비자카드, 마스터카드 같은 파트너사가 리브라 프로젝트에서 탈퇴했고, 미국 정부와 의회, 그리고 연방준비제도의 지속적인 규제에 리브라 프로젝트는 방향을 잃고 표류하였습니다. 결국 2022년 1월 31일, 디엠(Diem)으로 이름을 변경한 리브라 프로젝트는 미국 실버게이트 은행에 지적 재산권을 포함한 모든 자산을 2억 달러에 매각한다고 발표했습니다.

리브라 프로젝트의 실패는 우리에게 시사하는 바가 큽니다. 정부와 중앙은행은 화폐를 발행하고, 이렇게 발행된 화폐가 일상의 거래와 금융거래에서 안심하고 사용될 수 있도록 가치를 유지합니다. 특히 중앙은행은 화폐의 발행에 더해 화폐의 가치와 연결되는 기준금리를 조절하여 거시경제 안정화 정책을 펼쳐 국가 경제가 안정적으로 작동할 수 있도록 합니다. 그런데 이러한 정부와 중앙은행의 정책은 경제성장, 실업, 대출 이자율 등 우리의 삶에 영향을 미치는 모든 부문과 연결됩니다. 따라서 정부와 중앙은행에 있어 암호화폐로 법정화폐의 역할을 대체하겠다는 이야기는 정부와 중앙은행의 역할을 부정하는 심각한 도전입니다. 때문에 정부와 의회, 연방준비제도의 지속적인 규제로 페이스북이 주도하는 리브라 프로젝트는 좌초할 수밖에 없었습니다.

비트코인이나 이더리움의 경우는 리브라와 조금 다릅니다. 비트코인이 법정화폐를 대신할 수 있을 것이라는 주장은 사토시 나카모토가 백서에서 서술한 내용이 아니라 비트코인의 가격이 상승하자 투자자 사이에서 나온 주장이었습니다. 이더리움은 아예 처음부터 다른 블록체인 프로젝트가 디앱으로 작동하고 스마트 계약이 이더리움을 기반으로 체결되는 하나의 플랫폼을 목적으로 했습니다. 즉 비트코인이나 이더리움은 정부와 중앙은행의 역할을 대체하려는 주장이나 시도를 하지 않았습니다. 리브라 프로젝트는 청산되었지만 비트코인과 이더리움이 청산되거나 사라지지 않고 가상자산 거래소에서 여전히 활발하게 거래될 수 있었던 이유는 이처럼 정부와 중앙은행의 역할에 대한 명시적인 인식 차이에 기인합니다.

우리가 앞에서 계속 살펴보았듯이 블록체인을 이용한 가상자산 기술은 분명 혁신입니다. 그렇지만 그 활용은 법정화폐를 대신하는 역할이 아닙니다. 비트코인 선물이 미국 시카고 상품거래소에서 거래되고 비트코인 선물 ETF가 미국 증권거래위원회의 승인을 받은 사실에서도 알 수 있듯이 가상자산은 주식, 채권, 부동산, 금 등 투자자의 포트폴리오를 구성하는 여러 투자자산에 새로운 카테고리로 추가되었습니다.

비트코인이 개인과 개인 간 자유로운 금융거래를 위한 수단으로 사용되지 않고, 투자자산 중 하나로 사용되는 현재의 모습은 사실 사토시 나카모토가 백서에서 생각한 이상적인 모습과는 반대입니다. 사토시 나카모토는 중앙은행이나 금융중개기관이 개입하지 않는 개인과 개인 간 자유로운 금융거래의 수단으로 비트코인을 만들었습니다. 하지만 정부와 중앙은행에서 발행하고 가치를 유지하는 화폐는 단순히 금융거래의 수단으로만 사용되는 것이 아니라 정부와 중앙은행의 정책 도구로도 사용됩니다. 또한 환율을 통해 다른 나라 화폐와 교환해 국제 무역에 사용되기도 합니다. 화폐는 개인과 개인 간 금융 거래의 영역이 아니라 금융회사, 정부와 중앙은행, 그리고 국제 경제와도 연결되는 복잡한 정책 도구이자 금융 도구입니다.

그렇다면 블록체인 기술과 가상자산은 결국 이렇게 사토시 나카모토가 생각한 최초의 이상과 달리 여러 투자자산 중 하나가 될 수밖에 없는 것일까요? 가상자산은 그렇게 될 수밖에 없지만 블록체인 기술은 더 발전할 수 있는 여지가 남아있습니다. 우리는 앞에서 나라야나 코철라코타가 언급한 '돈은 기억이다' 이론을 살펴본 바 있습니다. 이 이론처럼 만약 하나의 단일한 원장에 한 경제체제 내에서 이루어지는 모든 경제활동 내역을 화폐 단위로 기록하고, 이 기록의 상계처리를 통해 경제체제 내에서의 교환이 이루어진다면, 우리가 현재 사용하는 화폐는 필요가 없어집니다. 이러한 원장이 존재하지 않고, 따라서 기록의 상계처리를 통해 교환할 수 없기 때문에, 경제활동을 기억하는 보조적 수단으로 화폐가 필요한 것입니다.

현재 각국의 중앙은행에서는 중앙은행 디지털 화폐(CBDC)가 활발하게 연구되고 있습니다. 기술적 한계로 인해 기존에는 연구가 이루어지지 못했는데, 비트코인을 비롯한 가상자산의 등장과 그 핵심인 블록체인 기술의 발달로 인해 중앙은행 발행 디지털 화폐도 논의가 시작된 것입니다. 현재는 개념적 연구 단계에 머물러 있지만, 만약 중앙은행 디지털 화폐가 발행된다면 금융시장은 현재와는 상당히 다른 모습으로 변할 가능성이 큽니다. 은행이나 증권회사를 통하지 않고 중앙은행 원장 기록의 변경을 통해 바로 실물 및 금융거래가 가능해지기 때문입니다. '은행이나 증권회사 등 금융중개기관을 거치지 않는 개인과 개인 간의 자유로운 금융거래'라는 사토시 나카모토의 이상이 중앙은행 디지털 화폐를 통해 이루어지는 역설적인 모습을 볼 수도 있는 것입니다.

비트코인과 이더리움을 비롯한 가상자산은 비록 그들이 처음 등장했을 때의 목표를 아직 달성하지는 못했습니다. 하지만 블록체인 기술과 가상자산이 등장했기 때문에 기존 금융시장도 가상자산을 투자 포트폴리오에 편입하여 한 단계 성장할 수 있었고, 법정화폐 시스템도 기존의 체제에서 벗어나 중앙은행 디지털 화폐를 논의할 수 있게 되었습니다. 이런 혁신의 측면에서 생각해보면, 비트코인을 비롯한 가상자산은 경제학자 조지프 슘페터(Joseph Schumpeter)가 말한 '창조적 파괴(Creative Destruction)'를 화폐 측면에서 실행해 화폐의 기술적 발전을 이루었다고도 볼 수 있습니다. 경제발전에 있어 창조적 파괴가 얼마나 어렵고 복잡한지를 생각해보면, 블록체인 기술과 이를 이용한 비트코인을 비롯한 가상자산의 가치는 상당히 크다고 할 수 있습니다.

가상자산시장, 현재의 불확실성과 미래에 대한 기대 사이에서

금융의 발전은 민간과 정부의 상호작용을 통해 이루어져 왔습니다. 정부는 민간에서 이루어지는 금융거래에 대한 관리 감독을 지속적으로 시도했고, 민간은 정부의 규제를 회피하거나 우회하여 자신의 목적과 이익을 달성하려 노력했습니다.

많은 경우 금융의 혁신이나 금융의 발전은 정부의 규제를 우회하기 위한 민간의 노력과 이 노력을 다시 규제하기 위한 정부 정책의 상호작용으로 이루어집니다. 펀드에 대한 규제와 감독을 회피하기 위해 만들어진 사모펀드나 기존 금융상품에 대해 이루어지는 규제나 거래 제약을 회피하기 위해 만들어진 파생금융상품이 이러한 민간과 정부의 상호작용을 통해 금융이 발전하는 모습을 보여주는 예입니다.

비트코인과 이더리움을 포함한 가상자산 역시 이러한 금융 발전의 맥락에서 등장했다고도 볼 수 있습니다. 중앙은행에 의해 발행되지 않고 정부에 의해 규제받지 않는 개인과 개인 간 자유로운 금융거래를 위해 처음 등장했기 때문입니다. 그리고 가상자산의 개념을 수용해 각국 정부와 중앙은행은 중앙은행 디지털 화폐에 대한 연구를 시작했습니다. 금융의 역사를 통해 확인한 것처럼 민간과 정부의 상호작용을 통해 금융 시스템이 발전하는 모습이 가상자산과 중앙은행 디지털 화폐에서도 나타난다고 볼 수 있습니다.

비트코인이 화폐를 대신할 것이라 생각하고 개발한 사토시 나카모토가 간과한 사실이 하나 있습니다. 지구에 있는 모든 사람은 한 국가의 테두리 안에서 살아가고 있다는 사실입니다. 경제정책을 운용하는 정부와 통화정책을 운용하는 중앙은행 입장에서 법정화폐의 대체를 시도하는 가상자산은 쉽게 수용할 수 없는 존재입니다. 따라서 정부와 중앙은행은 가상자산을 규제하게 되고, 이러한 규제는 다시 주권국가 안에 있는 모든 투자자에게 영향을 미칩니다.

화폐가 한 사회 내에서 제대로 기능하기 위해서는 교환의 매개, 가치의 척도, 가치의 저장, 정부 지불의 수단 역할을 해야 하며, 화폐의 이러한 기능은 정부 및 중앙은행과 연결됩니다. 결국 정부와 중앙은행의 역할을 부정하는 비트코인은 현실적으로 화폐로서 기능하기가 어려운 것입니다. 하지만 비트코인 선물이 시카고 상품거래소에 상장해 거래되는 사실이나 블랙록, JP 모건 같은 글로벌 금융회사의 투자 포트폴리오에 비트코인이 포함되는 모습에서 알 수 있듯이 비트코인은 금융 투자자산의 한 종류로 자리 잡았습니다. 암호화폐에서 가상자산이 되었고, 정부의 규제를 회피하기 위해 만들어진 상품이 규제의 대상이 된 것이죠.

금융의 발전은 모바일 뱅킹을 통해 우리가 일상생활에서 경험하는 것처럼 거래비용을 절감하는 방향으로 이루어지고 있습니다. 비트코인과 이더리움을 비롯한 가상자산의 등장이 스마트 계약의 보편화와 중앙은행 디지털 화폐로 이어져 거래비용을 절감시키는 금융 혁신이 될지, 아니면 그저 금융자산의 한 종류가 시장에 추가된 것에 불과할지 현재로서는 알 수 없습니다.

그럼에도 불구하고 우리는 이 책에서 화폐의 과거와 현재, 암호화폐 혹은 가상자산의 등장과 그 기술, 그리고 가상자산의 경제학을 거쳐 화폐의 미래를 함께 살펴보았습니다. 암호화폐 혹은 가상자산은 어느 순간 갑자기 나타난 것이 아니라 화폐와 금융의 역사와 발전 과정에서 2008년 글로벌 금융위기라는 충격에 반응하여 나타났습니다. 그리고 이러한 등장은 다시 중앙은행 디지털 화폐의 연구로 이어졌습니다.

그렇다면 가상자산과 중앙은행 디지털 화폐의 미래는 어떻게 될까요? 우리는 미래가 현재의 영향을 받는다는 사실은 알고 있지만, 그 미래가 구체적으로 어떻게 될지는 예측할 수 없습니다. 경우의 수가 너무나도 많기 때문입니다. 하지만 이러한 불확실성이 오히려 미래를 더 재미있게 만든다고 생각합니다. 예측하지 못한 변수나 상상하지 못한 사건이 일어나기 때문입니다. 우크라이나-러시아 전쟁으로 인해 분쟁지역에서 비트코인이 화폐로서 기능할 것이라 누가 감히 예측할 수 있었을까요? 이처럼 미래는 예측할 수 없고 그래서 더 흥미롭습니다.

화폐의 과거와 현재, 가상자산의 과거와 현재를 살펴보는 것으로 우리 준비는 일단 끝났습니다. 이제 알 수 없는 미래를 흥미롭게 기다리며 준비하는 일만 남았습니다. 독자 여러분의 행운을 빕니다.

가상자산 투자 Q&A

이 책은 암호화폐 혹은 가상자산의 투자에 대한 지침서가 아닙니다. 물론 가상자산의 기술과 가상자산의 경제학적 측면에 대한 정보를 제공한다는 관점에서 보면 투자 지침서의 한 종류에 속한다고 할 수도 있겠네요. 이러한 이유로 다음의 내용은 가상자산 투자에 관심 있는 독자들이 이 책을 읽을 경우 생길 수 있는 궁금증을 Q&A로 정리해본 것입니다. 독자 여러분의 가상자산 투자에 도움이 되길 바라며 혹시 이 책에 실린 질문 외에 궁금한 점이 있다면 저자의 이메일(jwvillainfinance@gmail.com)로 문의주시기 바랍니다. 아는 지식 한도 내에서 최대한 자세히 설명해드리도록 하겠습니다.

Q. 암호화폐 프로젝트에서 ICO와 IEO라는 용어가 종종 나오는데요. 이 용어의 의미는 무엇인가요?

A. 이 부분은 제가 블록체인 업계에 있을 때와 지금의 상황이 조금 다를 수 있습니다. 당시의 상황에 기반해 설명해보자면 ICO는 Initial Coin Offering, 즉 최초 코인 공개의 약자입니다. 이 말은 주식시장에서 쓰이는 최초 주식 공개(IPO, Initial Public Offering)에서 따온 말입니다. 2020년부터 코스피와 코스닥에서 많은 스타트업의 기업공개가 이루어졌습니다. 보통 스타트업의 성장 단계는 시드 머니 단계, 시리즈 A, B, C 등 추가 자금조달 단계, 그리고 IPO를 통한 상장 혹은 M&A를 거치게 됩니다. 시드 머니는 사업의 극초기 아이디어를 실현하기 위해 가장 기본이 되는 종잣돈을 조달하는 단계입니다. 스타트업이 가진 사업 아이템이나 아이디어의 가능성만 보고 이 단계에서 투자하는 투자자를 보통은 엔젤 투자자라고 불러요.

시드 머니를 기반으로 시작하는 스타트업은 사업이 진행됨에 따라 계속 추가적인 자금이 필요합니다. 그래서 투자를 받게 되는데, 스타트업이 투자를 받게 되는 단계를 표현한 말이 시리즈 A, B, C 단계입니다. 이러한 과정을 암호화폐에 적용해 설명해보겠습니다. 암호화폐 프로젝트를 시작하는 사람들은 아이디어는 있지만, 이를 구체화할 수 있는 자금과 인력을 갖추지 못한 경우가 많습니다. 전통적인 스타트업의 성장 단계를 따른다면 암호화폐 스타트업 역시 성장 단계를 모두 거쳐야 합니다. 하지만 여기에 결정적인 문제가 발생합니다.

암호화폐 서비스는 단기간 내에 실현될 수 없고 또 수익성 역시 확실하지 않죠. 게다가 대부분의 초기 암호화폐 스타트업은 화폐를 대신할 목적으로 프로젝트를 진행하기도 했구요. 그래서 암호화폐 스타트업은 전통적인 성장 방법을 따르는 대신 독자적인 자금조달 방법을 개발합니다. 그것이 바로 ICO입니다.

자금을 조달하려는 암호화폐 프로젝트는 우선 초기 시드 머니를 투자받아 팀을 구성합니다. 그리고 이렇게 구성된 팀에서는 기술을 개발하는 한편, 이러한 기술이 무엇에 기초하고 있고 어떻게 적용되며, 어떻게 수익을 창출할 수 있는지를 서술하는 백서(White Paper)를 작성해 온라인에 배포합니다. 보통 프로젝트의 홈페이지에 올리곤 해요. 그리고 이렇게 작성된 백서를 바탕으로 여러 차례의 밋업(Meet Up)을 진행해 잠재적 투자자에게 자신들의 프로젝트를 소개하고 투자를 유치합니다.

ICO는 밋업 다음 단계에서 이루어집니다. 암호화폐 프로젝트의 경우 보통 비트코인이나 이더리움으로 투자를 받고, 투자자에게는 해당 암호화폐 프로젝트의 코인을 지급합니다. 스타트업 투자에서 자금을 지원하고 주식을 받는 것과 마찬가지라고 볼 수 있습니다. 이러한 ICO는 한때 거의 모든 암호화폐 프로젝트가 필수적으로 진행했는데, 사실 여기에는 심각한 문제가 있습니다. 투자자 입장에서는 이 프로젝트가 정말 가능성 있는 프로젝트인지, 아니면 백서만 그럴듯하게 만든 사기 프로젝트인지 구분하기가 어렵다는 것이죠. 결국 앞에서 살펴본 정보 비대칭 문제가 암호화폐 프로젝트의 ICO에 똑같이 반복되는 것입니다.

이러한 ICO 문제를 해결하기 위한 대안으로 등장한 방법이 IEO(Initial Exchange Offering, 최초 거래소 공개)입니다. IEO는 ICO와 달리 하나의 거래소를 상장 대상 시장 겸 상장 주관사로 삼아 암호화폐 프로젝트가 자신들의 토큰을 투자자들에게 판매하는 방법입니다. 즉 장래에 거래소 상장을 전제로 하는 암호화폐 프로젝트에 백서에 나타난 가능성을 보고 투자하는 것이 ICO라면, IEO는 이미 발행까지 완료한 토큰을 한 거래소와 계약을 맺고 상장하는 동시에 그 거래소가 해당 토큰의 매각 주관사가 되는 것입니다. 이를 위해 IEO를 추진하는 암호화폐 프로젝트는 백서 공개와 함께 블록체인 토큰 기술에 대한 외부 보고서 등을 상장과 매각을 주관하는 거래소에 제공하고 정보를 투명하게 공개해 자신들에 대한 신뢰를 향상시킬 수 있습니다.

물론 이에 대한 반대 의견도 있을 수 있습니다. 대표적으로 거래소와 암호화폐 프로젝트의 공모, 즉 담합을 생각할 수 있습니다. 암호화폐 토큰 프로젝트와 거래소가 담합하여 투자자를 속이는 상황이 발생하는 경우죠. 이러한 상황을 막기 위해 투자 정보 공개 및 공시 등에 있어 시장 참여자 모두 이해하고 수용할 수 있는 공정한 절차가 확립되어야 합니다. 그리고 이 과정에 회계법인, 변리법인, 법무법인 등 암호화폐 프로젝트와 백서를 검증하는 신뢰할 수 있는 외부기관의 참여가 이루어져야 하는 것이고요.

우리나라의 가상자산시장은 아직까지 주식시장에 준하는 투명한 기업공개 프로세스를 수립하지 못한 상황이며, 현재는 ICO와 IEO 시장 모두 2017년과 2018년 대비 상당히 많이 축소된 상태입니다. 물론 여기에는 가상자산 프로젝트 자체가 감소한 것도 있지만, 그에 못지않게 투자자에게 신뢰받는 공개 과정을 확립하지 못한 업계의 잘못도 크다고 할 수 있습니다.

Q. 암호화폐 채굴은 어떻게 이루어지나요?

A. 우리 모두가 알고 있는 것처럼 비트코인은 실제 존재하는 돈이 아니라 인터넷상에 데이터로 존재하죠. 데이터로 존재하기에 발생할 수 있는 문제 중 하나가 바로 이중지불 문제입니다. 즉 A가 B에게 10 비트코인을 보냈는데, 이것을 복제해 다시 C에게 보낼 경우 어떤 것이 진짜고 어떤 것이 가짜인지 판별이 불가능하죠. 현실에서는 화폐의 위조를 방지하기 위해 여러 장치를 넣어 위조지폐를 판별할 수 있도록 하는데, 비트코인은 위조를 판별하고 시장을 규율할 수 있는 권위 있고 신뢰할 수 있는 기관이 없으니까요.

이러한 이중지불 문제는 현실의 위조지폐 문제와 마찬가지로 화폐에 대한 시장의 신뢰를 무너뜨릴 수 있는 중대한 문제입니다. 이를 해결하기 위해 비트코인은 작업증명이라는 개념을 도입했습니다. 작업증명은 말 그대로 컴퓨터를 이용해 일함으로써 증명을 하는 것인데요.

그 전에 우리는 먼저 해시와 논스를 알아야 합니다. 해시는 쉽게 말해 함수인데, 임의의 길이를 가진 데이터를 고정된 길이의 데이터로 바꾸는 함수입니다. 이런 해시 함수를 사용하면 원래 데이터의 의미는 사라지고, 의미를 알 수 없는 복잡한 문자열만 남습니다. 이는 블록체인을 해킹해 위조하거나 변조하려는 사람으로 하여금 이 복잡한 문자열을 다시 원래 데이터로 되돌리는 작업을 수행하도록 요구하는데, 해시 함수의 특징 중 하나는 하나의 결과값으로 만들 수 있는 데이터 조합이 상당히 많다는 데 있습니다. 그래서 해시값만으로는 해킹할 수가 없죠.

이러한 해시를 이용해 비트코인 네트워크는 블록체인에 거래를 기록합니다. 블록체인 하나에는 10~40개 정도의 거래가 기록되는데, 이 거래 하나하나를 해시값으로 변환할 수 있어요. 그리고 이렇게 변환된 해시값들을 다시 한 번 해시값으로 변환하는데 이를 루트 해시라고 합니다. 이렇게 새로 만들어져서 거래가 기록된 블록을 기존 블록체인에 연결해야 모든 네트워크가 이 거래를 받아들이고 인정할 수 있습니다. 이러한 연결을 위해서는 먼저 해당 블록 고유의 해시값을 찾아야 합니다. 그래야 네트워크상의 노드가 해당 블록의 진위를 판별하고 기존 체인에 연결하게 되니까요. 이처럼 새롭게 생성된 블록 고유의 해시값을 찾기 위해 사용되는 임의의 숫자가 논스입니다. 이 논스를 바꿔가며 대입해 계산하다가 나온 해시값이 목표 해시값보다 작은 값이어야만 새로운 블록이 기존 블록에 연결되는 것이죠.

채굴은 이러한 논스를 찾아 새로운 블록의 해시값을 찾는 과정을 의미해요. 비트코인 네트워크는 새로운 블록을 기존 블록체인 네트워크에 성공적으로 연결한 참여자에게 그 노력에 대한 보상으로 비트코인을 지급하는데 이 과정을 작업증명이라고 합니다. 작업을 통해 노력을 증명해서 보상을 받는다는 의미죠. 그리고 이러한 계산 과정을 채굴이라고 하는 이유는 광산에서 금을 채굴하는 것처럼 컴퓨터의 연산능력을 사용해 일하기 때문입니다.

Q. 주식시장에 투자할 때 기업가치 분석과 거시경제, 차트를 보는 것처럼 암호화폐에 투자하려면 코딩을 배워야 하나요?

A. 주식투자라는 것은 결국 회사에 투자하는 것이고, 좋은 주식을 찾는 일은 곧 좋은 회사를 찾는 일이죠. 주식시장에서 좋은 회사는 아마 가치에 비해 저평가된 회사이거나, 앞으로 성장 잠재력이 큰 회사 또는 돈을 잘 벌어 배당을 잘 주는 회사일 거예요. 이런 회사를 찾기 위해서는 먼저 기업 활동에 큰 영향을 주는 정부 정책을 비롯한 거시경제를 이해해야 하고 기업가치를 분석할 줄 알아야겠죠. 차트는 부수적이고요.

그렇다면 암호화폐에 투자하기 위해서는 어떻게 해야 할까요? 먼저 좋은 암호화폐가 무엇인지를 정의해야 합니다. 하지만 아직은 무엇이 좋은 암호화폐인지 알기 어려워요. 비트코인은 가격이 높고 대장이지만, 이 사실이 비트코인이 좋은 암호화폐라는 사실을 담보하지는 않으니까요. 그리고 사실 암호화폐는 분석도 어려워요. 기업이야 기업 활동이 있고 경영 보고서가 있지만 암호화폐는 이런 것이 존재하지 않습니다. 그래서 우리가 지금 공부하는 건 무엇이 좋은 암호화폐인지 알아보는 것이 아니라, 암호화폐란 무엇이고 어떤 원리로 작동하며 그 가능성은 무엇인지에 대해 알아보는 과정입니다. 주식에 비유하면 주식투자 이전에 주식이란 무엇이고, 주식거래는 어떻게 이루어지는지를 공부하는 것과 같아요. 이 과정에서 코딩은 중요하지 않습니다. 우리가 삼성전자에 투자할 때 반도체를 만드는 세세한 과정까지는 모른 채 투자하는 것과 마찬가지라고 할 수 있죠.

Q. **우리가 국가와 정부를 믿고 화폐를 사용하고 있듯이, 암호화폐가 과연 이런 신뢰를 바탕으로 세워질 수 있을까요?**

A. 국가의 화폐는 많은 사람의 노력이 포함되어 있어요. 실제로 우리나라도 1997년 외환위기 당시 경제위기를 극복하고 화폐가치를 지키기 위해 많은 국민이 금 모으기 운동에 동참했으니까요. 하지만 암호화폐는 이러한 노력이 없죠. 그래서 암호화폐는 사람들에게 상당히 오랜 시간 신뢰를 얻지 못했습니다. 암호화폐가 신뢰를 얻기 시작한 건 작업증명을 통해 비잔틴 장군 문제를 해결한 이후부터죠. 사람

들에게 신뢰를 줄 수 있는 중앙은행 같은 기관이 없는 암호화폐에서는 결국 그런 합의 알고리즘을 통해 사람들에게 신뢰를 얻을 수밖에 없으니까요. 물론 그럼에도 불구하고 가치를 보증해주는 기관이 존재하지 않고, 법정화폐를 발행하고 유통하는 정부와 중앙은행이 호의적이지 않다는 사실은 암호화폐에 있어 큰 장애가 되고 있습니다.

Q. 현재 1비트코인 가격이 몇천만 원씩 하는데, 이렇게 단위가 큰 경우 정말 화폐로서의 가치를 가질 수 있나요?

A. 비트코인 투자자들도 1비트코인당 몇천만 원짜리 화폐가 통용되기 어렵다는 사실은 잘 알고 있습니다. 그래서 1비트코인을 1억으로 나눈 값인 0.00000001비트코인을 1사토시라고 해서 기본 단위로 사용하고 있죠. 현재 1비트코인이 약 5,100만 원이라고 보면 1사토시는 0.51원이 되니 그렇게 큰 단위는 아닌 셈입니다. 그래서 암호화폐 거래소의 비트코인 마켓의 경우 비트코인 단위로 거래되는 암호화폐보다 사토시 단위로 거래되는 암호화폐가 더 많다고 보면 됩니다.

Q. 암호화폐에 반감기라는 것이 있다고 하는데, 이런 현상이 왜 필요한가요? 또 암호화폐에 투자하기 위해서는 어떤 요소를 살펴봐야 하나요?

A. 먼저 반감기부터 설명해보죠. 반감기는 사토시 나카모토가 비트코인 백서에서 명시했어요. 다만 백서를 공개한 후 사토시 나카모토가 사라져버렸기에 그에게 반감기 설정 이유를 직접 들을 수는 없는 상황이죠. 사토시 나카모토는 비트코인을 일정한 비율로 분배하

는 것이 최선이라 생각했고, 그래서 매 21만 개가 발행되면 발행량을 반으로 줄이는 반감기를 설정했습니다. 이렇게 반감기를 설정한 이유는 인플레이션이나 디플레이션을 막기 위한 사토시 나카모토의 아이디어가 아닐까 생각합니다.

인플레이션은 화폐가치는 하락하고 물가가 상승하는 현상을 말하고, 디플레이션은 반대로 물가가 하락하고 화폐가치가 상승하는 현상을 의미합니다. 인플레이션은 화폐 공급이 증가해서 발생하는 현상이고, 디플레이션은 화폐 공급이 감소해서 발생하는 현상이죠. 사토시 나카모토는 이러한 인플레이션과 디플레이션을 막기 위해 화폐 공급을 적절하게 조절해야 한다고 생각했어요. 이를 조절할 수 있는 신뢰할 수 있고 권위 있는 중앙은행과 같은 기관이 존재하지 않는 블록체인 네트워크에서는 화폐 발행량을 조절하는 방법으로 반감기를 설정했다고 보면 될 듯합니다.

보통 비트코인의 가격 흐름을 보면 반감기가 될 때마다 가격이 상승하는 모습을 보여줍니다. 비트코인 채굴량이 반으로 줄어들기 때문에 앞으로 공급되는 양이 더 감소하고, 그래서 가치가 오를 것이라 생각하는 것이죠. 일종의 디플레이션이에요. 이는 정상적인 주식시장에서는 나타나지 않습니다. 주식은 기업의 주인, 곧 주주라는 증서이기에 실체가 있지만 암호화폐는 투자자의 믿음 외에는 아무것도 없습니다. 사실 지금까지 암호화폐시장의 흐름은 앞으로 가격이 상승할 것이라는 투자자의 믿음과 각국 정부의 규제에 의해 결정되는 측면이 커요. 즉 사람들의 기대가 암호화폐의 가격을 형성했다는 것이죠.

이것이 암호화폐 투자의 어려운 점이라고 할 수 있습니다. 주식은 외부 감사 보고서, 재무제표, 각종 거시경제 뉴스를 통해 가치판단과 의사결정이 가능한데 암호화폐는 그런 것이 전혀 없으니까요.

Q. 암호화폐는 언제 사고 언제 팔아야 하나요? 또 상승하는지 하락하는지는 어떻게 예측할 수 있나요?

A. 가장 쉬우면서도 어려운 질문인데요. 이 질문은 사실 암호화폐뿐만 아니라 모든 자산(주식, 채권, 부동산)에도 공통적으로 적용되는 부분입니다. 솔직히 이 질문에 대한 답은 어느 누구도 명확하게 알지 못하기에 다분히 원론적인 설명을 할 수밖에 없는데요. 암호화폐를 비롯해 모든 자산은 상승하고 하락하는 때가 명확하게 정해져 있지 않습니다. 다만 한 가지 확실한 것은 시장 참여자가 낙관적으로 생각하면 가격이 상승하고, 시장 참여자가 비관적으로 생각하면 가격이 하락한다는 사실이에요. 모든 자산의 가격은 그 자산의 미래가치에 대한 시장 참여자의 기대에 의해 결정되거든요. 그래서 경제뉴스를 항상 주의 깊게 보고, 한국은행이나 미국 연방준비제도의 경제전망을 공부하는 것이죠. 결론적으로 말하자면 시장에 과도한 낙관이 퍼졌다고 생각하면 팔고, 과도한 비관이 퍼졌다고 생각하면 사세요. 정말 원론적이고 누구나 알고 있지만 사실 그렇게 하는 사람은 거의 없

는 방법이기도 합니다. 끊임없는 공부가 필요하거든요.

Q. **백서를 봐도 너무 전문적인 내용이라 어려운 부분이 많습니다. 그렇다
면 백서에서 꼭 확인해야 하는 내용은 무엇인가요?**

A. 사실 이 질문은 제가 암호화폐 업계에 재직할 때 종종 받았던 질
문입니다. 백서가 기술적이고 전문적인 내용 위주이긴 하지만, 그래
도 꼭 확인해야 할 것이 있다면 다음과 같습니다.

첫째, 해당 프로젝트 주요 참여 인력의 경력입니다. 블록체인 프로젝
트는 상당히 많은 컴퓨터 프로그래머가 필요하고, 이들을 조율하고
통솔할 수 있는 능력 있는 최고기술책임자(CTO)의 존재도 필수적이
죠. 이 부분이 부실하면 아무래도 프로젝트의 신뢰가 떨어질 수 있습
니다. 둘째, 구체적인 타임라인을 보세요. 충분히 실현 가능하고 현
실적인 타임라인이면 신뢰할 수 있습니다. 하지만 지나치게 장기적
이거나 반대로 지나치게 짧은 시간에 모든 일을 하겠다면 이 또한 신
뢰하기 힘들겠죠. 셋째, 기술적인 측면을 유심히 살펴보세요. 블록체
인에 기초한 프로젝트는 기술이 복잡하고 어렵기 마련이에요. 이 부
분을 대충 설명하거나 제대로 설명하지 않고 두루뭉술하게 넘어가면
이 역시 신뢰하기 어려운 프로젝트라고 할 수 있습니다.

Q. **전세보증금 사기의 경우 스마트 계약이 아니라 법령의 문제이기 때문
에 법령을 개정하거나 혹은 아예 전세계약서에 관련 조항을 추가하면 될 것**

같은데, 스마트 계약을 적용해야 하는 특별한 이유가 있나요?

A.   사실 이 부분은 스마트 계약 이전에 법의 허점을 이용한 사기이기 때문에 법을 개정하면 굳이 스마트 계약을 적용할 필요 없이 말끔하게 해결됩니다. 아니면 아예 질문처럼 전세계약서에 부가조항을 넣어 해결할 수 있겠죠. 다만 집주인이 약속을 지키지 않을 경우 세입자가 직접 법적인 조치를 취해야 한다는 귀찮은 문제가 발생합니다. 그래서 아예 이더리움을 활용한 스마트 계약을 통해 전입일을 기준으로 집주인이 바뀌게 되면 이전 집주인에게 전세보증금 반환 의무를 부담하도록 하는 방법을 제시한 것입니다. 이 경우에는 블록체인 기록을 통해 해당 사건이 발생하면 자동으로 전세보증금 반환 의무가 이전되도록 계약이 변경되기에 굳이 여러모로 귀찮은 법적 절차를 밟지 않아도 되기 때문입니다.

스마트 계약이 기존 계약보다 편리한 부분은 바로 여기에 있어요. 계약의 주요 요건이 변경되는 사건이 발생할 경우, 굳이 법적 절차를 진행하지 않더라도 자동으로 계약이 변경되도록 하는 것이죠. 다만 문제는 집주인이 이러한 조건의 부가를 거부하는 경우인데, 이는 곧 집주인의 나쁜 생각을 보여주는 행위가 될 수 있습니다.

Q.   스마트 계약에서 교환되는 재화는 암호화폐만 가능한가요?

A.   전혀 그렇지 않습니다. 스마트 계약이 기록되고 실행되는 수단이 블록체인일 뿐 스마트 계약에서 교환되는 재화는 자동차나 집 같

은 실물이 될 수도 있고 보험이나 주식 같은 무형자산일 수도 있어요. 단지 스마트 계약을 기록하고 그 실행을 강제할 수 있는, 현재까지 가장 효율적인 수단이 암호화폐 중 하나인 이더리움일 따름입니다.

Q. **비트코인 장은 왜 그렇게 빠르게 변하나요? 더불어 비트코인으로 이익을 내는 원리는 무엇인가요?**

A. 모든 금융시장은 기본적으로 가격 변동이 존재해요. 외부 뉴스가 없다고 해도 비싸게 팔고 싸게 사려는 사람들의 욕구 때문이죠. 여기에 더해 해당 금융상품이 얼마나 많이 발행되었는지도 중요하게 기능해요. 적게 발행된 금융상품일수록 작은 매수호가와 매도호가의 변화에도 전체 평균 가격에 큰 영향을 미쳐 가격이 출렁입니다. 바로 여기에 비트코인 장이 왜 그렇게 빨리 변화하는지에 대한 답이 있습니다. 비트코인은 총 발행량이 2,100만 비트코인밖에 되지 않습니다. 하지만 우리가 아는 주식시장의 많은 회사는 적게는 수천만 주, 많게는 수억 주를 발행해 유통하고 있습니다. 수억 주를 발행한 대표적인 기업이 삼성전자인데, 이렇게 거래하는 사람이 많은 삼성전자도 등락폭이 크죠. 그렇다면 발행량이 불과 2,100만 비트코인에 불과한 비트코인은 이보다 훨씬 더 심하겠죠? 게다가 시장에 참여하는 사람도 더 적으니까요. 왜 비트코인 가격이 그렇게 빨리 변하는지 이해할 수 있는 부분입니다.

비트코인으로 이익을 내는 원리는 지극히 간단합니다. 말장난처럼 들리겠지만, 앞에서 언급한 '싸게 사서 비싸게 판다'입니다. 문제는 이 원칙을 지키기가 어렵다는 것이죠. 사실 언제가 싼 가격이고 언제가 비싼 가격인지 판단하는 것 자체가 어려운 일이기 때문입니다.

Q. 암호화폐시장이 확대되고 있는 이유는 무엇일까요?

A. 암호화폐시장이 커지는 이유는 많은 투자자가 참여하고 있기 때문이에요. 금융이나 암호화폐라고 해서 뭔가 특별한 가격 결정 메커니즘이나 시장 메커니즘이 존재하는 것은 아닙니다. 정말 간단한 수요와 공급의 원리에 의해 우리 주변 모든 상품의 가격이 정해지는 것이죠. 마찬가지로 암호화폐시장이 성장하는 이유도 많은 사람이 참여하고 있기 때문이에요.

Q. 암호화폐는 주식과 다르게 실체가 없는 느낌인데 오르고 내리는 근거는 무엇인가요?

A. 엄청 반가운 질문입니다. 제가 한창 암호화폐를 비판할 때 비슷한 논리로 비판했거든요. '주식은 기업의 이익에 대한 청구권과 기업 경영에 대한 참여권이라는 실체가 존재하지만, 비트코인을 비롯한 암호화폐는 앞으로 가격이 계속 상승할 것이라는 투자자의 믿음 외에는 아무것도 존재하지 않는다.' 이렇게 말이죠.

그런데 사실 모든 상품의 가격이 오르고 내리는 이유는 정말 간단합니다. 바로 앞으로 계속 가치가 상승할 것이라는 사람들의 믿음이 있으면 가격이 상승하고, 그 반대라면 가격이 하락하는 것이죠. 서울시 내 아파트 가격을 볼까요? 아파트 가격이 계속 오르는 이유는 누군가 나보다 더 비싼 가격에 아파트를 구입할 사람이 있다는 믿음에 기초해요. 여기에 더해 한강이 보이거나 학군 또는 교통이 좋은 아파트는 그 희소성과 편리함으로 인한 가치 때문에 가격이 더 높게 형성됩니다. 다이아몬드 같은 귀금속이나 샤넬 클래식 백 같은 명품 역시 마찬가지입니다. 구하기 힘들어 사람들이 비싼 금액을 지불하고서라도 계속 사려고 하니 이에 호응해 가격이 계속 오르는 것이죠.

암호화폐는 실체가 없는 인터넷상의 데이터에 불과해요. 그런데 이렇게 가격이 상승하는 이유는 그 희소성에 가치를 두고 비싼 값을 주고서라도 구입하려는 사람들이나 나보다 더 비싼 값에 살 사람이 있을 것이라는 믿음을 가진 사람들이 돈을 더 주고서라도 사려고 하기 때문이에요. 가격이 하락하는 이유는 반대로 앞으로 가격이 떨어질지도 모른다는 사람들의 불안에 기초하죠. 그래서 정부가 암호화폐를 강력하게 규제하던 지난 2018년에는 암호화폐 가격이 폭락한 반면, 2021년 일론 머스크의 발언이나 몇몇 거래소를 합법화하는 정부 방침으로 인해 암호화폐 가격이 상승하는 모습을 보여주고 있습니다.

Q. 작업증명에 대해서는 여전히 이해하기 어려운데요. 비트코인 1개와 1블록은 다른 건가요? 또 비트코인 반감기가 계속되어 더 이상 채굴되지 않으면 거래원장의 기록도 안 되는 건가요? 마지막으로 10분마다 블록이 생

성된다면 어떤 노드가 10분 이내에 엄청 빠르게 논스를 찾아내면 어떻게 되나요?

A.   먼저 비트코인 1개와 1블록은 다른 개념입니다. 블록은 블록체인 네트워크를 구성하는 기본 단위로 비트코인 네트워크의 경우 블록은 비트코인의 거래내역을 기록하고 있죠. 이런 블록이 생성되는 데 기여한 네트워크 참여자에게 인센티브로 주어지는 보상이 비트코인입니다. 블록 하나의 용량이 1MB로 작은데도 과거부터 현재까지의 거래가 모두 기록될 수 있는 이유는 이전 블록의 거래내역을 요약해 암호화한 부분인 헤더(Header)가 모든 블록에 포함되어 있기 때문이에요. 각각의 블록은 이전 블록이 생성된 직후부터 스스로가 생성될 때까지의 거래기록과 함께 헤더를 갖고 있죠. 그래서 1MB에 불과한 작은 용량으로도 거래내역을 기록하는 일이 가능합니다.

비트코인의 반감기는 비트코인이 채굴되는 양이 반으로 줄어드는 것이기에 신규 블록을 연결한 데 대한 보상이 반으로 감소함을 의미합니다. 그렇다면 더 이상 신규 비트코인이 채굴되지 않을 경우 신규 블록을 연결한 네트워크 참여자에게 주어지는 보상은 신규 비트코인이 아니라 비트코인 거래에서 발생하는 수수료가 됩니다. 즉 비트코인 채굴이 종결된 이후 신규 블록을 생성해 연결하는 참여자는 비트코인 거래에서 발생하는 수수료를 보상으로 받게 되는 것이죠.

마지막 질문에 대한 답은 간단합니다. 어떤 노드가 10분 이내에 굉장히 빠르게 논스값을 찾아내 새로운 블록을 연결한다면 시간은 리셋됩니다. 다시 새로운 10분이 모든 채굴자에게 주어지는 것이죠.

Q.　지분증명이 액면분할과 비슷하다고 하는데, 액면분할은 말 그대로 1주가 10주가 되는 것이지만 지분증명은 새로 발행되는 코인을 지급받는 것이기에 코인 총량이 증가하여 발급받는 사람에게는 이득 아닌가요?

A.　액면분할의 경우 주식의 액면가를 1/N(N은 액면분할하는 1주당 주주가 받게 되는 신규 주식 수)로 나누기 때문에 액면분할 시점에서 주식의 명목가치는 변함이 없습니다. 다만 액면분할 이후에도 회사의 가치가 지속적으로 상승할 것이라 생각한다면 주식가격은 지속적으로 상승하겠죠. 지분증명 역시 마찬가지입니다. 신규로 발행되는 코인을 지급하는 것이기에 코인의 수는 증가하지만, 신규 코인이 유입된다는 사실을 시장 참여자가 알고 있기에 공급이 증가하는 것에 대한 우려로 가격이 하락할 수도 있고, 반대로 가격이 상승할 수도 있습니다. 전자의 경우 신규 코인을 발급받더라도 오히려 전체 자산 규모는 감소할 수도 있고, 후자의 경우에는 신규 코인을 발급받음에 따라 전체 자산 규모가 증가하겠죠. 다시 말해 액면분할과 마찬가지로 지분증명으로 인해 신규 코인을 발급받는 시점에서는 앞으로의 가격이 상승할지 하락할지 알 수 없기 때문에 이것이 이득이 될지 손해가 될지 또한 알 수 없습니다. 다만 액변분할이나 지분증명이나 상관없이 그 이후 시가총액이 변함 없다고 가정한다면 주식이 분할된 주주나 신규 코인을 발급받은 사람의 자산 규모도 증가하지 않습니다.

Q.   지분증명에서 직접 채굴자는 따로 정해져 있고 암호화폐 지분을 받는 암호화폐 보유자는 검증자로 분류해야 하는 것 아닌가요? 또한 암호화폐를 받아도 자산가치가 늘어나지 않는다면 검증 시 수수료를 받는 건가요?

A.   지분증명의 경우는 크게 두 경우로 나뉩니다. 이미 채굴된 코인을 분배하거나 혹은 신규 코인을 채굴하는 경우죠. 어느 쪽이든 신규 코인을 배분받는 노드는 검증자라 불리는 것이 맞습니다. 암호화폐를 받아도 자산가치가 증가하지 않는 것은 시가총액이 증가하지 않는 상황에서 코인 수가 증가해봤자 자산 규모에 변동이 없다는 것을 예로 든 것입니다. 쉽게 말해 사람 수가 정해져 있는데 피자 한 판을 아무리 많은 조각으로 나눠봤자 한 사람이 먹는 피자의 양은 결국 똑같죠. 피자를 많이 먹기 위해서는 더 큰 피자를 만들거나 새로 피자 한 판을 더 주문해야 합니다.

Q.   암호화폐가 금융당국의 관리하에 편입되는 것은 본질적으로 암호화폐가 주장하는 익명성의 장점 상실을 수반하지 않나요? 그런데 왜 그런 소식에 코인가격이 오르는 건가요?

A.   사실 암호화폐는 처음 등장했을 때의 목적에서 상당히 많이 멀어졌습니다. 사토시 나카모토가 처음 비트코인 백서를 발간할 때만 해도 비트코인의 목적은 개인과 개인 간 거래에서 금융중개기관의 개입 없는 지급결제를 위함이었죠. 하지만 2017년부터 현재까지 많은 일을 겪으며 투자자는 암호화폐가 달러화나 파운드화, 원화와 같은 법정화폐를 대신할 수 없다는 사실을 알게 되었습니다. 결국 비

트코인을 비롯한 암호화폐는 주식이나 채권 혹은 금 같은 여러 자산 중 하나가 되었습니다. 비트코인 ETF 상장 소식에 비트코인 가격이 상승한 것도 마찬가지 맥락이지요. 이런 금융자산 중 하나가 되었기에 암호화폐는 금융당국의 관리와 감독을 받아야 투자자가 믿고 투자할 수 있게 됩니다. 그렇지 않다면 규제가 없는 허점을 이용해 사기를 당할 수도 있으니까요. 우리나라에서 거래소가 KYC(Know Your Customer, 고객 신원 인증) 정책을 펼치는 것 역시 마찬가지 맥락입니다. 금융자산 중 하나가 되었기에 그에 합당한 규제를 받으려는 것이죠. 이 소식에 가격이 오르는 건 개인 투자자가 사기당할 염려 없이 안심하고 투자할 수 있기 때문입니다.

Q. 더 이상 신규 비트코인이 채굴되지 않을 때, 신규 블록을 연결한 네트워크 참여자에게 이루어지는 보상은 신규 비트코인이 아니라 수수료라고 설명했는데요. 신규 비트코인이 채굴되지 않는데 어떻게 신규 블록을 연결한다는 것이죠? 신규 비트코인을 채굴할 때마다 연결되는 것 아닌가요?

A. 비트코인은 채굴될 때마다 블록이 연결되는 것이 아니라 그 반대입니다. 블록체인에 신규 블록을 연결하는 데 기여한 네트워크 참여자에게 보상으로 비트코인을 지급하는 것이죠. 그렇기 때문에 비트코인의 신규 채굴이 없어도 블록체인이 계속 연결되는 것은 가능합니다. 하지만 보상이 주어지지 않는다면 굳이 컴퓨터의 연산능력과 전기를 사용해 블록체인을 연결하고자 하는 사람이 나타나지 않을 가능성이 높죠. 그래서 비트코인이 모두 채굴된 후에는 비트코인

이 거래될 때마다 발생하는 거래 수수료를 보상으로 채굴자에게 지급하는 것입니다. 가장 효과적인 인센티브는 경제적 보상이니까요.

Q. 책의 내용을 통해 암호화폐가 처음 등장한 목적에서 많이 멀어져 금융자산 중 하나가 되었고 법정화폐를 대체할 수 없다는 사실이 밝혀졌는데, 그럼에도 불구하고 앞으로 암호화폐에 투자해야 할 이유가 있을까요?

A. 사실 이 문제는 제가 비트코인을 비롯한 암호화폐 혹은 가상자산을 비판하면서 사용했던 근거입니다. 0과 1로 구성된 디지털 기호에 불과할 뿐인 암호화폐는 그 가격 상승에 대한 사람들의 기대가 없어진다면 실체가 없는 데이터 집합에 불과할 뿐이라고 말이죠. 하지만 우리가 투자하는 자산의 가치는 실질적인 가치에만 의존하지는 않습니다. 의외로 시장에 참여하는 투자자의 믿음에도 의존하죠. 비트코인의 경우에는 주식, 채권, 금 등과 함께 투자자의 포트폴리오를 구성하는 자산 중 하나가 되었는데, 그 이유는 비트코인이 자산으로서 무언가 역할을 한다고 투자자가 생각하기 때문이라고 볼 수 있습니다. 다만 사람들의 기대감으로 오르락내리락하는 가상자산이기에 투자의 위험성이 크고, 그만큼 투자에 주의해야 한다는 사실만 확실하게 알고 있으면 적어도 소문에 사고 소문에 파는 투자자는 되지 않을 것이라 생각합니다. 더불어 가상자산에 투자하기 위해서는 먼저 본인의 투자 성향, 본인이 위험을 얼마나 감수할 수 있는지 정도, 본인의 투자 목적 등을 명확하게 이해하고, 어느 정도 위험을 감수하면서 높은 수익을 목표로 한다면 투자해야 합니다. 현재 가상자산은 성

공하면 높은 수익을 거둘 수 있지만 그만큼 위험도가 높은 시장이기 때문입니다.

Q. 비트코인의 가치는 어디에 있는 것일까요?

A. 비트코인의 가치는 사실 명확하게 정의할 수 없습니다. 주식은 회사가 도산하면 그 잔여 재산에 대한 청구권이라도 가질 수 있지만, 비트코인을 비롯한 가상자산은 현실에서 아무 쓸모도 없는 데이터에 불과하기 때문입니다. 다만 한 가지 확실하게 정리할 수 있는 것은 비트코인이 투자자산으로서 가치를 갖는 것은 시장에 참여한 투자자가 그것이 가치 있다고 믿기 때문이라는 것입니다. 투자자가 가치가 없다고 판단했다면 일찌감치 비트코인은 세상에서 사라졌을 것입니다.

Q. 가치안정 코인은 법정화폐에 그 가치가 고정되어 있다고 하는데요. 그렇다면 그냥 법정화폐를 사용하면 될 텐데 왜 가치안정 코인을 만들어 사용하는 건가요?

A. 가상자산은 가격의 변동성이 전통자산인 주식이나 채권보다 훨씬 심합니다. 비트코인을 비롯한 가상자산이 일상의 경제활동에 사용되지 못하는 이유 역시 느린 거래속도와 더불어 높은 변동성에 있습니다. 가상자산의 이러한 변동성은 일상의 경제활동에 더해 거래소에서 가상자산의 거래 역시 어렵게 합니다. 비트코인이나 이더리움으로 가상자산을 거래할 경우, 거래하는 그 짧은 순간에도 가격이 변동해 거래자에게 예상치 못한 손실이나 이득을 가져오기 때문입니

다. 가치안정 코인은 가상자산의 이러한 가격 변동성을 통제하여 안정적인 가치를 유지할 수 있도록 코인의 가치를 현실에서 사용하는 법정화폐, 예를 들어 미국 달러화나 우리나라의 원화에 고정했습니다. 법정화폐를 사용하면 편한데 굳이 이렇게 법정화폐에 가치를 고정한 가치안정 코인을 만들어 사용하는 이유는 가상자산의 거래를 편리하게 하고, 현실에 존재하는 외환관리법 등의 규제를 회피하기 위한 수단으로 사용하기 위함입니다. 다른 가상자산이 아니라 가치안정 코인을 가상자산 거래의 매개로 사용하면 위에서 살펴본 거래수단의 변동성을 통제하여 상대적으로 안정된 가격으로 가상자산의 거래가 가능합니다. 또한 법정화폐를 가치안정 코인으로 교환하여 가상자산 지갑에 보관하거나 다른 계좌로 보내면 외환관리법상 해외송금 한도인 3천만 원을 초과하더라도 규제를 받지 않습니다. 후자의 목적이 그렇게 바람직하지 않고, 비자금이나 범죄자금 은닉 등으로 악용될 수 있기 때문에 가치안정 코인을 비롯한 가상자산시장에 대한 정부의 규제와 감독이 필요하다고 할 수 있습니다.

Q. 최근 발생한 테라와 루나 사태에서 설명하는 뱅크런이란 구체적으로 무엇인가요?

A. 뱅크런에 대해 설명하기 위해서는 우선 은행의 지급준비제도를 먼저 살펴봐야 합니다. 지급준비제도는 은행이 보유한 전체 예금액 중에서 일정 비율 이상을 중앙은행에 예치하도록 하는 제도입니다. 전체 예금액 대비 지급준비금의 비율을 지급준비율이라 하고, 우

리나라의 경우 법으로 정한 지급준비율이 7%입니다. 예를 들어 시중 은행 중 한 곳이 10조 원의 예금을 보유하고 있을 경우 이 은행은 예금액의 7%인 7천억 원을 예금주의 수시 인출 및 결제 요구에 대응하기 위해 한국은행에 보관해야 하고, 나머지 9조 3천억 원은 대출 등으로 자유롭게 운용할 수 있습니다. 실제로 시중은행들은 법으로 정해진 지불준비금보다 더 많은 금액을 한국은행에 예탁하고 있으며, 이를 초과지불준비금이라고 합니다.

이러한 지불준비제도를 통해 시중은행이 예금의 일정 부분을 중앙은행에 보관하는 이유는 예금자의 인출 요구가 있을 때 언제든 해당 금액을 지급하기 위함입니다. 위에서 살펴본 것처럼 예금자가 은행에 돈을 예금하면 은행은 지급준비금을 중앙은행에 예치하고 그 나머지 금액을 개인이나 기업에 대출합니다. 은행에 예금을 맡긴 사람은 그 대가로 맡긴 돈을 은행이 대출로 운용하여 올린 수익의 일부를 이자로 받게 됩니다. 이런 이유에서 예금이자보다 대출이자가 더 높게 책정되고, 이 이자 차이가 은행의 이익이 되는데 이를 예대마진이라고 합니다. 이처럼 은행은 고객이 맡긴 돈을 전부 보관하는 것이 아니라 일부만 보관하고 나머지를 대출 등으로 운용하여 수익을 올리기 때문에, 지불준비금제도를 통해 고객의 예금 인출 요구에 대비하여 일정 수준 이상의 금액을 비축해야 할 필요가 있습니다.

여기에서 '예금주의 인출에 대비하여 지불준비금을 중앙은행에 보관한다고 하는데, 그 비율이 왜 그렇게 낮은가?'라는 의문이 들 수도 있을 텐데요. 지급준비율이 낮은 이유는 은행에 예금을 맡긴 고객이 한꺼번에 돈을 인출할 가능성이 매우 낮기 때문입니다. 실제로 은행은 고객에게 높은 신뢰를 받고 있으며, 얼마 전 우리은행에서 670억 원에 달하는 대규모 횡령 사건이 발생했을 때도 예금주가 한꺼번에 은행으로 몰려 돈을 찾는 일은 발생하지 않았습니다.

하지만 지불준비금을 초과하는 예금 인출 요구가 한꺼번에 몰리면 어떻게 될까요? 이 경우 은행은 고객의 요구에 즉각적으로 대응할 수 없게 됩니다. 그리고 이는 다시 다른 예금주에게 자신의 돈을 돌려받지 못할 수도 있다는 생각을 하도록 해 은행에 예금한 사람이 한꺼번에 은행으로 달려와 자신의 예금을 돌려달라고 요구하게 되는데, 이 현상이 뱅크런입니다. 즉 뱅크런은 은행이 예금주가 요구할 경우 언제든 돈을 돌려줄 수 있을 것이라는 신뢰가 붕괴되었을 때 발생하는 현상입니다. 뱅크런의 더 무서운 점은 시중은행 중 하나에서 뱅크런이 발생하면 그보다 규모가 작거나 신용도가 낮은 은행도 뱅크런이 발생하여 이론적으로 최초 진원지 은행보다 규모가 작거나 신용도가 낮은 모든 은행이 파산할 때까지 이어집니다.

이러한 사태의 발생을 막기 위해 중앙은행이 존재합니다. 중앙은행은 뱅크런을 비롯한 금융위기가 발생했을 때 최종대부자(Lender of the Last Resort)로서 은행에 자금을 지원합니다. 최종대부자로 중앙은행이 존재하더라도 뱅크런의 발생은 금융시장은 물론 예금자에게도 심각한 영향을 미치기 때문에 이를 막기 위해 예금자보호제도가 도입되었습니다. 우리나라의 경우에는 5천만 원까지는 예금자보호제도를 통해 보호받기 때문에 뱅크런의 발생 가능성을 낮추고 시장 참여자가 은행과 중앙은행을 신뢰할 수 있는 기저가 됩니다. 가상자산 시장의 가장 큰 문제점 중 하나는 이러한 제도가 존재하지 않는다는 사실입니다. 이번 테라-루나 폭락 사태가 그 예라고 할 수 있습니다.

Q. 업비트나 코인원, 빗썸 등의 거래소에서 얻는 코인 정보 외에 코인에 대한 정보는 어디에서 확인할 수 있을까요?

A. 투자에 대한 도움을 받고 싶은 사람들이 가장 많이 하는 질문 중 하나입니다. 일단 트위터 등에서 얻는 정보는 사실 신뢰하기 어려운 경우가 많습니다. 금융시장에서 정보는 곧 돈인데, 만약 트위터에 올라오는 정보가 정말로 돈을 벌 수 있는 정보라면 트위터에 올리지 않고 혼자 알고 있다가 돈을 벌겠죠. 주식은 뉴스나 증권회사 애널리스트 보고서, 기업의 공시 보고서 등 정보를 얻을 수 있는 수단이 많은데 비해 가상자산은 정보를 얻을 수 있는 수단이 극히 제한되어 있습니다. 정보를 얻을 수단이 제한되어 있다는 사실은 곧 개인 투자자가 제대로 된 투자 의사결정을 내리기가 어렵다는 뜻이기도 합니다. 주식시장만큼 명확하게 시장조작에 대한 규제 기준이 만들어지지도 않았죠. 그래서 일단은 가상자산 관련 언론 기사를 위주로 정보를 얻는 것이 최선이지 않을까 생각합니다.

구형건, 아주대학교 금융공학과 교수

비트코인을 비롯한 암호화폐, 그리고 대체 불가 토큰(NFT)에 대한 관심이 날로 증가하고 있다. 주식가격보다 변동성이 훨씬 커 폭등과 폭락을 거듭하는 암호화폐의 가치는 세간의 낙관론과 비관론을 동시에 부추기지만, 10여 년 전만 하더라도 존재하지 않았던 암호화폐와 가상자산은 현실적으로 제도권 금융 안으로 깊숙이 파고들고 있다.

정재웅 박사는 금융경제이론을 공부했고 역사에도 심오한 이해를 갖고 있는 학자이자 실무가다. 정재웅 박사가 집필한 이 책은 경제이론과 역사적 시각에서 빼어나게 가상자산과 그 기초가 되는 블록체인 기술에 대해 서술하고 있다. 이 책의 장점은 무엇보다 알기 쉽고 이해하기 편하게 가상자산이 등장하게 된 배경으로서의 경제이론을 설명하고 있다는 점이다. 또한 고대부터 현대에 이르는 역사적 개관은 인류 문명 발전이라는 긴 시각에서 현재의 가상자산을 바라볼 수 있는 장기적인 관점을 제공한다. 역사적 관점은 금융과 기술을 넘어서서 인간(휴머니즘)적 관점에서 현재 진행되는 중요한 발전을 이해할 수 있게 한다. 가상자산을 이해하고자 하는 독자들에게 적극적으로 추천한다.

2021년 2월 7일, 크리스틴 라가르드(Christine Lagarde) 유럽중앙은행(ECB) 총재는 프랑스 방송 BFM TV의 한 대담 프로에 출현해 비트코인을 가리키며 이런 말을 한다.

"화폐가 아니죠. 암호화폐, 그건 화폐가 아니에요. 고도의 투기성 자산입니다 (Ce n'est pas une monnaie. Les cryptoactifs, ce n'est pas une monnaie. C'est un actif hautement spéculatif)."

내용은 복잡하지 않다. 안정성이 없기 때문이며, 암호화폐에 투자한다는 말의 의미는 곧 투기성 자산을 매입하는 것이나 마찬가지라는 말이다. 비트코인이든 다른 코인이든 결국 암호화폐 자체도 미국 달러, 그러니까 미국 정부 부채에 기반하는 자산이라고 봐야 할 일이다. 라가르드 총재의 말이 맞다는 말이다.

책에도 나오지만 사실 사토시 나카모토는 비트코인이 화폐가 될 수 있다는 언급을 하지 않았으며, 비트코인이 화폐라는 말은 비트코인이 성장해 나가면서 투자자들 사이에서 나온 말이었다. 그리고 당시 정재웅 박사는 가상화폐라는 표현도 자주 쓰이던 때에 그런 화폐는 화폐가 될 수 없다고 강하게 주장했고 나는 그 장면을 지켜봐 왔다.

이후 가상자산 스타트업의 토큰 이코노미스트가 되어 '변절 빌런'이라는 별명을 듣던 자리에도 같이 있었다. 아이러니한 별명이 아니랄 수 없다고 할 텐데, 비트코인과 블록체인을 구별할 줄 안다면 혹은 화폐란 무엇인가에 대해 기본적인 생각이 있다면 그의 변화는 '변절'이 아니라 순리대로 흘러간 커리어일 뿐이기 때문이다. 하지만 그럼에도 불구하고 '변절'이라는 단어가 붙었으니 재미있지 않은

가. 그만큼 암호화폐의 원리에 대해 다들 피상적으로 알고 있기 때문일 것이다.

그러나 다른 한편으로 보면 피상적으로라도 암호화폐를 알아야 하는 시대가 오기도 했다. 이를테면 앞에 서술한 것처럼 암호화폐는 투기성 자산이 맞지만, 거대 다국적기업이 통제하는 암호화폐체계가 나타날 날이 머지않았기 때문이다. 이때는 그 체계 안에서 실제로 화폐 역할을 할 수도 있겠다. 암호화폐는 결코 달러나 유로를 대체하려고 태어난 것이 아니라 통제가 싫어 나타났다. 절세 부분에 있어서도 큰 역할을 할 테고 말이다. 각국 정부들은 이를 고민해야 할 것이다.

나와 같은 공무원의 시각에서 암호화폐는 통제의 관점만을 요구하지 않는다. 암호화폐가 야기하는 금융기관 신호망을 우회할 수 있는 통로로써의 수단도 있기 때문이다. 가령 우리의 비우호 국가들이 미국과 서방이 통제하는 SWIFT 망을 우회하기 위해 암호화폐를 이용할 방법은 무궁무진하다. 이미 2022년 4월, 미국의 암호화폐 전문가 버질 그리피스(Virgil Griffith)는 북한을 상대로 암호화폐에 대해 강의한 죄로 실형을 받고 투옥됐었다.

당연히 중앙은행의 블록체인과 같은 알고리즘화된 화폐체계도 생각해야 한다. 스웨덴 릭스방크(중앙은행)는 2021년 2월, 자국 CBDC(E-krona)의 2차 모의실험 프로그램에 들어갔으며, 2022년 4월에는 디지털 월렛이 작동하지 않을 때(오프라인) 야기될 수 있는 위험에는 어떤 것이 있는지 등이 담긴 의미 있는 보고서가 나오기도 했다(참고로 우리나라는 2022년 상반기 2단계 실험이 완료될 계획이다). 어떤 위험이겠는가? 당연히 범죄 혹은 제재국가 회피 수단으로써 CBDC의 사용 가능성이다.

암호화폐와 그 기원, 앞으로의 가능성에 대해 나와 같은 일반인도 알고 있어야 하는 이유라 할 수 있을 것이며, 기꺼이 나의 친구 '변절 빌런'이 쓴 이 책을 추천하는 이유다.